CONTENCIOSO ADMINISTRATIVO TRIBUTÁRIO
QUESTÕES POLÊMICAS

Coordenação
ALESSANDRO ROSTAGNO

CONTENCIOSO ADMINISTRATIVO TRIBUTÁRIO
QUESTÕES POLÊMICAS

Comissão do Contencioso Administrativo Tributário da OAB-SP

2011

Copyright © 2011 By Editora Noeses
Projeto/Arte/diagramação: Denise A. Dearo
Capa: Ney Faustini

CIP - BRASIL. CATALOGAÇÃO-NA-FONTE
SINDICATO NACIONAL DOS EDITORES DE LIVROS, RJ.

C777 Contencioso administrativo tributário: questões polêmicas /
Darzé, Andréa Medrado [et al.]. – São Paulo : Noeses, 2011.
364p.

ISBN 978-85-99349-45-8

1. Direito tributário. 2. Segurança jurídica. 3. Guerra fiscal.
4. Processo administrativo tributário. 5. ICMS - leasing. I. Ana Medrado
Darzé. II. Alessandro Rostagno (Coord.)

CDU - 336.2

Dezembro de 2011

Todos os direitos reservados

Editora Noeses Ltda.
Tel/fax: 55 11 3666 6055
www.editoranoeses.com.br

ÍNDICE

PREFÁCIO.. **XIII**

SEGURANÇA JURÍDICA NO NOVO CARF
Paulo de Barros Carvalho 1

1. Palavras introdutórias.. 1
2. Núcleo semântico do sobreprincípio da segurança jurídica... 4
3. O primado da segurança jurídica no processo.............. 9
   I – Princípio da legalidade objetiva................................. 12
   II- Princípio da oficialidade... 13
   III – Princípio do informalismo em favor do interessado. 15
   IV – O princípio do devido processo 16
   V – Princípio da contradição.. 19
   VI – Outros princípios 21
4. O procedimento administrativo tributário como forma de atividade de controle do lançamento, da penalidade e da notificação dirigida ao sujeito passivo 23
5. Compatibilidade entre a modificação de exegese do CARF e o primado da segurança jurídica 26
6. Revogação e anulação dos atos jurídicos administrativos. 27
7. Algumas reflexões e subsequentes sugestões a propósito do procedimento administrativo tributário.................... 30

GUERRA FISCAL E OS BENEFÍCIOS UNILATERAIS CONCEDIDOS POR OUTROS ESTADOS

Alessandro Rostagno 35

1. A guerra fiscal: conceito e características 36
2. Guerra fiscal, federalismo, competências tributárias e disposições legislativas federais e estaduais versus não-cumulatividade do ICMS 39
3. Observações e questionamentos acerca da atuação dos entes federados no resguardo de seus direitos de exigibilidade do ICMS frente a benefícios fiscais concedidos unilateralmente por outros Estados – recentes posições jurisprudenciais dos Tribunais Superiores e do Tribunal de Impostos e Taxas do Estado de São Paulo 48
4. Conclusões 63

PRECLUSÃO DA PROVA NO PROCESSO ADMINISTRATIVO TRIBUTÁRIO: UM FALSO PROBLEMA

Andréa Medrado Darzé 67

1. Considerações introdutórias 67
2. Processo administrativo: controle de legalidade dos atos de constituição dos créditos tributários 68
3. Princípios que interferem na produção da prova 72
   3.1. Princípio da legalidade tributária 72
   3.2. O princípio do devido processo legal 74
   3.3. Princípio da busca da verdade material 76
   3.4. Princípio da oficialidade 79
4. Iniciativa probatória do sujeito passivo tributário e seus limites 80
5. Iniciativa probatória da autoridade julgadora e seus limites 88
6. Conclusões 95

A NOVA LEI PROCESSUAL ADMINISTRATIVA TRIBUTÁRIA PAULISTA E A INFLUÊNCIA DOS EFEITOS DA DECLARAÇÃO DE INCONSTITUCIONALIDADE DE LEI OU ATO NORMATIVO PELO STF NOS PROCESSOS ADMINISTRATIVOS EM CURSO

German Alejandro San Martín Fernández 97

1. Introdução 97
2. O novo processo tributário paulista e o artigo 28 da Lei n. 13.457/2009 100
3. A vedação imposta na lei paulista ao julgador administrativo em afastar a aplicação de lei sob a alegação de inconstitucionalidade 102
4. Da permissão de afastamento na aplicação de lei na hipótese de declaração de inconstitucionalidade em sede de ADI 107
5. Da permissão de afastamento da aplicação de lei na hipótese de decisão definitiva do Supremo Tribunal Federal, em via incidental, desde que o Senado Federal tenha suspenso a execução do ato normativo 117
6. Interpretação conforme a Constituição 120
7. O efeito no julgamento de improcedência em sede de ADC 123
8. Efeito *erga onmes* e força vinculante das decisões em sede de controle concentrado e a "abstrativização" do controle difuso de constitucionalidade pelo STF 124
9. A Constituição Estadual Paulista – Hierarquia normativa no âmbito estadual e normas de repetição (Simetria Constitucional) 128
10. Conclusões 131
11. Referências Bibliográficas 133

CÁLCULO DO PRAZO DECADENCIAL EM RELAÇÃO AO CRÉDITO INDEVIDO DE ICMS – A APLICAÇÃO DO

ARTIGO 173, INCISO I, DO CÓDIGO TRIBUTÁRIO NACIONAL, E A BUSCA DO CONCEITO DE "EXERCÍCIO" PARA OS FINS DO PRAZO DE DECADÊNCIA

Adolpho Bergamini 135

1. Introdução 135
2. As espécies de lançamentos tributários: análise do prazo decadencial aplicável aos lançamentos de ofício e por homologação, bem como o enquadramento do ICMS neste último 137
3. Aplicabilidade do artigo 150, §4º, do Código Tributário Nacional, ao cômputo do prazo decadencial aplicável à glosa de créditos indevidos de ICMS 138
4. A jurisprudência administrativa e judicial sobre a aplicabilidade do prazo decadencial à glosa de créditos indevidos de ICMS 141
5. A aplicação do artigo 173, inciso I, do Código Tributário Nacional, e a busca do que seja exercício aos fins da contagem do prazo decadencial 152
6. Conclusão 159

O ICMS NAS OPERAÇÕES DE LEASING

Adolpho Bergamini, Adriana Esteves Guimarães e Marcelo Magalhães Peixoto 161

1. Introdução 161
2. O ICMS vinculado à importação de bens do exterior e sua inexigibilidade em relação aos bens objeto de leasing 162
3. O entendimento do Tribunal de Impostos e Taxas de São Paulo 173
4. Conclusão 179

A RELAÇÃO DO PROCESSO ADMINISTRATIVO TRIBUTÁRIO E A REPRESENTAÇÃO CRIMINAL

Coriolano Aurelio de Almeida Camargo Santos 181

PROCESSO ADMINISTRATIVO TRIBUTÁRIO PAULISTA – O JUÍZO MONOCRÁTICO DE ADMISSIBILIDADE RECURSAL E O DIREITO DE PETIÇÃO

Luiz Fernando Mussolini Júnior 191

A QUEBRA DO SIGILO FINANCEIRO DOS CONTRIBUINTES PAULISTAS EM FACE DA EDIÇÃO DO DECRETO ESTADUAL N. 54.240/09

Mara Eugênia Buonanno Caramico 205

Introdução.. 205

I. Os sigilos bancário e fiscal: conceito e fundamento 206

II. Histórico 212

III. Análise dos artigos 75, X do RICMS/00 (Estado de São Paulo), do Decreto Estadual n. 54.240/09 e da Portaria CAT 12/10 em face do que dizem os artigos 5º e 6º da Lei Complementar n. 105/01 217

IV. Conclusão.. 227

V. Bibliografia e referências.. 231

PRAZOS NO PROCESSO ADMINISTRATIVO TRIBUTÁRIO ESTADUAL – QUESTÕES PRÁTICAS

Eduardo Perez Salusse 235

1. Introdução.. 235
2. Atos processuais - lugar, forma e prazo.......................... 237
3. Flexibilização do prazo por equidade 240
4. Contagem dos prazos e indeferimento sumário............ 242

5. Devolução e suspensão do prazo 243
6. Prazo para juntada de documentos 246
7. Prazo "para o processo" – Princípio do prazo razoável .. 250
8. Prazos polêmicos 254
9. Prazos – regra de transição 257
10. Conclusão 258
11. Referências 258

OS PROCESSOS ADMINISTRATIVO E JUDICIAL E A MATÉRIA TRIBUTÁRIA NA GEOGRAFIA DO SISTEMA JURÍDICO

JONATHAN BARROS VITA 263

1. Introdução 263
2. Notas sobre a Teoria dos Sistemas 265
3. Geografia do sistema jurídico: onda de choque e distinção centro/periferia 271
4. As consequências das diferenças entre o posicionamento das cortes administrativas e judiciais no sistema jurídico 277
5. Conclusões 282

O PRINCÍPIO DA AMPLA DEFESA NA APRECIAÇÃO DO RECURSO DE OFÍCIO

LUIZ ROBERTO DOMINGO 285

A SIMULAÇÃO DO ESTABELECIMENTO PRESTADOR DO SERVIÇO

RAFAEL CORREIA FUSO 301

I. Introdução 301
II. Da constituição de estabelecimentos prestadores de serviços em municípios que oferecem vantagens fiscais. 302

III. Do conceito de simulação de estabelecimento 305

IV. Das provas colhidas pelos auditores fiscais para se concluir pela simulação do estabelecimento 306

V. Da lavratura de autos de infração, fundamento de validade e os indícios de simulação de estabelecimento 309

VI. Das provas necessárias para afastar a acusação fiscal a serem juntadas na defesa 310

VII. Do julgamento da matéria pelo Conselho Municipal de Tributos e suas limitações 312

VIII. Da jurisprudência do Conselho Municipal de Tributos sobre a simulação de estabelecimento 315

IX. Conclusões 317

O DEVER DE RETENÇÃO DO INSS E A PRESTAÇÃO DE SERVIÇO DE MONITORAMENTO ELETRÔNICO RESIDENCIAL

Rodrigo Antonio da Rocha Frota 321

O CONTROLE DE LEGALIDADE DOS LANÇAMENTOS QUE REQUALIFICAM FATOS

Karem Jureidini Dias 321

1. Introdução 331

2. Revisão da norma individual e concreta: o lançamento de ofício 334

3. Modalidade de revisão conforme o tratamento conferido à norma revisada 337

4. O controle de legalidade em face dos suportes fáticos . 338

5. O controle de legalidade em face do consequente da norma individual e concreta 342

6. Conclusões 350

PREFÁCIO

Solução Alternativa

Se o Brasil é um dos países que mais cobram tributos da população, a enorme quantidade de conflitos surgidos da insatisfação de pessoas físicas e jurídicas com a Fazenda Pública acabou encontrando uma solução alternativa pela via contenciosa administrativa tributária.

Dessa forma, o contribuinte pode se insurgir contra lançamentos indevidos de crédito do Executivo, sem precisar recorrer à Justiça, evitando aumentar ainda mais a sobrecarga de processos em tramitação no país.

Esta obra coletiva, organizada pelo nobre colega Alessandro Rostagno, reúne reflexões dos membros da Comissão do Contencioso Administrativo Tributário da OAB-SP, única no país, em artigos que destrincham diversas facetas relacionadas ao tema, de interesse da advocacia que exerce o contencioso administrativo tributário.

O estudo da área nos permite entender questões polêmicas atuais, como a guerra fiscal, o crédito tributário, as modificações a partir do processo eletrônico tributário e a compensação tributária administrativa.

Nascido a partir da Revolução Francesa de 1789, o Contencioso Administrativo Tributário é adotado na França em sistema de dupla jurisdição – os atos administrativos não podem ser julgados pela Justiça. No Brasil, diferentemente, a jurisdição única permite que o Judiciário reveja as decisões administrativas.

Já em 1969 foi prevista, pela Emenda Constitucional n. 1, a criação por lei ordinária do Contencioso Administrativo, que não foi instituído, pois a Constituição vigente determinava que o Judiciário não pudesse ser afastado dos litígios.

A Emenda Constitucional n. 7/77 alterou tal dispositivo constitucional e permitiu a criação do Contencioso, definindo que a Justiça só poderia ser acionada ao final da via administrativa.

A Carta Magna de 1988, apesar de não ter recepcionado o item que previa a criação do Contencioso Administrativo, deixou aberta a possibilidade de sua existência de forma indireta, em seu artigo 5º, que garante o direito à ampla defesa e ao contraditório, em processo judicial ou administrativo.

Assim, todo contribuinte tem direito a se defender, se autuado pela fiscalização tributária, sem precisar recorrer ao Judiciário. Essa espécie de "jurisdição" no âmbito do Executivo permite à administração verificar ela própria a qualidade e a efetividade de seus serviços, servindo para incrementar a máquina fiscal, com a vantagem também de reduzir a litigiosidade tributária no Judiciário.

As discussões dessas questões são fundamentais em um país que debate o excesso de impostos e a recriação de tributos, em um período de pleno crescimento econômico.

Luiz Flávio Borges D'Urso
Presidente da OAB SP

SEGURANÇA JURÍDICA NO NOVO CARF

PAULO DE BARROS CARVALHO
Professor Emérito e Titular de Direito Tributário da PUC/SP
e da USP; Membro da Academia Brasileira de Filosofia;
Coordenador geral do programa de pós-graduação da PUC/SP.

Sumário. 1. Palavras introdutórias. 2. Núcleo semântico do sobreprincípio da segurança jurídica. 3. O primado da segurança jurídica no processo. 4. O procedimento administrativo tributário como forma de atividade de controle do lançamento, da penalidade e da notificação dirigida ao sujeito passivo. 5. Compatibilidade entre a modificação de exegese do CARF e o primado da segurança jurídica. 6. Revogação e anulação dos atos jurídicos administrativos. 7. Algumas reflexões e subsequentes sugestões a propósito do procedimento administrativo tributário.

1. PALAVRAS INTRODUTÓRIAS

O procedimento de tomar o direito como fato da cultura, de reconhecer-lhe o caráter retórico e de compreendê-lo como produto efetivo de um tempo histórico marcado pela presença sensível de invariantes axiológicas está longe de ser mera tática aproximativa do estudioso para tentar compreender a textura do fenômeno jurídico. Ainda que, em certos momentos, a ordem normativa possa parecer mero conjunto de estratégias discursivas voltadas a regrar condutas interpessoais e, desse modo, concretizar o exercício do mando, firmando ideologias, tudo isso junto há de processar-se no âmbito de horizontes definidos, em que as palavras utilizadas pelo legislador, a despeito de sua larga amplitude semântica, ingressem numa combinatória previsível, calculável, mantida sob o controle das estruturas sociais dominantes. A possibilidade de estabelecer expectativas de comportamento e de torná-las efetivas ao longo do tempo impede que o direito assuma feição caótica e dá-lhe a condição de apresentar-se como sistema de proposições articuladas, pronto para realizar as diretrizes supremas que a sociedade idealiza.

Com efeito, os valores e sobrevalores que a Constituição proclama hão de ser partilhados entre os cidadãos, não como quimeras ou formas utópicas simplesmente desejadas e conservadas como relíquias na memória social, mas como algo pragmaticamente realizável, apto, a qualquer instante, para cumprir seu papel demarcatório, balizador, autêntica fronteira nos hemisférios da nossa cultura. A propósito, vale a afirmação peremptória de que o direito positivo, visto como um todo, na sua organização entitativa, nada mais almeja do que preparar-se, aparelhar-se, pré-ordenar-se para implantá-los.

Ora, a sociedade brasileira vive momentos de inquietação. A introdução de dois novos dispositivos de lei, no ano de 1999, respectivamente art. 27 da lei 9.868/99 e art. 11 da lei 9.882/99 deu a luz a novos debates sobre matérias de extrema relevância: *a modulação de efeitos em decisão de (in)constitucionalidade*. Hoje, nos tribunais superiores, admite-se em benefício do interesse público e em situação excepcional, isto é, nas hipóteses em que a declaração de nulidade, com seus normais efeitos *ex tunc*, resultaria em grave ameaça a todo o sistema legislativo vigente, atribuir efeito *pro futuro* à declaração incidental de inconstitucionalidade. A referida inovação conduziu nossas consciências, de maneira vertiginosa, ao questionamento de princípios fundamentais. Aquilo que há de mais caro para a dignidade de um sistema de direito positivo está sendo posto em tela de juízo, desafiando nosso espírito e estimulando nossas inteligências, ao reivindicar uma tomada de posição firme e contundente. Chegando-se a esse ponto, não cabem mais tergiversações e os expedientes retóricos somente serão admitidos para fundamentar a decisão de manter a segurança jurídica, garantindo a estabilidade das relações já reconhecidas pelo direito, ou de anunciar, em alto e bom som, que chegou o reino da incerteza, que o ordenamento vigente já não assegura, com seriedade, o teor de suas diretrizes, que as pomposas manifestações dos tribunais superiores devem ser recebidas com reservas, porque, a qualquer momento, podem ser revistas, desmanchando-se as orientações jurídicas até então vigentes, sem outras garantias para os jurisdicionados.

Trata-se de pura idealização pensar na possibilidade de funcionamento de um subsistema social qualquer sem a boa integração dos demais subsistemas que formam o tecido social pleno. Não cabe cogitar da implantação de um primoroso modelo econômico, por exemplo, sem a sustentação das estruturas políticas e jurídicas que com ele se implicam. As virtudes da Constituição de 1988, que são muitas, fizeram imaginar um Brasil avançado e democrático, em que os direitos e garantias dos cidadãos se multiplicariam em várias direções. Mas bastou a prática dos primeiros anos para nos fazer ver que as previsões da Carta Suprema não se concretizariam sem o suporte de um judiciário digno de suas decisões.

O sistema jurídico brasileiro surgiu no âmago desse processo empírico onde o direito aparece e comparece como autêntico produto da cultura, acumulando-se no seu historicismo para projetar o entusiasmo de uma sociedade que olha para o futuro e pretende vivê-lo com a consciência de suas conquistas e com a força do seu espírito.

Sua configuração jurídica reflete bem a complexidade das instituições básicas de um Estado igualmente complexo. Seria até ingenuidade supor que num sistema em que convivem pessoas dotadas de autonomia legislativa, financeira, administrativa e política, pudessem existir diretrizes simples e transparentes que, em conjugação elementar com outras providências, tivessem o condão de esquematizar uma organização operativa e eficiente.

O sistema que temos foi forjado na prática das nossas instituições, nasceu e cresceu entre as alternâncias de uma história política agitada, irrequieta, no meio de incertezas econômicas internas e externas. Sua fisionomia é a do Brasil dos nossos tempos, com suas dificuldades, suas limitações, mas também com suas grandezas e, para que não dizer, com a surpreendente vitalidade de um país jovem, que marca, incisivamente, sua presença no concerto das nações.

Tenho para mim que tais lembranças devem ser consignadas, no momento mesmo em que entra em jogo a própria manutenção da integridade sistêmica do Estado brasileiro. Vivemos o processo de uma decisão significativa e importante. E a melhor contribuição que o jurista poderia oferecer está na manifestação axiologicamente neutra (na medida do possível) a respeito do quanto percebe existir no trato com o real. Se a pretensão é alterar, efetivamente, a modulação dos efeitos das decisões em controle de (in)constitucionalidade, assunto delicado que pode abalar em seus fundamentos a organização jurídica nacional, requer-se domínio técnico e conhecimento especializado sobre a matéria.

Eis um ponto de real interesse, que envolve diretamente o bom funcionamento das instituições, garantindo, no domínio do direito tributário, o contribuinte e o próprio Estado-administração contra excessos que a Carta Magna esteve longe de conceber e de autorizar. Por que não aproveitarmos o ensejo para estabelecer os limites que estão faltando? Por que não emendarmos a Constituição em trechos como esse, atendendo às reivindicações dos especialistas, para aperfeiçoar um sistema que vem sendo construído como a projeção do sentimento histórico da sociedade brasileira?

2. NÚCLEO SEMÂNTICO DO SOBREPRINCÍPIO DA SEGURANÇA JURÍDICA

Vivemos um tempo histórico de grandes questionamentos constitucionais, sobretudo em matéria tributária. As raízes do nosso sistema, cravadas no Texto Supremo, fazem com que a atenção dos estudiosos seja convocada para o inevitável debate sobre o conteúdo de princípios fundamentais, conduzindo os feitos à apreciação do Supremo Tribunal Federal. Fica até difícil imaginar assunto tributário que possa ser inteiramente resolvido em escalões inferiores, passando à margem das diretrizes axiológicas ou dos limites objetivos estabelecidos na Carta Magna. Por sem dúvida que tal consideração eleva, desde logo, esse ramo do direito público, outorgando-lhe *status* de grande categoria, pois discutir temas de direito tributário passa a significar, em última análise, resolver tópicos da mais alta indagação jurídica, social, política e econômica.

Por outro lado, a estabilidade das relações jurídicas tributárias, diante das manifestações da nossa mais alta corte de justiça, torna-se assunto sobremaneira delicado, requerendo atenção especialíssima do intérprete, porquanto está em jogo o sobreprincípio da segurança jurídica.

Entre as grandes diretrizes que formam o estrato axiológico das normas tributárias no Brasil, algumas se apresentam como conteúdos de enunciados expressos, enquanto outras se encontram na implicitude dos textos do direito posto. Todas, porém, com a mesma força vinculante. A circunstância de figurarem no texto, ou no contexto, não modifica o teor de prescritividade da estimativa, que funciona como vetor valorativo que penetra as demais regras do sistema, impregnando-lhes, fortemente, a dimensão semântica. Por isso mesmo são colocadas no altiplano da Constituição. De lá, precisamente onde começam todos os processos de positivação das normas jurídicas, descem aqueles primados para os vários escalões da ordem legislada, até atingir as regras terminais do sistema, timbrando os preceitos que ferem diretamente as condutas em interferência intersubjetiva, com a força axiológica dos mandamentos constitucionalmente consagrados.

O princípio da certeza do direito traduz as pretensões do primado da segurança jurídica no momento em que, de um lado, (i) exige do enunciado normativo a especificação do fato e da conduta regrada, bem como, de outro, (ii) requer previsibilidade do conteúdo da coatividade normativa. Ambos apontam para a certeza da mensagem jurídica, permitindo a compreensão do conteúdo, nos planos concretos e abstratos. Pensamos que esse segundo significado (ii) quadra melhor no âmbito do princípio da segurança jurídica.

Mas, ao lado da certeza, em qualquer das duas dimensões de significado, outros valores constitucionais, explícitos e implícitos, operam para concretizar o sobrevalor da *segurança jurídica*. Diremos que em um dado sistema existe este sobreprincípio, pairando sobre a relação entre Fisco e contribuinte, sempre que nos depararmos com um feixe de estimativas, integradas para garantir o desempenho da atividade jurídico-tributária pelo Estado-administração.

Não temos notícia de que algum ordenamento a contenha como regra explícita. Efetiva-se pela atuação de outros princípios, como o da legalidade, da anterioridade, da igualdade, da irretroatividade, da universalidade da jurisdição, etc. Isso, contudo, em termos de concepção estática, de análise das normas, de avaliação de um sistema normativo sem considerarmos suas projeções sobre o meio social. Se nos detivermos em um direito positivo, historicamente dado e isolarmos o conjunto de suas normas (tanto as somente válidas, como também as vigentes), indagando dos teores de sua racionalidade; do nível de congruência e harmonia que as proposições apresentam; dos vínculos de coordenação e de subordinação que armam os vários patamares da ordem posta; da rede de relações sintáticas e semânticas que respondem pela tessitura do todo; então será possível imitirmos um juízo de realidade que conclua pela existência do primado de segurança, justamente porque neste ordenamento empírico estão cravados aqueles valores que operam para realizá-lo. Se a esse tipo de verificação circunscrevemos nosso interesse pelo sistema, mesmo que não identifiquemos a primazia daquela diretriz, não será difícil implantá-la. Bastaria instituir os valores que lhe servem de suporte, os princípios que, conjugados, formariam os fundamentos a partir dos quais se levanta. Assim, vista por esse ângulo, será difícil encontrarmos uma ordem jurídico-normativa que não ostente o princípio da segurança. E, se o setor especulativo é o do Direito Tributário, praticamente todos os países do mundo ocidental, ao reconhecerem aqueles vetores que se articulam axiologicamente, proclamam, na sua implicitude, essa diretriz suprema.

Apesar de tudo o que se disse, o direito existe para cumprir o fim específico de regrar os comportamentos humanos nas suas relações de interpessoalidade, implantando os valores que a sociedade almeja alcançar. As normas gerais e abstratas, principalmente as contidas na Lei Fundamental, exercem um papel relevantíssimo, pois são o fundamento de validade de todas as demais e indicam os rumos e os caminhos que as regras inferiores haverão de seguir. Porém, é nas normas individuais e concretas que o direito se efetiva, concretiza-se, mostra-se como realidade normada, produto final do intenso e penoso trabalho de positivação. É o preciso instante em que a linguagem do direito toca o tecido social, ferindo a possibilidade da conduta intersubjetiva. Daí porque não basta o trabalho preliminar de conhecer a feição estática do ordenamento positivo. Torna-se imperioso pesquisarmos o lado pragmático da linguagem normativa, para saber se os utentes desses signos os estão empregando com os efeitos que a visão estática sugere. De nada adiantam direitos e garantias individuais, placidamente inscritos na Lei Maior, se os órgãos a quem compete efetivá-los não o fizerem com a dimensão que o bom uso jurídico requer. Agora, já na pragmática da comunicação jurídica se é fácil perceber e comprovar os "limites objetivos", outro tanto não se dá com os valores. Este é o caso do sobreprincípio da *segurança jurídica*.

Não é preciso dizer mais. Convencionou-se que tal valor é, basicamente, a igualdade, a legalidade e a legalidade estrita, a universalidade da jurisdição, a vedação do emprego do tributo com efeitos confiscatórios, a irretroatividade e a anterioridade, ao lado do princípio que consagra o direito à ampla defesa e ao devido processo legal, todos, em verdade, limites objetivos realizadores do valor da segurança jurídica.

Experimentemos associar à *segurança jurídica* o limite objetivo da anterioridade. Com base neste preceito de direito tributário, se o tributo foi introduzido por ato infralegal, o que se prova com facilidade, ficaremos seguros em dizer que o princípio foi violado. Fique bem claro que o tributo cuja norma foi publicada em determinado exercício somente poderá incidir sobre fatos que vierem a ocorrer no ano seguinte, dando margem para que os destinatários planejem suas atividades econômicas, já cientes do custo representado pelo novo encargo. É limite objetivo que opera, decisivamente, para a realização do sobreprincípio da segurança jurídica. Seu sentido experimenta inevitável acomodação neste primado, vetor axiológico do princípio da anterioridade, de modo que o contribuinte não seja surpreendido com exigência tributária inesperada.

Da mesma forma se dá com o princípio da legalidade, limite objetivo que se presta, ao mesmo tempo, para oferecer segurança jurídica aos cidadãos, na certeza de que não serão compelidos a praticar ações diversas daquelas prescritas por representantes legislativos, e para assegurar observância ao primado constitucional da tripartição dos poderes. O princípio da legalidade compele o intérprete, como é o caso dos julgadores, a procurar frases prescritivas, única e exclusivamente, entre as introduzidas no ordenamento positivo por via de lei ou de diploma que tenha o mesmo *status*. Se do consequente da regra advier obrigação de dar, fazer ou não-fazer alguma coisa, sua construção reivindicará a seleção de enunciados colhidos apenas e tão somente no plano legal.

E assim também o é com o princípio da irretroatividade das leis. Renovo, neste momento, a posição segundo a qual, abaixo da justiça, o ideal maior do direito é a segurança jurídica, sobreprincípio que se irradia por todo o ordenamento e tem sua concretização viabilizada por meio de outros princípios, tal como o da irretroatividade das leis. Com ela não se compatibiliza dispositivo que, além de determinar ao Judiciário que este modifique orientação pacificada, pretende ser aplicado retroativamente. Eis que o tema pede maiores reflexões.

3. O PRIMADO DA SEGURANÇA JURÍDICA NO PROCESSO

Tem-se empregado o termo "processo" para designar, invariavelmente tanto a discussão que se desdobra perante o Poder Judiciário, quanto as controvérsias deduzidas no âmbito da Administração Pública, sobre temas tributários ou meramente administrativos. A palavra, contudo, não parece revestir a riqueza semântica que se lhe quer outorgar, sugerindo uma dimensão mais restrita, um sentido mais estreito, justamente em obséquio ao rigor da precisão dos conceitos jurídicos.

De fato, "processo", nos domínios do Direito, é o nome que se dá ao instrumento de composição de litígios, ou ao complexo de atos e termos voltados à aplicação do direito positivo a uma situação controvertida. Nele, realiza o Estado, na plenitude, sua função jurisdicional, aplicando a lei e tornando efetivos os ideais de Justiça. Como acentua José Frederico Marques:[1] *"Não se confunde processo e procedimento. Este é a marcha dos atos do juízo, coordenados sob formas e ritos, para que se atinjam os fins compositivos do processo. Já o processo tem um significado diverso, porquanto consubstancia uma relação de direito 'que se estabelece entre seus sujeitos durante a substanciação do litígio' "*.

A figura do "processo" está jungida ao campo da jurisdição, em que se pressupõe a existência de um órgão estatal, independente e imparcial, credenciado a compor conflitos de interesse, de maneira peremptória e definitiva.

Seu caráter teleológico é exalçado por Agustín A. Gordillo,[2] que distingue o vocábulo na sua concepção ampla, daquel'outra

---

1. José Frederico Marques. *Instituições de Direito Processual Civil*, Forense, 2ª ed., 1962, p. 31.
2. A. Gordillo. *Tratado de Derecho Administrativo*, Macchi-Lopes, Buenos Aires, XVII-1 a XVII-5.

concepção estrita. Anota, porém, aquilo que chama de perigo da noção ampla, porquanto, usualmente, processo é sinônimo de juízo, e poderia chegar a entender-se que a decisão prolatada pela Administração, ouvido o interessado, resolveria definitivamente acerca dos direitos debatidos. O insigne autor argentino sublinha a necessidade de reservarmos ao processo uma atribuição específica, que vai além de simplesmente ouvir o interessado, mas que pressupõe a existência de um julgador imparcial e independente, qualidades estas que em nenhum caso pode reunir plenamente a Administração. E assevera: *"Por esta razón también es conveniente reservar el concepto de proceso y por ende de juicio para el proceso o juicio estrictamente judicial, evitando con esta terminología posibles confusiones como las que se acaban de recordar"*.

Estamos em crer que é imperiosa a distinção entre processo e procedimento. Reservemos o primeiro termo, efetivamente, à composição de litígios que se opera no plano da atividade jurisdicional do Estado, para que signifique a controvérsia desenvolvida perante os órgãos do Poder Judiciário. Procedimento, embora sirva para nominar também a conjugação dos atos e termos harmonizados na ambitude da relação processual, deve ser o étimo apropriado para referir à discussão que tem curso na esfera administrativa.

Firmadas estas premissas, é lícito deduzir que a locução adequada para aludirmos à impugnação de atos administrativos, junto à própria Administração, no que tange à matéria tributária, é "procedimento administrativo tributário", ao contrário do que faz supor o título do presente trabalho.

Dito isso, para empreender uma análise da aplicação do princípio da segurança jurídica no projeto Novo CARF será fundamental delimitar esse estudo à sua atuação no que tange ao "procedimento administrativo tributário". E, procedendo a esse corte exegético, faremos insurgir os limites objetivos que ele impõe a esta atividade. De fato, o primado da segurança jurídica, como já visto, efetiva-se pela atuação de outros princípios, estes em regra mais objetivos e, por tal condição, é o que o realiza topicamente. Isso ocorre de tal modo que podemos asseverar que, no procedimento administrativo, segurança jurídica, em alguns momentos, é legalidade objetiva, é oficialidade, é informalismo em favor do interessado, e, em outros tempos, diremos que é devido processo legal, contraditório e ampla defesa; ou ainda, afirmá-la-emos como processo em linguagem escrita, ausência de custas ou mesmo rapidez, simplicidade e economia do procedimento. Seja qual for o nome que se a dê ou o vínculo que se a atribua a outros princípios mais objetivos, a boa verdade é que a segurança jurídica se investe de cada um desses aspectos para se tornar eficaz juridicamente. E é por estas e outras razões que falar sobre a segurança jurídica no procedimento administrativo é enunciar sobre todos esses princípios que regem a matéria procedimental direta ou indiretamente. Nessa linha, segundo Agustín A. Gordillo,[3] os princípios que informam o procedimento administrativo, dizendo, expressamente, com o objetivo fundamental que a sucessão de atos e termos persegue, são de dois tipos, aparecendo, contudo, um terceiro grupo, que se prende a características externas do procedimento, e que valem ser considerados.

Os princípios ligados ao primeiro tipo e, portanto, intrínsecos ao procedimento, guardam semelhança com formulações do processo penal, destacando seu caráter oficial, instrutório, donde se irradiam a chamada impulsão de ofício e a verdade material, como dado prioritário; os cânones do segundo tipo visam a garantir a participação das pessoas no curso do procedimento, aparecendo, nesse nível, o informalismo a favor do administrado, o da defesa adequada, com ampla possibilidade de prova, o princípio do contraditório e da imparcialidade.

Entre os princípios exógenos, teríamos, ainda na trilha do jurista argentino, aqueles que asseguram o caráter escrito do procedimento, o da ausência de custas e outros mais que não interferem propriamente com a estrutura procedimental.

---

3. A. Gordillo. *Procedimento y Recursos Administrativos*, Macchi, Buenos Aires, 2ª ed., p. 55.

Passemos a examinar, topicamente, esses postulados capitais, que nos permitem compreender o procedimento administrativo tributário dentro de uma visão global e orgânica.

I – Princípio da legalidade objetiva

O procedimento administrativo tributário deve seguir seus trâmites no âmbito daquilo que se conhece por realização do conteúdo objetivo das normas jurídicas, para preservar o império da legalidade e da justiça. Como é cometido à Administração "aplicar a lei de ofício", haverão de procurar, seus agentes, a forma mais concreta, adequada e verdadeira de realizar os comandos jurídicos. Esse princípio, que ilumina toda a marcha do procedimento, atina, de maneira plena, com a **ratio essendi** da figura, posto que já examinamos, com alguma insistência até, que o procedimento existe para garantir ao Poder Público o aperfeiçoamento da intelecção da mensagem legislada, expedindo atos inteiramente consonantes com o sistema jurídico vigente. Nessa exata dimensão, a legalidade que deve presidir a celebração e anexação dos atos, no quadro procedimental, não vem em favor ou detrimento de qualquer das partes, antes pressupõe o objetivo cardeal de efetivar os comandos legais nos seus precisos e estritos termos.

Obtempera Gordillo,[4] que em função desse primado, explica-se que o procedimento tenha caráter instrutório e que a autoridade possa proceder de ofício; que nele prevaleça o princípio da verdade material, em oposição ao da verdade formal; que exista amplitude para considerar apropriadamente interpostos recursos e impugnações, facilitando assim, no possível, o controle dos superiores hierárquicos sobre a boa marcha e legalidade da administração pública. Aduz, finalmente, que em virtude desse princípio se esclarece porque desistência do recorrente não veda à Administração prosseguir na busca da

---

4. A. Gordillo. *Procedimento y Recursos Administrativos*, Macchi, Buenos Aires, 2ª ed., p. 53-54.

legitimidade do ato prolatado, o que também ocorre com o falecimento do interessado.

Com supedâneo nesse postulado, apreendido em toda a sua abrangência, emerge a necessidade de conferir-se ampla defesa ao administrado, não só como requisito erigido nos sistemas liberais, em homenagem à pessoa humana do particular, mas, sobretudo, como disposição técnica para assegurar a efetiva e correta aplicação da "legalidade objetiva".

II – Princípio da oficialidade

Do princípio da oficialidade se desprende a regra de que o impulso do procedimento deve caber à Administração, quer como desdobramento do próprio cânone da legalidade objetiva, seja como imperativo de que a atividade, primeiro que diga respeito ao interesse do particular, envolve um interesse público e da Administração mesma, na medida em que por seu intermédio se controla a precisa e correta aplicação da lei.

Isso não quer exprimir que o início do procedimento não possa caber ao administrado ou, ainda, que certos atos procedimentais não sejam cometidos por sua iniciativa. Expressa, única e exclusivamente, que compete ao Poder Público zelar pelo curso regular do procedimento, evitando que seu progresso fique tolhido por manifestações de inércia do interessado, com o comprometimento dos objetivos finais que norteiam sua existência.

Demora-se aqui um fator de dessemelhança com relação ao Direito Processual Civil, em que prevalece a diretriz segundo a qual a lei atribui às partes assegurarem o caminhar do procedimento judicial, na busca da tutela jurisdicional do Estado.

Convém advertir que quando se fala em impulso de ofício, não se alude a um caráter absoluto, mas apenas preponderante, variando, em sua intensidade, conforme o tipo de interesse que se coloca como conteúdo da controvérsia. Tratando-se de atos jurídicos de índole tributária, vigora o princípio com grande força e vitalidade, de tal modo que se torna admissível asseverar, sem qualquer extravagância, que foi deferida à Administração cuidar do avanço procedimental, afastando todas as hipóteses em que a sucessão de atos fique truncada, frustrando-se por essa via, o controle de legalidade dos atos praticados.

Deflui, também, da máxima da oficialidade o preceito do timbre instrutório que há de acompanhar o procedimento administrativo, entendendo-se por isso a circunstância de que a produção de provas e todas as demais providências para a averiguação dos fatos subjacentes cabem tanto ao Poder Público quanto à parte interessada. Por evidência que no plexo das disposições normativas é que vamos encontrar a quem compete realizar esta ou aquela prova; tomar esta ou aquela providência no sentido de atestar os acontecimentos. Alguns expedientes são, por natureza, privativos da Administração, enquanto outros só ao administrado quadra produzir. No feixe de tais contribuições reside o caráter instrutório do procedimento administrativo tributário e, com ele, a forma encontrada pelo Direito para o esclarecimento dos fatos e subsequente controle da legalidade dos atos.

De corolário, aparece o postulado sobranceiro da verdade material, como inspiração constante do procedimento administrativo, em geral, e tributário, em particular. Mais uma vez nos defrontamos com traço singular ao procedimento administrativo, em cotejo com o judicial. Neste último, prepondera a norma da verdade formal, havendo o juiz de ater-se às provas trazidas ao processo civil. No que atina à discussão que se opera perante os órgãos administrativos, há de sobrepor-se a verdade material, a autenticidade fáctica, mesmo em detrimento dos requisitos formais que as provas requeridas ou produzidas venham a revestir.

Agustín A. Gordillo[5] é bastante eloquente ao versar esse tema, aduzindo sugestivas ponderações. Vejamo-las: *"en el*

---

5. A. Gordillo. *Tratado de Derecho Administrativo*, Macchi-Lopes, Buenos Aires, XVII-21-22.

procedimiento administrativo el órgano que debe resolver está sujeto al principio de la verdad material, y debe en consecuencia ajustarse a los hechos, prescindiendo de que ellos hayan sido alegados y probados por el particular o no, por ejemplo, hechos o pruebas que sean de público conocimiento, que estén en poder de la administración por otras circunstancias, que estén en expedientes paralelos o distintos, que la administración conozca de su existencia y pueda verificarlos, etc. ***Si la decisión administrativa no se ajusta a los hechos materialmente verdaderos, su acto estará viciado por esa sola circunstancia***" (o grifo não é do autor).

Ajeitando-se o enfoque para o nosso procedimento administrativo tributário, é fácil verificar o teor de ilogicidade das decisões que não consideram, por exemplo, o fato jurídico da prescrição, singelamente porque não foi suscitado pela parte. Esta espécie de capricho, que encontra respaldo em disposições expressas do direito positivo, nega a funcionalidade daquele princípio da verdade material, com efeitos práticos por vezes adversos aos precípuos interesses da própria Fazenda Pública.

III – Princípio do informalismo em favor do interessado

O informalismo é um sainete bem próprio ao procedimento administrativo. Por ele deve entender-se a ausência de formas estritas, de modelos exclusivos, que pode ser interpretado com alcances até discrepantes. Por um lado, o informalismo muitas vezes conduz à arbitrariedade, pela ausência de fórmulas determinadas, que se afiguram como autênticas garantias da segurança das relações procedimentais. Por outro, contudo, o informalismo significa a aceitação de um quadro amplo de direitos e prerrogativas, no que respeita à realização da verdade material, objeto do interesse da Fazenda e do particular. E é com tal acepção que há de ser acolhido, presumindo-se que todos os efeitos favoráveis que venha a suscitar, beneficiem o administrado. Daí a referência expressa a informalismo em favor do interessado.

Adscrever-se um aspecto formal rígido para governar os atos praticados pelo particular significaria, em última análise, criar empeços e sugerir embaraços a um relacionamento que há de ser simples e objetivo, por natureza. Esse critério não é de aplicar-se à atividade administrativa, na pauta de sua intervenção procedimental. Favorece o interessado, o particular, a parte, não a Fazenda Pública, cujos atos serão celebrados e acompanhados com imprescindível rigor.

Como aplicação prática desse princípio, temos a tolerância quanto à denominação de recursos e peças impugnatórias; a consideração de medidas endereçadas a autoridades diversas, dentro do mesmo órgão, ou dentro de certos limites. O que interessa, no caso, é a vontade de impugnar, o desejo de interpor recurso, ficando para segundo plano os requisitos formais que dizem com a compostura da peça.

Acresce ponderar que a Administração, no quadro de seus poderes-deveres, tem que promover as devidas correções, sanando as possíveis irregularidades formais de seus atos e, com especial ênfase, dos atos promovidos pelas partes. Deparamos, neste passo, com outra emanação do princípio do informalismo em favor do interessado.

Em súmula estreita, vale acentuar que o critério do informalismo, que permeia o procedimento administrativo, inscreve-se no plano das prerrogativas do administrado, vindo a favorecê-lo, beneficiá-lo e criar pressupostos para que participe em igualdade de condições com o Poder Público no contexto procedimental. Não aproveita, porém, à Fazenda, que deverá ater-se ao espectro de requisitos formais que inspiram suas manifestações. Acaso admitíssemos o informalismo em favor da Administração, entraríamos nos perigosos domínios do arbítrio e no mar revolto das soluções extralegais.

IV – O princípio do devido processo

A diretriz suprema do devido processo legal, que anima a composição de litígios promovida pelo Judiciário, e que garante ampla liberdade às partes para exibir o teor de juridicidade e o fundamento de justiça das pretensões deduzidas em Juízo, se aplica com assomas de princípio capital ao procedimento administrativo tributário. Existe o chamado "devido processo legal", como instrumento exclusivo de preservar direitos e assegurar garantias, tornando concreta a busca da tutela jurisdicional ou do ato jurídico-administrativo que consubstancia a manifestação final da Fazenda, em questões tributárias que dependam de um ato formal expressivo de sua vontade.

É com estribo nesse primado que não se concebe, nos dias atuais, alguém ser apenado sem que lhe seja dado oferecer todas as razões favoráveis, que justifiquem ou expliquem seu comportamento. É direito que mereceu referência explícita em nossa Carta Constitucional, consoante se vê do art. 5º, LV da CF/88, *in verbis*: "*Aos litigantes, em processo judicial ou administrativo, e aos acusados em geral são assegurados o contraditório e ampla defesa, com os meios e recursos a ele inerentes*".

Fique assinalado que a locução "aos acusados em geral", equipara-se, em tudo e por tudo, à situação de todos os administrados que tenham ameaçados seu patrimônio e sua liberdade, por força de imposições tributárias. Já mencionamos que o poder de império do Estado, na plataforma dessas imposições, há de manifestar-se de forma extremamente cuidadosa, inspirada pelo zelo que a magnitude desses direitos sugere, tratando-se, como se trata, de prerrogativas fundamentais ao ser humano, no convívio com seus semelhantes.

A observância de tão elevado critério, porém, não há de inscrever-se no aparente quadro de faculdades externas e rotineiras, preservadas como singelos deveres dos agentes da administração, no decurso de procedimento. Antes de tudo, são imposições constitucionais, que embora expressas naquele já citado preceito, penetram inúmeros outros dispositivos, quer no Texto Magno, quer de diplomas de inferior estatura hierárquica. A ele devem curvar-se todos os funcionários incumbidos de intervir na marcha do procedimento, curando, de ofício, e sem necessidade de qualquer instância do particular, de sua preservação e do sentido e da profundidade de sua existência, enquanto critério sobranceiro, diretriz primeira e conquista inarredável do moderno Estado de Direito, assim concebido como aquele que se submete à lei e à jurisdição.

O direito ao devido processo, o *due process of law*, antessupõe a verificação de uma série de desdobramentos, que podem ser assim enumerados:

1º – Direito a ser ouvido, que abrange, por sua vez:

a) ampla publicidade de todos os atos do procedimento, máxime aqueles privativos da Administração, firmando-se, nesse plano, o direito de vista do particular, que não pode ser tolhido sob qualquer pretexto. Admoesta Gordillo[6] que o ato *"secreto del procedimiento sólo se justifica en casos excepcionales y por decisión expresa de autoridad competente"*;

b) oportunidade de expressar suas razões em momentos que antecedem a expedição do ato administrativo, e também, por desdobramento lógico, em instantes subsequentes à celebração e publicidade do ato;

c) manifestação expressa da autoridade que está incumbida de apreciar o feito, com relação a cada um dos argumentos e das questões propostas, ressalvando-se, naturalmente, aquelas que refugirem do segmento circunscrito na lide;

d) dever da Administração de decidir explicitamente os pedidos, impugnações e recursos, fundamentando as soluções alvitradas e analisando, topicamente, os pontos levantados pelas partes;

e) direito de fazer-se representar por profissional especializado, o que se explica nas adnumeráveis situações em que o sujeito passivo não tem o desejado conhecimento da sistemática que preside a exigência fazendária. Essa faculdade, todavia,

---

6. A. Gordillo. *Procedimiento y Recursos Administrativos*, Macchi, Buenos Aires, 2ª ed., p. 82.

não elide a defesa do próprio interessado, muitas vezes impossibilitado de contratar alguém para representá-lo.

2º – Direito a oferecer e produzir a prova adequada à defesa de suas pretensões. Essa prerrogativa traz também, como pressupostos:

a) direito a que toda prova, razoavelmente proposta, seja produzida, ainda que tenha que fazê-lo a própria Administração, como atestados, certidões, informações, esclarecimentos, etc.;

b) direito a que a produção da prova seja efetivada antes que o Poder Público adote alguma posição definitória sobre o conteúdo da questão;

c) direito a participar na produção da prova feita pela Administração, seja ela pericial ou testemunhal, como outra manifestação do princípio da publicidade.

V – Princípio da contradição

O princípio da contradição não assume, propriamente, a categoria de um primado independente, mas tem como premissa a configuração procedimental dentro da amplitude do "devido processo legal". A realização desse cânone tem como corolário imediato que se estabeleça uma sequência contraditória, em que Administração e administrado se coloquem numa situação de equilíbrio, apta a propiciar o desdobramento do feito e ensejar a edição do ato conclusivo, para o qual propende.

Cabe asseverar que a cada expediente de iniciativa do particular corresponde um ato ou uma providência da Fazenda, de tal sorte que se configura a contradição inspiradora do procedimento, enquanto cadeia de atos e termos, associados orgânica e harmonicamente, para o fim deliberado de obter-se um ato final, substanciador da vontade administrativa. A recíproca também é verdadeira, uma vez que todo o ato administrativo suscita, ou pode suscitar (não se tratando da manifestação derradeira), um pedido de revisão, uma peça impugnatória, ou um recurso.

É imperioso reconhecer que o princípio do contraditório não se perfaz, apenas e tão somente, com a possibilidade de o administrado ou a Administração oferecer argumentos e provas que contradigam atos ou peças interpostas no procedimento. Requer, sobretudo, que isso ocorra num ambiente de rigoroso equilíbrio, opondo-se equitativa e uniformemente, as razões de ambas as partes.

Deve ser vista com inusitada reserva, por exemplo, a prática utilizada no procedimento administrativo do Estado de São Paulo, no que concerne ao imposto sobre operações relativas à circulação de mercadorias, em que o oferecimento de razões de defesa ou de recurso dá espaço à manifestação do fiscal autuante, para depois subir, respectivamente, à apreciação do órgão de primeiro grau ou da Corte Administrativa que decide em segunda instância. Parece óbvio que esse vezo rompe com o equilíbrio procedimental, atribuindo-se participação maior à Fazenda que ao particular. Sobre violar o caráter contraditório, acaba por favorecer a Administração, muito embora venha em detrimento da busca da verdade material, objetivo também específico no desenrolar da lide administrativa.

Entrefigura-se importante ressaltar que o princípio do contraditório está jungido à observância de um certo grau de imparcialidade na solução do litígio. Não se pretende, é claro, que haja aquela imparcialidade absoluta que caracteriza, teoricamente, as emanações do Poder Judiciário. O esquema estrutural que governa a existência do procedimento, desenvolvido nos cancelos da Administração Pública, em que esta aparece como interessada no deslinde do problema suscitado, por si só já afasta a possibilidade de uma solução imparcial e equiponderante. Sabe-se que a autoridade julgadora está premida por contingências que a tornam mais próxima do ato administrativo, que abriu ensanchas à controvérsia, do que à impugnação deduzida pelo interessado. É verdade incontendível e que não pode ser desprezada sem desapreço do exame objetivo e científico da realidade que se estuda com o procedimento. Em contraponto, faz-se mister a existência de um mínimo de independência e imparcialidade, para que se possa falar em contraditório e, por via de consequência, em procedimento administrativo tributário.

VI – Outros princípios

Consoante salientamos, na esteira do juspublicista argentino, outros princípios há, que podem ser identificados como exteriores ao procedimento, mas que servem para distingui-lo de outras entidades jurídicas, interessando, portanto, enunciá-los.

1º – **O caráter escrito do procedimento**, que assume relevo na dimensão em que os momentos de oralidade são muito reduzidos e quase inexistentes. Essa particularidade se traduz como um imperativo que inibe arbitrariedades e afasta pressões espúrias, que por uma razão ou por outra, poderiam macular o curso normal do procedimento. Assim, até as provas testemunhais hão de ser reduzidas a escrito, circunstância que permite, a qualquer tempo, aferir-se o grau de legitimidade dos atos do procedimento.

2º – **A ausência de custas** é outro pormenor que marca, ainda que de maneira exterior, a realidade do procedimento administrativo tributário, principalmente em cotejo com o processo judicial tributário. A justificação repousa no interesse que a Administração devota ao curso do procedimento, que tem por escopo a edição de um ato final controlador da legalidade de atos anteriormente praticados. O procedimento interessa à Fazenda, que não pode pretender o exercício de direitos que a lei não lhe comete ou não deve extrapassar os limites consignados no direito positivo para o implemento das imposições legalmente atribuídas. Embora de feição exógena, a ausência de custas se prende ao sentido de existência jurídica do procedimento como um todo.

3º – **A rapidez, simplicidade e economia** são também fatores externos, mas que devem inspirar a figura do protótipo de procedimento administrativo tributário. A rapidez interessa a todos. O direito existe para ser cumprido e o retardamento na execução de atos ou nas manifestações de conteúdo volitivo hão de sugerir medidas coibitivas, tanto para a Fazenda, como para o particular. Nesse domínio se situa a estipulação de prazos para a celebração de atos administrativos, bem como a interposição de peças e outros expedientes que interessem aos direitos do administrado. Não se compaginam com os ideais de segurança e garantia das relações jurídicas certas situações indefinidas, qualificadas pela inércia de agentes da administração ou do titular de direitos subjetivos.

A rapidez liga-se à simplicidade, posto que expedientes e providências complexas não poderiam responder ao requisito da celeridade suso mencionada. Os atos administrativos realizados no decurso do procedimento, assim como todos os momentos que qualificam a participação do interessado devem obedecer a disposições singelas, a pressupostos de fácil compreensão, a medidas de entendimento imediato ao comum dos homens, em ordem a que se torne possível assegurar o caminho do procedimento, em clima de rapidez e segurança. Ainda quanto aos atos administrativos seria admissível certa implexidade, firmada a convicção de que o agente competente para efetivá-lo seja também competente na acepção vulgar do termo. Entretanto, no que entende ao particular, pareceria desatinado exigir o cumprimento de formas complicadas, que não em casos excepcionais, onde as próprias circunstâncias requerem manifestações complexas.

Se à rapidez se liga a simplicidade, é lícito dessumir que da conjugação dos dois requisitos nasce a economia. De fato, não se pode pensar em economia, se nos deparamos com uma cadeia iterativa de atos complexos, de providências rebuscadas, de expedientes estrambóticos, de exigências esdrúxulas, tudo isso associado numa "organização" que prima pela ausência de prazos determinados para **ambas as partes**. Não há exagero em afirmar-se que a economia procedimental é decorrência lógica e cronológica da simplicidade e da rapidez.

Vimos de ver os postulados endógenos e exógenos que devem inspirar o procedimento administrativo tributário, para que ele se realize como "*sucessão itinerária e encadeada de atos administrativos tendendo todos a um resultado final e conclusivo*", no dizer de Celso Antonio Bandeira de Mello,[13] ou, segundo Alberto Xavier,[14] "*como a sucessão ordenada de formalidades tendentes à prática ou à execução de um ato administrativo por parte de uma autoridade ou órgão administrativo*".

Seja como for, a coalescência de todos aqueles primados, derramando luzes sobre a sucessão articulada de atos e termos, outorga ao procedimento um sentido jurídico de grande significação, aparecendo como instrumento valioso para o surgimento, no universo do Direito, de uma sadia e adequada manifestação de vontade do Estado, enquanto Administração Pública.

4. O PROCEDIMENTO ADMINISTRATIVO TRIBUTÁRIO COMO FORMA DE ATIVIDADE DE CONTROLE DO LANÇAMENTO, DA PENALIDADE E DA NOTIFICAÇÃO DIRIGIDA AO SUJEITO PASSIVO

A cadeia sistemática de atos e termos, que dão sentido de existência ao procedimento administrativo tributário, já pôde ser examinada no seu conteúdo, como uma sucessão de providências viradas ao fim precípuo de se aplicar, de ofício, mas rigorosamente, a lei tributária. E tal observação não encerraria qualquer curiosidade, uma vez que é cediço o princípio, segundo o qual, a toda aplicação de penalidades deve preceder uma verificação contraditória da verdade material, em consonância com inúmeros postulados, entre eles o da ampla defesa. Acontece que o procedimento administrativo tributário não surde à luz, na ordem jurídica vigente, apenas no que pertine à aplicação das chamadas multas ou outras sanções fiscais. Tem cabida, igualmente, no que concerne à exigência do tributo, concebida dentro dos mesmos parâmetros e cercada de idênticos cuidados. Por quê? Precisamente porque a pretensão tributária esbarra em dois primados caríssimos, na estrutura do direito positivo brasileiro: *o direito de liberdade e o direito de propriedade*. A singela ameaça a esses dois direitos substanciais é motivo suficiente para que se desencadeie toda aquela sucessão de expedientes, alguns do Fisco, outros do sujeito passivo, conduzindo-se a discussão de tal arte que se promova, iterativamente, o controle de legalidade dos atos praticados no plano de gestão dos tributos.

Muitos autores, mais preocupados com a possível existência de uma "Justiça Administrativa", têm procurado deslocar o cerne do problema, entendendo que o procedimento deva se ater a outras diretrizes, quem sabe mais amplas, contudo, juridicamente menos verdadeiras e autênticas. Não se pretende, com isso, afastar do plano da correta aplicação da lei, nos domínios da relação do Ente Público com o administrado, os ideais de Justiça. Quer apenas significar que o procedimento não persegue, como finalidade primeira e imediata, a concretização de critérios de Justiça. Tais anseios por certo que penetram o encadeamento das peças integradoras da sucessão harmônica que culmina com a manifestação final da vontade do Estado. Devem permear a celebração dos atos e inspirar todas as providências que se fizerem necessárias no curso do procedimento, mas não é o objetivo capital, a razão última, o desígnio pronto e direto que o particular e a Administração almejam conseguir. Esta meta está circunscrita, em caráter primordial, à aplicação escorreita dos preceitos da lei, entendido este vocábulo na plenitude de seu conteúdo semântico. Ao Judiciário, entretanto, cabe a aplicação do direito positivo, compondo litígios e realizando, com todo o vigor, os mais elevados padrões de Justiça. Reside aqui, precisamente, a distinção entre as funções da Administração, no contexto do procedimento administrativo e a do Judiciário, quando se trata do processo tributário. A tutela jurisdicional do Estado é concebida como atividade que se desempenha imediatamente voltada aos ideais de Justiça. Não há exagero até em afirmar-se que o Estado exerce a Jurisdição para celebrar a Justiça, muito embora o faça também aplicando o direito, de ofício.

Entretecidas essas considerações, fiquemos com a afirmação de que o *procedimento administrativo tributário se traduz num plexo de formalidades, armadas para o escopo de exercitar o controle de legalidade de certos e determinados atos administrativos, como o lançamento, a imposição de penalidades e a notificação.* De ver está que outros existem, suscitando também um controle de legalidade, e nesta medida seria admissível afirmar que todo ato administrativo deve estar submetido à verificação de sua legitimidade. Interessa-nos, por ora, o procedimento administrativo tributário, razão pela qual centralizaremos nossas atenções naqueles específicos atos.

Desse modo, sempre que dúvida pairar sobre o teor de juridicidade do lançamento, por exemplo, caberá ao sujeito passivo impugnar o ato, suscitando aquele controle. Desencadeará, assim, uma cadeia de outros atos e termos, propiciando o ensejo para a decisão de primeira instância, que nada mais é que a manifestação de um órgão superior (à autoridade competente para realizar o ato de lançamento) acerca da validade do ato praticado. Insatisfeito, ainda, o particular pode interpor recurso da decisão expedida pelo órgão *a quo*, provocando, novamente um controle de legalidade, agora mais especializado, e cercado de prerrogativas mais solenes e importantes: a deliberação de um órgão colegial, de estrutura paritária (Tribunal de Impostos e Taxas, Conselho de Contribuintes, etc.). Acresce notar que não pára aí o exercício do controle da legitimidade dos atos administrativos pela própria Administração, uma vez que outros atos serão praticados, invariavelmente compostos para aquele fim. A culminância é o ato de apuração da dívida ativa, seguida de sua inscrição no livro de registro da dívida pública. Convém memorar, neste ponto, a grande importância de que se reveste esse ato, quase sempre relegado pela própria Fazenda a uma posição de secundário relevo. É que o ato de apuração da dívida ativa e subsequente inscrição no registro adequado, não só expressa o derradeiro instante em que a Administração pode desenvolver um específico controle da legitimidade dos atos praticados, como também, é muitas vezes o ato celebrado por verdadeiros especialistas. Na verdade, por uma série de razões que não frisa retomar, as autoridades que decidem, na esfera administrativa, não têm formação jurídica especializada.

Em inúmeras oportunidades vamos encontrar profissionais de outras áreas do conhecimento exercitando o mister de analisar o teor de juridicidade de atos administrativos, sem que congreguem, para tanto, as condições intelectuais que o juízo crítico requer. Cremos que o único ato realizado, *obrigatoriamente*, por profissionais habilitados na interpretação jurídica, é o de apuração e inscrição da dívida ativa, porquanto se consubstanciam em atividade privativa dos Procuradores da Fazenda. Se enlaçarmos esta nota à circunstância, já mencionada, de ser esse o último instante para que o controle de legalidade seja exercido, ver-se-á, de modo claro e insofismável, o grande valor que representa.

5. COMPATIBILIDADE ENTRE A MODIFICAÇÃO DE EXEGESE DO CARF E O PRIMADO DA SEGURANÇA JURÍDICA

Durante muitos anos, a modificação de posicionamento pelo Poder Executivo ou Judiciário foi mal vista pela comunidade científica, como fator desestabilizador da segurança jurídica. Acontece que entre os axiomas da atual linguística do texto, dois fatores existem para impedir, decisivamente, a estagnação das construções interpretativas: intertextualidade e inesgotabilidade do sentido.

O primeiro, desde logo, põe a produção de linguagem em contato com todos os demais textos existentes, a ele ligados direta ou indiretamente; ao passo que o segundo leva em conta a irrepetibilidade do real, físico e social, para concluir ser impossível a reprodução exata das condições pragmáticas em que foi expedida a mensagem. Ainda que emissor e receptor sejam os mesmos e idêntico o teor digital da comunicação, ter-se-á alterado o meio envolvente, o que provoca, inevitavelmente, modificação interpretativa.

Essas considerações conduzem o pensamento a mutações constantes diante do objeto do conhecimento, e de forma mais enfática quando se tratar de bens da cultura, como o direito, em que os valores fazem-se presentes de modo invariável.

É o que se dá com a modificação jurisprudencial do CARF. O passar do tempo vai levantando dúvidas, estruturando problemas, sugerindo novos esquemas de avaliação dos dados da experiência, rendendo espaço, assim, ao aparecimento de diferentes propostas de compreensão. E nosso direito positivo, no seu plano empírico, tem oferecido discussões demasiadamente interessantes. A todo momento deparamo-nos com situações conflitivas que envolvem a tomada de diferentes opiniões pelos conselheiros, muitas vezes diametralmente opostas, transpondo, por esse modo, o importante obstáculo das ideologias no momento mesmo da positivação de suas decisões administrativas.

A jurisprudência administrativa, ao seu jeito, vai construindo o sentido que lhe parece ser o mais justo, refletindo a inconstância dos relacionamentos sociais, enquanto a doutrina acompanha esse processo de configuração, procurando encontrar o perfil de uma outorga de competência que o legislador constituinte não adscreveu de maneira expressa. Enquanto doutrinador, renovo a posição segundo a qual, abaixo da justiça, o ideal maior do direito é a segurança jurídica, sobreprincípio que se irradia por todo o ordenamento e tem sua concretização viabilizada por meio de outros princípios, tal como o da irretroatividade das leis. Com ela não se compatibiliza dispositivo que, além de determinar ao CARF que este modifique orientação pacificada, pretende ser aplicado retroativamente. Qualquer violação a essas diretrizes supremas compromete, irremediavelmente, a realização do princípio implícito da certeza, como previsibilidade, e, ainda, o grande postulado da segurança jurídica.

6. REVOGAÇÃO E ANULAÇÃO DOS ATOS JURÍDICOS ADMINISTRATIVOS

Os atos jurídicos administrativos podem desaparecer do mundo jurídico pela revogação ou pela anulação.

Hely Lopes Meirelles[7] chama a atenção para a destrinça, mencionando a Súmula 473, do STF, que pôs fim à imperdoável equiparação. *"A administração revoga ou anula o seu próprio ato; o Judiciário somente anula o ato administrativo. Isso porque a revogação é o desfazimento do ato por motivo de conveniência ou oportunidade da Administração, ao passo que a anulação é a invalidação por motivo de ilegalidade do ato administrativo. Um ato inoportuno ou inconveniente só pode ser revogado pela própria Administração, mas um ato ilegal pode ser anulado, tanto pela Administração, como pelo Judiciário"*.

O ato jurídico-administrativo de lançamento pode ser nulo, de pleno direito, se o motivo nele declarado – a ocorrência de determinado fato jurídico tributário, por exemplo – inexistiu. Também será nulo quando, a título de modelo, for identificado sujeito passivo diverso daquele que deve integrar a obrigação tributária. Igualmente nulo o lançamento de imposto de renda, pessoa física, celebrado antes do termo final do prazo legalmente estipulado para que o sujeito passivo apresente sua declaração de rendimentos e de bens, hipótese de forma em desacordo com a prescrição em lei.

Como exemplos de anulação de lançamentos, temos os conhecidos erros de fato, tão frequentes em nossos dias: troca de números, substituição de valores, etc.

Conviria lembrar, principalmente no que tange à categoria do lançamento tributário, a classe dos atos irregulares a que alude Seabra Fagundes.[8] Tais entidades estariam eivadas de pequenos vícios que, por irrelevantes, não justificariam a anulação do ato. O nome do contribuinte, ainda que permitindo sua identificação, não está corretamente consignado. Nesses casos, suficiente será leve retificação que não determina, por si só,

---

7. Hely Lopes Meirelles. *Direito Administrativo Brasileiro*, Ed. Revista dos Tribunais, 1976, 4ª ed., p. 171-2.

8. Seabra Fagundes. *O Controle dos Atos Administrativos pelo Poder Judiciário*, Forense, 1967, p 54.67.

qualquer mudança jurídica no relacionamento entre Administração e Administrado.

De final, pequena advertência acerca da procedente distinção assinalada por Hely Lopes Meirelles. Para evitar perigosos equívocos, não convém falarmos em revogação de lançamento, visto como foi que a revogação seria o desfazimento do ato por motivo de conveniência ou oportunidade da Administração. Ora, se no plano das imposições tributárias, ao menos quanto ao ato de lançamento, estamos diante de atividade vinculada, e não discricionária, descabe qualquer alusão a critérios de conveniência ou oportunidade. Empreguemos, em obséquio à precisão da fraseologia jurídica, o termo anulação, o único compatível com o reconhecimento, pela Administração ou pelo Judiciário, da ilegalidade do ato.

Mas, a doutrina correta entendemos estar expressa nas lições de Celso Antonio Bandeira de Mello,[9] quando prefere o termo invalidade – "*antítese de validade e invalidação*", para se referir a defeito jurídico e não problema de inconveniência, de mérito, do ato. "*Um ato ajustado aos termos legais é* **válido** *perante o Direito, ainda que seja considerado inconveniente por quem pretenda suprimi-lo. Não se deve, pois, chamar de invalidação à retirada por motivo de mérito.*"

Por isso é indesejável a terminologia de alguns autores, inclusive nacionais, que usam a voz invalidação para referir a retirada tanto por motivo de ilegitimidade quanto por motivo de inconveniência ou inoportunidade (revogação).

Pode-se conceituar invalidação do seguinte modo: invalidação é a supressão, com efeito retroativo, de um ato administrativo ou da relação jurídica dele nascida, por haverem sido produzidos em desconformidade com a ordem jurídica.

O escólio do notável administrativista traz luzes ao tema que versamos, justamente porque o procedimento administrativo

---

9. Celso Antonio Bandeira de Mello. *Elementos de Direito Administrativo*, Ed. Revista dos Tribunais, p. 87-8.

está, todo ele, virado à produção de um ato final e conclusivo, que diga da validade de ato originário, que tanto pode ser o de simples exigência de tributo, como também de penalidade ou mesmo da notificação de ambos.

7. ALGUMAS REFLEXÕES E SUBSEQUENTES SUGESTÕES A PROPÓSITO DO PROCEDIMENTO ADMINISTRATIVO TRIBUTÁRIO

a) O procedimento administrativo tributário não se confunde, já vimos, com o processo judicial tributário. Assente esta premissa, não nos parece recomendável a adoção de institutos e formas inerentes ao campo da relação processual, vale dizer, tudo aquilo que diga respeito ao processo, enquanto processo. Não queremos afastar a possibilidade de enriquecer o procedimento administrativo tributário com figuras hauridas no Direito Processual. Todavia, estamos em crer que o legislador deva polarizar suas atenções nas **entidades técnicas** que asseguram a marcha do procedimento judicial, para trasladá-las ao segmento da discussão que se desdobra perante as vias do Poder Executivo. A diferença surge de certa forma sutil. De nada serve para animar o procedimento administrativo tributário, por exemplo, chamar a decisão de primeiro grau de sentença, utilizando, com isso, terminologia do **Processo Judicial**. A sentença é uma instituição processual que revela a prestação jurisdicional do Estado, na sua primeira manifestação. Por outro lado, fórmulas técnicas como a perempção, a preclusão, a contagem dos prazos, assumem feição de operatividade e praticidade, quando transportadas para o plano do procedimento administrativo tributário. Este o primeiro ponto.

b) Agilizar o procedimento com a estipulação de prazos definidos e obrigatórios, para ambas as partes.

Reside aí um fator de equilíbrio procedimental que não vem sendo observado nos procedimentos conhecidos, quer no plano federal, como no estadual ou municipal. Traduz um imperativo do contraditório, à sombra do princípio da igualdade.

Se tanto a Administração, quanto o particular perseguem a verdade material, o fenômeno jurídico subjacente, surpreendido na sua plenitude, já que o interesse precípuo é a cabal aplicação do direito objetivo, não se há de compreender que os prazos fluam em detrimento exclusivo do administrado, compelindo-o a celebrar certos atos, sob pena de vê-los comprometidos pelo decurso do tempo. Se mal que em homenagem à supremacia do interesse público sobre o do particular se assinem prazos maiores para o cumprimento dos atos da Administração, ainda assim é inadmissível a liberdade plena e irrefletida, a consagração da inconsequência, da tolerância sem peias e da absoluta falta de parâmetros para os expedientes, as providências e os próprios atos decisórios que hão de ser exarados pela autoridade competente. Urge a consignação de prazos para a Administração, como forma de atinência a esses princípios e, também, como imposição inarredável dos mais elementares princípios de segurança na vida das relações jurídicas.

c) Assume proporções de inteira oportunidade a exigência do título de bacharel em Direito para que o representante da Fazenda, que se vai manifestar sobre a validade ou invalidade do ato, possa fazê-lo de maneira específica e responsável.

A função de aplicar a lei aos casos concretos, solucionando conflitos de interesses, seja de natureza judicial ou mesmo administrativa, pressupõe conhecimento profundo, não apenas do corpo de regras que disciplinam a matéria, mas, fundamentalmente, dos grandes princípios de Direito Constitucional, Administrativo, Civil, Comercial, Tributário, sem falar, é claro, nas diretrizes que a Teoria Geral do Direito e a Filosofia do Direito estabelecem, e que dão cunho de cientificidade ao método jurídico.

A alegação de que os assuntos sobre os quais decidem os órgãos administrativos, singulares ou coletivos, têm subjacência econômica ou contábil, nada traz em detrimento daquela ideia, porquanto toda norma jurídica disciplina um segmento da realidade social, do que se poderia supor que a aplicação do Direito teria como antecedente lógico o conhecimento de todos os fenômenos sociais, o que é absurdo.

Sobremais, aceitando-se como válido o argumento, haveríamos de negar competência intelectual aos Juízes Federais e, bem assim, aos Ministros do Tribunal Federal de Recursos e do Supremo, para o julgamento de questões tributárias, raciocínio que envolveria inusitado despropósito.

Acresce repontar que a estipulação guarda coerência com aqueles preceitos que aconselham se utilize o Código de Processo Civil, como legislação supletiva. Ressalta à mais pura evidência que se espera do julgador conhecimentos especializados de Direito Processual Civil, matéria das mais técnicas e difíceis de quantas há no universo do saber jurídico.

O requisito da formação jurídica especializada deve ser observado para todas as funções de direção do procedimento e, mui especialmente, para aquelas que expressam a manifestação de vontade da Administração.

d) No que toca à composição dos tribunais administrativos, algumas ponderações devem ser feitas.

Conceber-se órgão dotado de certa autonomia e independência, que se possa colocar, dentro do possível, a salvo de pressões e influências, assim das Fazendas, que das entidades de classe, não se compagina com as funções temporárias que serão exercidas por seus membros, mais precisamente no que diz com o funcionário da Fazenda.

É ineludível que o representante da Fazenda Pública, Federal, Estadual ou Municipal, investido das elevadas atribuições de membro de Conselhos ou Tribunais administrativos, ficará sujeito ao Juízo de conveniência que sobre ele, periodicamente, manifestará a Administração Pública, tendo em vista a renovação de seu mandato. Além disso, nas hipóteses de não ser reconduzido, ver-se-á rebaixado às funções que exercera outrora, circunstância que também não se coaduna com a existência de órgão que desfrute de certa autonomia e independência.

Medida de grande efeito, nesse sentido, seria o provimento, por concurso de provas e títulos, entre os funcionários que exerçam as atribuições de julgador de primeira instância (já com formação especializada), posta a experiência que se presume hajam adquirido, no desempenho de seus misteres.

A composição das Cortes Administrativas, desse modo, ficaria estruturada em nível de estabilidade dos membros da Fazenda, que não teriam mandato determinado, disputadas as vagas porventura existentes, entre os funcionários julgadores de primeiro grau, consoante provas e títulos.

e) O capítulo das nulidades merece consideração adequada.

Se é correto afirmar-se que o procedimento não pode ficar prejudicado por irregularidades de somenos, irrelevantes no contexto genérico da controvérsia, não é de menor acerto o enunciado de que certos atos há, cuja perfeição jurídica deve ser observada, a qualquer título, ainda que a falha não venha em detrimento do direito de defesa do sujeito passivo. A orientação traduz mera aplicação da teoria geral dos atos administrativos e do controle de sua legalidade.

Falando pela via ordinária: decisão de primeiro grau, em que a autoridade competente mantém a exigência do gravame e impõe penalidade pecuniária, sem, contudo, tipificar a infração, descrevendo-a ou aludindo ao dispositivo de lei transgredido. Mesmo que o interessado ofereça razões de recurso voluntário, em prazo oportuno, demonstrando conhecer os fundamentos jurídicos da decisão, contingência que exibe não ter havido preterição do direito de defesa, ainda assim é de decretar-se a nulidade do procedimento, por virtude da inexistência jurídica do ato. Faltou-lhe requisito de essência, o motivo de sua celebração.

Vem a ponto notar, a bem do rigor, que a indigitada nulidade não seria do ato, mas do procedimento que se desenvolveu ulteriormente a ele, porquanto jamais existiu, juridicamente, como ato administrativo, a mingua de um dos pressupostos de sua tecitura intrínseca.

Os atos administrativos, primordialmente os vinculados, devem hospedar o motivo ou causa de sua celebração. Caso contrário será impossível a verificação de sua legalidade e isso, sabemos, não pode ocorrer com os atos de competência vinculada.

A rigidez diria com poucos atos do procedimento: auto de infração, notificação de lançamento, decisão de primeiro grau e outras peças de grande momento da lide.

O tema das nulidades, tal qual concebido nos textos atuais, está em flagrante desalinho com a tradicional teoria dos atos administrativos, fazendo prevalecer o procedimento em desfavor de atos de importância cabedal para a dilucidação do conflito.

De fora parte os argumentos expostos, que entenderiam mais com ditames de Direito Administrativo, cumpre agregar que a Teoria do Direito Processual Civil igualmente consagra hipóteses de imprestabilidade de atos jurisdicionais, por ausência de certos pressupostos, desde a inépcia de petições que não trazem o supedâneo legal, até a inexistência ou, em alguns casos, nulidade absoluta de sentenças que se edificaram sem elemento de essência.

Os diplomas normativos que venham a disciplinar essa matéria deveriam expressar, se não quiserem distinguir os planos da existência e da validade dos atos administrativos, ao menos estabelecer como inquinados de nulidade absoluta todos aqueles que forem erigidos sem observância de elemento estrutural, segundo a doutrina acolhida pelos bons autores de Direito Administrativo.

GUERRA FISCAL E OS BENEFÍCIOS UNILATERAIS CONCEDIDOS POR OUTROS ESTADOS[1]

ALESSANDRO ROSTAGNO

Advogado em São Paulo, Brasília e Vitória, Mestre e Doutorando em Direito Processual Civil pela PUC/SP, Presidente da Comissão do Contencioso Administrativo Tributário da Seccional da OAB/SP, Conselheiro Jurídico da FIESP, Professor convidado dos Cursos de Pós-Graduação lato sensu da Escola Fazendária da Secretaria da Fazenda do Estado de SP, da Fundação Getúlio Vargas – GVLAw e da Escola da Magistratura do Estado do Rio de Janeiro – EMERJ, Juiz do Tribunal de Impostos e Taxas do Estado de SP – TIT/SP.

Sumário: 1. A guerra fiscal: conceito e características. 2. Guerra fiscal, federalismo, competências tributárias e disposições legislativas federais e estaduais versus não-cumulatividade do ICMS. 3. Observações e questionamentos acerca da atuação dos entes federados no resguardo de seus direitos de exigibilidade do ICMS frente a benefícios fiscais concedidos unilateralmente por outros Estados – recentes posições jurisprudenciais dos Tribunais Superiores e do Tribunal de Impostos e Taxas do Estado de São Paulo. 4. Conclusões.

---

1. Artigo originariamente publicado na obra *O ICMS na história da jurisprudência do Tribunal de Impostos e Taxas do Estado de São Paulo*, Adolpho Bergamini, Adriana Esteves Guimarães, Marcelo Magalhães Peixoto (organizadores). São Paulo: MP Ed., 2011, p. 35-56.

1. A GUERRA FISCAL: CONCEITO E CARACTERÍSTICAS

"Guerra fiscal" é a expressão que vem sendo utilizada para conceituar a exacerbação de práticas competitivas entre entes de uma mesma federação em busca de investimentos privados.

Benesses fiscais atrativas incentivariam a migração de determinados agentes privados, os quais, segundo postulados econômicos clássicos, sempre tendem a buscar o menor custo produtivo e, consequentemente, maior lucro.

Para atrair investimentos aos seus respectivos Estados, os governos infranacionais (como Estados ou Municípios) oferecem, já há algum tempo na história tributária desse país, aos contribuintes determinados benefícios fiscais, como créditos especiais de ICMS ou empréstimos subsidiados de longo prazo.[2]

A Unidade Federada que tenha pretensão em incentivar a instalação de novos empreendimentos dentro de seus limites territoriais deve estar apta a renunciar a uma parte de suas receitas fiscais, porquanto a empresa que nela vai se instalar considerará, para fins do investimento, o local onde vai se instalar, a proximidade do mercado consumidor, a proximidade dos

---

2. "Em nosso entender estas iniciativas de política pública tem uma longa história na economia brasileira. De fato, a guerra fiscal tem sido prática constante dos governos estaduais brasileiros pelo menos desde os anos sessenta. Ela tem tido como lugar típico de manifestação os programas estaduais de desenvolvimento, que nunca deixaram de existir em todo esse período. Da mesma forma, a utilização intensa do antigo ICM, atual ICMS, como instrumento preferencial tem sido uma marca constante destas políticas. Podemos até dizer que esse grande ressurgimento da guerra fiscal nos anos noventa, em boa parte, representa a repetição de técnicas e táticas desenvolvidas nas duas décadas anteriores. Por outro lado, essa repetição vem acompanhada por mudanças significativas no teor geral das políticas, resultado necessário das mudanças estruturais ocorridas na economia brasileira e contexto geral da economia mundial." Nesse sentido v. ALVES, Maria Abadia. *Guerra Fiscal e finanças federativas no Brasil: o caso do setor automotivo*. Campinas, UNICAMP, Departamento de Economia. Dissertação de Mestrado, 2001. Disponível no endereço eletrônico: www.federativo.bndes.gov.br .

fornecedores – em se tratando de empresa preponderantemente exportadora ou importadora, a proximidade com o porto ou aeroporto internacional –, a facilidade em obter matéria-prima ou adquirir as mercadorias para revenda.[3]

São consideradas desonerações tributárias todas e quaisquer situações que promovam: presunções creditícias, isenções, anistias, remissões, reduções de alíquotas, de bases de cálculo, deduções ou abatimentos e adiamentos de obrigações de natureza tributária.

Tais desonerações, em sentido amplo, podem servir para diversos fins. Por exemplo, simplificar e/ou diminuir os custos da administração, promover a equidade, corrigir desvios, compensar gastos realizados pelos contribuintes com serviços não atendidos pelo governo, compensar ações complementares às funções típicas de Estado desenvolvidas por entidades civis, promover a equalização das rendas entre regiões; e/ou, incentivar determinado setor da economia.[4]

Em algumas hipóteses supramencionadas, essas desonerações irão se constituir em uma alternativa às ações Políticas de Governo, ações com objetivos de promoção de desenvolvimento econômico ou social, não realizadas no orçamento e sim por intermédio do sistema tributário.

A política de incentivos fiscais possui ampla fundamentação teórica e econômica e é utilizada em todos os países e se torna exitosa quando adota critérios seletivos e muitas vezes temporários, estimulando redes de empresas, arranjos produtivos locais, cadeias produtivas, etc.

---

3. CALCIOLARI, Ricardo Pires. *Aspectos Jurídicos da Guerra Fiscal no Brasil*, Caderno de Finanças Públicas, n. 7, Ministério da Fazenda, ESAF, Brasília, dez. 2006, p. 5-29.
4. LEMGRUBER, Andréa. *A competição tributária em economias federativas: aspectos teóricos, constatações empíricas e uma análise do caso brasileiro*. Dissertação de Mestrado. Departamento de Economia. UNB, 1999. Disponível no endereço eletrônico: www.federativo.bndes.gov.br .

O incentivo fiscal deve ser caracterizado como um dos instrumentos

de desenvolvimento local. A infraestrutura, as condições institucionais, o desenvolvimento do capital humano. Os incentivos devem ser concedidos às empresas inovadoras ou empresas com grande capacidade de atrair outras empresas no processo de produção.

O êxito das políticas de incentivos fiscais deve ser mensurado pela qualidade das empresas instaladas e por sua propensão a investir e diversificar o processo produtivo.

A Guerra Fiscal é um instrumento utilizado por Estados mais pobres e distantes de grandes centros urbanos para atrair investimentos e evitar que haja esvaziamento econômico.

Os descontos no ICMS muitas vezes superam os custos de logística de recebimento de matéria-prima e entrega de produtos manufaturados.

Outro fator preponderante é a mão-de-obra, que por falta de diversidade de empregadores tende a aceitar salários e benefícios menos atraentes que os trabalhadores de grandes centros, geralmente mais sindicalizados. Regiões de baixa ou recente industrialização têm menos vínculos com a atividade sindical.

A dispersão social também é analisada principalmente na questão beneficiária. Além de desonerar o empregador com custos de deslocamentos, muitas vezes sendo necessário que o funcionário se desloque por vários quilômetros tomando até duas conduções, em cidades menores eles podem ir a pé, diminuindo consideravelmente atrasos e faltas, o que influi positivamente na lucratividade.

O preço do terreno onde é instalada a planta industrial tende a ser menor do que em grandes metrópoles, possibilitando a indústria se instalar em um perímetro maior e concentrar diversas atividades dentro de um mesmo espaço, sem que haja gastos de transporte de material e mão-de-obra entre diversas unidades de uma mesma empresa.

Assim sendo, estão envolvidas nesse contexto, uma complexidade de questões e fatores, dentre os quais se destacam o comportamento dos agentes econômicos, a mobilidade dos fatores de produção e de suas características específicas, e, claro, particularmente, a possibilidade de externalidades advindas das estratégias dos entes federados diante das lacunas jurídicas que atualmente envolvem o respectivo fenômeno político-social-tributario.[5]

2. GUERRA FISCAL, FEDERALISMO, COMPETÊNCIAS TRIBUTÁRIAS E DISPOSIÇÕES LEGISLATIVAS FEDERAIS E ESTADUAIS VERSUS NÃO-CUMULATIVIDADE DO ICMS

Alguns pontos podem ser considerados para entender o crescimento da guerra fiscal na última década.

Um primeiro ponto relevante foi a efetiva ausência de uma política industrial e sobretudo regional.

O fechamento de agências regionais de fomento foi crucial para esse fenômeno pois a política tributária dos Estados, mediante concessão de incentivos de ICMS, passou a fazer as vezes de uma política industrial, alterando alíquotas efetivas de impostos, muitas vezes ao arrepio da lei.

Tal prática levou a uma competição desordenada promovendo o aumento da concentração industrial em vez de minorá-la,

---

5. VARSANO, Ricardo; FERREIRA, Sérgio e AFONSO, José Roberto. *Fiscal Competition: a bird's eye view*. IPEA, Texto para discussão n. 887; 2002. Disponível no endereço eletrônico: www.ipea.gov.br. *Vide* do mesmo autor, Ricardo Varsano, *A guerra fiscal do ICMS, quem ganha, quem perde*; texto para discussão n. 500, obtido em http://www.ipea.gov.br/pub/td/td0500.pdf e, *A evolução do sistema tributário Brasileiro ao longo do século: anotações e reflexões para futuras reforma*; texto para discussão n. 405, obtido em http://www.ipea.gov.br/pub/td/td0405.pdf.

posto que os pequenos Estados, já combalidos em suas finanças, tiveram que conceder, proporcionalmente, mais incentivos para a atração de investimentos, sendo seguidos na mesma linha de atuação política pelos Municípios, que travam na atualidade, verdadeiras batalhas jurídico-econômicas para atrair o investimento privado.[6]

Um segundo ponto diz respeito às repartições de competência dispostas pela própria Constituição Federal de 1988, ampliando assim a autonomia dos Estados-membros, criando o denominado federalismo cooperativo, que muito embora se tenha projetado no texto constitucional a ideia de que os Estados devessem trabalhar harmonicamente, em conjunto com o governo central para resolver os assuntos do País, como é o caso dos repasses obrigatórios de receitas tributárias, concessão de incentivos fiscais a regiões menos desenvolvidas, entre outros, verificou-se na prática, que acabou se transferindo à União muito mais competências que aos entes periféricos e também foram concedidos à mesma muito mais poderes tributários.

Diante disso, a idealizada cooperação entre os entes federativos foi substituída pela *dependência jurídica*, pois ao dispor a Constituição Federal, em seu artigo 146, que cabe à lei complementar a regulação das matérias relativas ao sistema tributário e às suas normas gerais, ficaram os Estados-membros vinculados a esta iniciativa federal, muito embora disponham de autonomia financeira e competência tributária igualmente resguardada pela Carta Magna.

O constituinte houve por bem especificar essa função no que diz respeito ao ICMS, estabelecendo, no art. 155, § 2º, XII, alínea "g", caber a esse veículo normativo dispor sobre diversos aspectos do imposto estadual, dentre eles, regular a forma como,

---

6. MELO, Marcos André. *Crise Federativa, Guerra Fiscal e " hobbesianismo municipal ": efeitos perversos da descentralização São Paulo em perspectiva.* Fundação SEADE, vol. 10, n. 3, 1996, p. 3.

mediante deliberação dos Estados e do Distrito Federal, isenções, incentivos e benefícios fiscais serão concedidos e revogados.[7]

Em vista da inércia do Congresso Nacional em proceder a regulamentação do assunto, vem sendo aplicada a Lei Complementar n. 24/75, que foi recepcionada pela Carta Magna de 1988, embora editada sob a vigência da Constituição anterior, mas de duvidosa constitucionalidade.[8]

---

7. Art. 155. Compete aos Estados e ao Distrito Federal instituir impostos sobre: II – operações relativas à circulação de mercadorias e sobre prestações de serviços de transporte interestadual e intermunicipal e de comunicação, ainda que as operações e as prestações se iniciem no exterior; § 2º O imposto previsto no inciso II atenderá ao seguinte: XII – cabe à lei complementar: g) regular a forma como, mediante deliberação dos Estados e do Distrito Federal, isenções, incentivos e benefícios fiscais serão concedidos e revogados.

8. Paulo de Barros Carvalho, assim se posiciona sobre o tema: "Dão margem a ingentes discussões, entretanto, as mensagens prescritivas introduzidas no ordenamento brasileiro pela Lei Complementar n. 24/75. E, no meu entender, justificadamente. A começar pelo tema da própria recepção na ordem instaurada com a Constituição de 1988, os dispositivos veiculados por aquele Diploma se prestaram a interpretações dissonantes, comprometendo, de certa forma, os objetivos que inspiram sua instituição. O primeiro argumento que torna duvidosa a constitucionalidade da Lei Complementar n. 24/75 decorre do fato de que a Constituição de 1967 determinava, no art. 23, § 6º, que as isenções do então ICM seriam concedidas ou revogadas nos termos fixados em convênios, celebrados e ratificados pelos Estados, segundo o disposto em lei complementar. O legislador complementar, entretanto, extrapolou a competência que lhe foi outorgada pelo constituinte, disciplinando não apenas a concessão e revogação de isenções, mas de toda e qualquer espécie de benefício relacionado ao imposto estadual, estando, por via de consequência, maculada em sua origem. Além disso, a Lei Complementar n. 24/75 dispôs, também, sobre sanções aos contribuintes envolvidos nas operações ilegitimamente beneficiadas. Em total agressão ao ordenamento jurídico pátrio, estabeleceu, no art. 8º, ser ineficaz o crédito fiscal relativo às operações beneficiadas, autorizando, simultaneamente a exigência do imposto reduzido em razão do incentivo tributário. A literalidade de tal dispositivo poderia levar ao equivocado entendimento de que, independentemente de julgamento por parte do tribunal competente – o STF –, as normas relativas à concessão de benefícios não teriam presunção de validade e o princípio da não-cumulatividade do ICMS não deveria ser respeitado. Tal conclusão, entretanto, não encontra respaldo no sistema constitucional brasileiro, que reserva ao Judiciário a apreciação de toda e qualquer lesão ou ameaça de lesão a direito, afastando

A referida legislação veda qualquer espécie de isenção ou outra forma de incentivo relacionados ao ICMS, a não ser que estes sejam resultado de ratificação de convênios celebrados pelos entes da federação sob a coordenação do CONFAZ – Conselho Nacional de Política Fazendária.[9]

Se por um lado o artigo 1º da LC 24/75 enumera os pressupostos para a caracterização dos benefícios indevidos, o seu

---

completamente a figura da autotutela. Ademais, cumpre observar que, considerado o caráter nacional do ICMS e o imperativo princípio da não-cumulatividade desse imposto, a anulação dos efeitos da norma jurídica concessiva de benefício fiscal teria como efeito restabelecer a exigência dos valores dispensados ou devolvidos pela Administração Pública ao contribuinte, e não alternativa ou cumulativamente, como pretendeu o legislador complementar, implicar a anulação do crédito de ICMS e a exigência do imposto dispensado pelo Estado de destino. Não podemos esquecer que o Texto Constitucional atribui ao legislador complementar a competência para fixar a forma de concessão das isenções, incentivos e benefícios fiscais, sem, no entanto, permitir a determinação de sanções à sua inobservância, muito menos quando a sanção estabelecida acarreta a anulação de créditos, em manifesta violação ao princípio da não-cumulatividade, e possibilita a exigência do ICMS pelo Estado ou Distrito Federal de destino da mercadoria ou serviço, pessoa política que, nos termos da Constituição da República, não é competente para tanto. Esse o motivo pelo qual entendo que o art. 8º da Lei Complementar n. 24/75 não foi recepcionado pela Carta de 1988. Havendo descumprimento da forma exigida para concessão de isenção, benefício ou incentivo fiscal, incumbe ao Judiciário apreciar sua constitucionalidade, e, caso seja declarada inconstitucional, cabe ao Estado de origem da mercadoria a exigência do tributo que havia sido dispensado, sendo inadmissível a vedação do crédito do contribuinte ou a cobrança do ICMS pelo Estado destinatário do bem." Texto obtido em http://www.barroscarvalho.com.br/art_nac/guerra_fiscal.pdf.

9. O Confaz tem por finalidade promover ações necessárias à elaboração de políticas e harmonização de procedimentos e normas inerentes ao exercício da competência tributária dos Estados e do Distrito Federal, bem como colaborar com o Conselho Monetário Nacional – CMN na fixação da política de Dívida Pública Interna e Externa dos Estados e do Distrito Federal e na orientação às instituições financeiras públicas estaduais. Entre outras atribuições, compete ao Confaz promover a celebração de convênios, para efeito de concessão ou revogação de isenções, incentivos e benefícios fiscais do imposto de que trata o inciso II do art. 155 da Constituição (ICMS), de acordo com o previsto no § 2º, inciso XII, alínea "g", do mesmo artigo e na Lei Complementar n. 24, de 7 de janeiro de 1975.

art. 8º prescreve reações para afastar seus efeitos, quais sejam: a nulidade do ato e ineficácia do crédito fiscal (art. 8º, I, LC 24/75) e a exigibilidade do imposto não pago ou devolvido bem como "ineficácia da lei ou ato que concedeu remissão do débito correspondente" (Art. 8º, II, LC 24/75).[10]

Em virtude da adoção de medidas que reduzem alíquotas ou bases de cálculo sem a necessária deliberação de outros Estados, por meio de atos jurídicos unilaterais, conforme prevê a Constituição, alguns Estados têm imposto óbice à utilização de créditos obtidos em operações de circulação de mercadoria nos Estados que descumprem a norma constitucional.

Exemplo disso está, no plano estadual, nas exigências contidas na lei ordinária paulista de n. 6.374/89-SP, sobretudo em seu art. 36, § 3º, quando observa-se o intento do Fisco paulista de evitar efeitos da concessão indevida de incentivos fiscais mediante a glosa de créditos de ICMS, fazendo com que contribuintes de São Paulo arquem com o tributo em sua

---

10. Art. 1º – As isenções do imposto sobre operações relativas à circulação de mercadorias serão concedidas ou revogadas nos termos de convênios celebrados e ratificados pelos Estados e pelo Distrito Federal, segundo esta Lei. Parágrafo único – O disposto neste artigo também se aplica: I – à redução da base de cálculo; II – à devolução total ou parcial, direta ou indireta, condicionada ou não, do tributo, ao contribuinte, a responsável ou a terceiros; III – à concessão de créditos presumidos; IV – à quaisquer outros incentivos ou favores fiscais ou financeiro-fiscais, concedidos com base no Imposto de Circulação de Mercadorias, dos quais resulte redução ou eliminação, direta ou indireta, do respectivo ônus; V – às prorrogações e às extensões das isenções vigentes nesta data.
Art. 8º – A inobservância dos dispositivos desta Lei acarretará, cumulativamente: I – a nulidade do ato e a ineficácia do crédito fiscal atribuído ao estabelecimento recebedor da mercadoria; II – a exigibilidade do imposto não pago ou devolvido e a ineficácia da lei ou ato que conceda remissão do débito correspondente. Parágrafo único – As sanções previstas neste artigo poder-se-ão acrescer a presunção de irregularidade das contas correspondentes ao exercício, a juízo do Tribunal de Contas da União, e a suspensão do pagamento das quotas referentes ao Fundo de Participação, ao Fundo Especial e aos impostos referidos nos itens VIII e IX do art. 21 da Constituição Federal.

integralidade caso a mercadoria tenha sido adquirida de fornecedor situado em Estado diverso e que pratique os benefícios mencionados.[11]

De igual teor, vale registrar as disposições contidas no ato normativo CAT de n. 36/2004 que relaciona, em dois anexos, benefícios que sob sua perspectiva são considerados inconstitucionais.[12]

No Anexo I estão dispostos os incentivos contestados por meio de Ação Direta de Inconstitucionalidade. O Anexo II elenca sessenta e um outros benefícios, classificados por Estado de origem, de cada um deles, com a observação de que a enumeração é meramente exemplificativa.

---

11. § 3º – Não se considera cobrado, ainda que destacado em documento fiscal, o montante do imposto que corresponder a vantagem econômica decorrente da concessão de qualquer subsídio, redução da base de cálculo, crédito presumido ou outro incentivo ou benefício fiscal em desacordo com o disposto no artigo 155, § 2º, inciso XII, alínea "g", da Constituição Federal. (Redação dada ao parágrafo pela Lei 9.359/96, de 18-06-1996; DOE 19-06-1996)
§ 3º – Mediante ato da autoridade competente da Secretaria da Fazenda, poderá ser vedado o lançamento do crédito, ainda que destacado em documento fiscal, quando em desacordo com a legislação a que estiverem sujeitos todos os Estados e o Distrito Federal, for concedido por qualquer deles benefício de que resulte exoneração ou devolução do tributo, total ou parcial, direta ou indiretamente, condicionada ou incondicionada.

12. O comunicado CAT n.. 36, de 29.07.04 esclarece sobre a impossibilidade de aproveitamento dos créditos de ICMS provenientes de operações ou prestações amparadas por benefícios fiscais de ICMS não autorizados por convênio celebrado nos termos da Lei Complementar n.. 24/ 75: "O Coordenador da Administração Tributária ... esclarece que: 1 – o crédito do ... ICMS, correspondente à entrada de mercadoria remetida ou de serviço prestado a estabelecimento localizado em território paulista, por estabelecimento localizado em outra unidade federada que se beneficie com incentivos fiscais indicados nos Anexos I e II deste comunicado, somente será admitido até o montante em que o imposto tenha sido efetivamente cobrado pela unidade federada de origem; 2 – o crédito do ICMS relativo a qualquer entrada de mercadoria ou recebimento de serviço com origem em outra unidade federada somente será admitido ou deduzido, na conformidade do disposto no item 1, ainda que as operações ou prestações estejam beneficiadas por incentivos decorrentes de atos normativos não listados expressamente nos Anexos I e II".

Vale registrar, a título exemplificativo, que a Fazenda do Estado de São Paulo, com o mesmo intuito, editou ainda, as seguintes disposições normativas: a) Comunicado CAT n. 14, de 24.03.09 que esclarece sobre o aproveitamento de créditos de ICMS relativos às operações ou prestações amparadas pelo programa de incentivo fiscal denominado "Pró-Emprego", concedido pelo Estado de Santa Catarina; b) Lei estadual n. 13.918/09 que dispõe sobre a comunicação eletrônica entre a Secretaria da Fazenda e o sujeito passivo dos tributos estaduais, alterando a Lei n.. 6.374/89 e dando outras providências; c) Comunicado CAT n. 23 de 18.06.2009, que esclarece sobre cálculo e recolhimento do ICMS devido em decorrência de operações que destinem bens a consumidor final localizado em outro Estado, alertando aos contribuintes localizados no Estado de São Paulo que eventual edição de ato normativo por outro Estado que tenha por objeto estabelecer forma diversa da anteriormente descrita para o cálculo do ICMS incidente em operação que destine bens a consumidor final, não contribuinte, localizado em seu território, não é válida, por estar em desacordo com as regras previstas na Constituição.

E ainda, a fim de solucionar as complexas questões derivadas do aproveitamento de crédito de ICMS vinculado às operações de importação por conta e ordem de terceiros, ou por encomenda, através do Estado do Espírito Santo, firmou em conjunto a referida unidade federada o Protocolo ICMS – CONFAZ n. 23, de 03.06.09.

Observe-se que a dinâmica e a dialética da guerra fiscal mostram-se presentes: a adoção de medidas abusivas por algumas unidades federadas justifica a edição por parte de outros Estados de medidas igualmente abusivas em teor e forma.

As concessões de créditos presumidos e o alongamento do prazo de recolhimento desse tributo através de financiamento estadual trazem segundo as legislações supramencionadas franco prejuízo ao Estado de destino, que acaba se armando de todos meios possíveis para defender sua economia local.

Assim sendo, toda a atuação fiscal das unidades federadas convergem ao objetivo punir contribuintes com a impossibilidade de compensação de créditos pelos mesmos, produzindo inevitável choque sistemático frente às disposições constitucionais que dispõe acerca da aplicação do princípio da não-cumulatividade.

A não-cumulatividade é prescrita constitucionalmente no artigo 155, § 2º, inciso I, possibilitando a compensação do que foi devido em cada operação relativa à circulação de mercadorias ou à prestação de serviços com o montante cobrado nas operações anteriores pelo mesmo ou por outro Estado.[13]

A única exceção constitucional feita a esse princípio é a isenção ou não-incidência do tributo, que afasta a possibilidade de utilização do crédito para a compensação e a anulação dos créditos relativos às operações anteriores.

O princípio da não-cumulatividade consiste em, para efeito de apuração do tributo devido, deduzir-se do imposto incidente sobre a saída de mercadorias o imposto já cobrado nas operações anteriores relativamente à circulação daquelas mesmas mercadorias ou às matérias-primas necessárias à sua industrialização, ou, nas palavras de Ruy Barbosa Nogueira, *"a técnica da não-cumulatividade tem por fim evitar a superposição de incidências sobre uma série de operações que visam completar*

---

13. "Art. 155 – Compete aos Estados e ao Distrito Federal instituir impostos sobre: I – (omissis); II – operações relativas à circulação de mercadorias e sobre prestações de serviços de transporte interestadual e intermunicipal e de comunicação, ainda que as operações e as prestações se iniciem no exterior; III – (omissis); (...) §2º **O imposto previsto no inciso II atenderá ao seguinte**: I – **será não-cumulativo, compensando-se o que for devido em cada operação relativa à circulação de mercadorias ou prestação de serviços com o montante cobrado nas anteriores pelo mesmo ou outro Estado ou pelo Distrito Federal**; II – a isenção ou não-incidência, salvo determinação em contrário da legislação: a- não implicará crédito para compensação com o montante devido nas operações ou prestações seguintes; b- acarretará anulação do crédito relativo às operações anteriores." (Grifamos).

um único ciclo econômico de produção. Esta superposição é evitada através do mecanismo de crédito e débito de imposto pago e a pagar quando feito generalizadamente."[14]

O primado da não-cumulatividade, concretizado, em relação ao ICMS, na confrontação de débitos e créditos fiscais, visa a evitar a tributação "em cascata", vale dizer, que as incidências integrais e sucessivas, nas entradas e saídas, agreguem-ser ao preço significando imposto sobre imposto.

Tem em conta o ciclo econômico de produção e circulação como um todo e visa distribuir, igualitariamente, a carga tributária, de modo que cada contribuinte suporte apenas o *quantum* do tributo correspondente ao valor que agregou à mercadoria.

A não-cumulatividade do ICMS faz nascer para os contribuintes, quando da entrada de mercadorias em seu estabelecimento ou da aquisição de serviços tributados pelo imposto, um crédito contra o sujeito ativo – Estados e Distrito Federal.

De fato, a dicção do inciso I do § 2º do artigo 155 da Carta Magna – "... compensando-se o que for devido ..." – confere, de modo direto, ao sujeito passivo do ICMS o direito de abatimento, oponível ao Poder Público, que não o pode tolher, subvertendo o mandamento constitucional, seja quando da elaboração de leis (providência legislativa), seja na cobrança (atividade administrativa) do tributo.

---

14. O mecanismo da não-cumulatividade há que ser sempre observado, fazendo nascer para o contribuinte, toda vez que este adquire uma mercadoria ou um serviço com incidência do Imposto, um crédito fiscal. Esse crédito, de acordo com o professor Sacha Calmon é *"um crédito misto (quase financeiro), abarcando o crédito do ativo imobilizado, dos bens de uso e consumo e de todos os insumos diretos e indiretos utilizados na produção e circulação de mercadorias e serviços"*. Vide COELHO, Sacha Calmon Navarro, *Curso de Direito Tributário Brasileiro*. 4 ed. Rio de Janeiro: Forense, 1999, p. 332. Vide CARRAZZA, Roque Antonio. O princípio da não-cumulatividade no ICMS. In: *ICMS*. São Paulo: Malheiros, 2007, p. 319-398.

3. OBSERVAÇÕES E QUESTIONAMENTOS ACERCA DA ATUAÇÃO DOS ENTES FEDERADOS NO RESGUARDO DE SEUS DIREITOS DE EXIGIBILIDADE DO ICMS FRENTE A BENEFÍCIOS FISCAIS CONCEDIDOS UNILATERALMENTE POR OUTROS ESTADOS – RECENTES POSIÇÕES JURISPRUDENCIAIS DOS TRIBUNAIS SUPERIORES E DO TRIBUNAL DE IMPOSTOS E TAXAS DO ESTADO DE SÃO PAULO

Conforme já foi salientado, o ICMS está adstrito ao princípio constitucional da não-cumulatividade, nos exatos termos da Constituição Federal, não podendo o legislador infraconstitucional ou o Administrador Público pretender-lhe novos contornos, aumentando ou diminuindo a sua eficácia.

O único ensinamento que se pode tirar desta afirmativa constitucional é a de que toda vez que o contribuinte, ao adquirir uma mercadoria ou um serviço, havendo a incidência do ICMS, passa a ter em seu favor um crédito fiscal, constituindo um direito-dever de compensar este crédito com o débito do imposto nas operações mercantis posteriores.

Há uma razão lógica à manutenção do crédito. A lógica está que o valor do ICMS encontra-se embutido no preço de venda da mercadoria e o destaque do imposto no campo ICMS da nota fiscal é meramente um indicativo de seu valor.

Logo, quando o adquirente compra a mercadoria ele, implicitamente, compra o ICMS, isto é, ele paga pelo ICMS. Esta metodologia jamais pode ser afetada pelo fato de o Estado de origem da mercadoria conceder ao fornecedor da mercadoria um crédito presumido, pois, esse crédito presumido não afeta em nada a apuração e cálculo do ICMS lançado na nota fiscal de venda da mercadoria.

Portanto, qualquer norma que venha de encontro a esse princípio constitucional deve ser declarada inconstitucional, não produzindo qualquer efeito no mundo jurídico.

CONTENCIOSO ADMINISTRATIVO TRIBUTÁRIO

Negar ao contribuinte o crédito do ICMS destacado nas notas fiscais de entrada, seja qual for a sua procedência ou destinação, é antes um retrocesso, uma involução, contrariando toda a ciência tributária, consubstanciando em uma afronta à Constituição da República.

Não permite a Carta Magna que simples lei estadual impeça a utilização dos créditos de ICMS, regularmente destacados nas notas fiscais de entrada.

Inadmissível, igualmente, a criação de normas de restrição ao creditamento do ICMS, em desacordo com o art. 155, §2º, II, da CF.[15]

Não se admite assim, que qualquer Estado da Federação, "declare a inconstitucionalidade" de leis concessivas de benefícios fiscais, de outros Estados Federados ou do Distrito Federal, por suposta violação a artigo da Constituição Federal ou até mesmo da citada LC n. 24/75.

Se houver a tão propalada violação, deve o Estado que se sentir ofendido, socorrer-se do Poder Judiciário, ajuizando ação declaratória de inconstitucionalidade, conforme previsto na própria Constituição Federal.[16]

---

15. Souto Maior Borges, O ICMS e os benefícios fiscais concedidos unilateralmente por Estado-Membro, in: *Grandes questões atuais do direito tributário*, 4º vol., São Paulo: Dialética, 2000, p. 124, sustenta que "não pode entretanto um Estado-membro da Federação impugnar, glosando, o crédito de ICMS destacado em documento fiscal, sob o pretexto de violação ao art. 155, § 2º, 'g', da CF. (...) Não será correto reconhecer ao Estado-membro competência para, independentemente de um posicionamento jurisdicional, sobretudo em ação declaratória de inconstitucionalidade da lei ou dos atos infralegais impugnáveis, glosar o crédito havido como indevido. Ser ou não devido o creditamento do ICMS, nas relações interestaduais, é algo que somente pode ser indicado, em nosso regime federativo, pelo Supremo Tribunal Federal. O contrário importaria admitir pudesse um Estado-membro desconstituir por portas travessas a legalidade editada por outro, com comportamento ofensivo à federação, naquilo que é atributo essencial do pacto federativo nacional, a harmonia interestadual. E portanto instaurar-se-ia o império da desarmonia, contra a arquitetônica constitucional do federalismo brasileiro".

16. Vale transcrever a manifestação de Paulo de Barros Carvalho sobre o tema: "Teci essas considerações para demonstrar a impossibilidade de uma regra

É inadmissível a alegação para se autuar de que o Estado em que situado o fornecedor da mercadoria supostamente teria concedido incentivo fiscal ao mesmo. O que o contribuinte que recebe a mercadoria tem a ver com isso? Nada. O contribuinte que recebe a mercadoria em nada se beneficia da alegada benesse supostamente concedida ao seu fornecedor. O mesmo pagou o preço que lhe foi cobrado, estando destacado em nota fiscal o valor do ICMS. Mesmo que tal fato ocorresse, não se admite restrição ao princípio da não-cumulatividade, obstaculizando o creditamento do ICMS.

É intangível a pretensão de alguns Estados, de que o contribuinte adquirente da mercadoria fiscalize os seus fornecedores, para saber se algum deles está sendo beneficiado por algum benefício fiscal não previsto em Convênio de ICMS-CONFAZ.

Acrescente-se a estes argumentos o fato de que a legislação editada na unidade federada de origem, desde a sua publicação, goza de presunção de validade, que se exprime na presunção de constitucionalidade da lei e na presunção de validade dos atos administrativos com base nela emitidos.

Atos administrativos que ao meu ver configuram atos jurídicos perfeitos e que estão diretamente ligados à cláusula constitucional da segurança jurídica, resguardada pelo artigo 5º, inciso XXXVI da Carta Magna.[17]

---

legal e, muito menos, infralegal, desconsiderar o atributo da validade que atinge as normas pertencentes ao sistema jurídico. Esse é o motivo pelo qual não pode um Estado ou o Distrito Federal, com fundamento no art. 8º da Lei Complementar n. 24/75, pretender afastar os efeitos da concessão unilateral de benefícios fiscais mediante vedação ao aproveitamento dos créditos que, conquanto tenham sido destacados em notas fiscais, sejam oriundos de unidades federadas concedentes de incentivos sem suporte em convênio. Tal determinação não pode prosperar, pois além de abalar o princípio da não-cumulatividade, é, formalmente, medida inapropriada, visto que o sistema jurídico brasileiro prescreve o recurso ao Poder Judiciário como forma de impedir lesão a direito." Acesso: http://www.barroscarvalho.com.br/art_nac/guerra_fiscal.pdf.

17. Dispõe o art. 5º, XXXVI, da CF/88 que "a lei não prejudicará o direito adquirido, o ato jurídico perfeito e a coisa julgada".

Retirar-lhes a presunção de legitimidade, configura no mínimo usurpar competência que somente é exercitável ao Poder Judiciário e ao máximo nítida violação ao princípio da separação dos Poderes, porquanto não cabe ao Executivo invadir competência privativa da Suprema Corte, para dirimir conflitos entre Estados (art. 102, I, *f*, da Constituição Federal).

O princípio da segurança jurídica está implícito em todos os princípios e garantias constitucionais tanto os que regem a tributação quanto os que resguardam os cidadãos e os contribuintes, sendo que, desse modo, não podem as unidades federadas utilizarem sua competência para legislar sobre o ICMS e desrespeitar os direitos e garantias do contribuinte anulando ao seu talante os créditos advindos de mercadorias adquiridas de outra Unidade da Federação.

Quando um contribuinte adere, por exemplo, a um Termo de Acordo de Regime Especial (TARE) concedido por um Estado-membro da Federação, através de lei existente, vigente e eficaz, toma como verdadeira a competência da referida unidade federada para editar tal norma, e vez que quando editada, a mesma passa a gozar de presunção de legitimidade.

Segundo Roque Antonio Carrazza[18]:

> "Negar o direito de crédito ao contribuinte implica também em enriquecimento sem causa do Estado de destino, que, estará indevidamente expandindo os lindes de sua competência tributária, já que, por vias transversas, cobrará o tributo, por operações realizadas fora de seu território e; imputação, ao contribuinte, do ônus de suportar os efeitos emergentes de perlenga jurídica a ele de todo estranha, já que da exclusiva alçada dos Estados envolvidos em episódio da denominada "guerra fiscal", bem como, derrubada da presunção de legitimidade de que gozam as normas instituidoras de

---

18. Questionamentos levantados por Roque Antonio Carrazza ao prefaciar a obra de Marques, Klaus Eduardo Rodrigues. *A guerra fiscal do ICMS: uma análise crítica sobre as glosas de crédito*. São Paulo: MP Ed., 2010.

benefícios fiscais ou financeiros, em matéria de ICMS, que só pode ser afastada pelo Poder Judiciário, observados os mecanismos consagrados pelo sistema jurídico".

Contribuintes de boa-fé devem ter a seu favor a "certeza do passado".[19]

Vale a pena observar que os contribuintes, em verdade, são apenas vítimas de uma guerra que não é deles e, por isso têm bons argumentos de defesa em caso de autuações pelas autoridades fiscais estaduais, pois a concessão de benefícios fiscais não pode representar empecilho ao pleno exercício do direito de abatimento assegurado pelo princípio constitucional da não-cumulatividade.

No sentido dos entendimentos acima expostos, recentemente o Supremo Tribunal Federal, por intermédio de despacho prolatado pela Ministra Ellen Gracie nos autos da Ação Cautelar n. 2611-MG, conferindo efeito suspensivo a Recurso Extraordinário interposto e consequente suspensão da exigibilidade do crédito tributário exigido pela Fazenda do Estado de Minas Gerais em sede de execução fiscal, assim se manifestou:

---

19. *Idem*, utilizando-me da expressão tirada por Roque Antonio Carrazza para lançar questionamentos acerca da glosa de créditos e sua projeção frente ao principio constitucional da segurança jurídica, analisando que caso "os benefícios fiscais ou financeiros, outorgados pelo Estado de origem, infrinjam maus-tratos ao art. 155, § 2º, XII, *g*, da Constituição da República, não é dado, ao Estado de destino, impor, a seus contribuintes, o ônus de controlar a constitucionalidade e a legalidade de tais favores. Em suma, problemas emergentes da chamada *"guerra fiscal"* entre as unidades federadas não podem ser resolvidos a expensas de contribuintes que adquiriram alhures mercadorias, e têm em mãos, documentando as operações realizadas, notas fiscais formalmente em ordem. Por fim, se o Supremo Tribunal Federal, em controle abstrato, vier a declarar inconstitucionais esses benefícios fiscais ou financeiros, caberá aos Estados de origem cobrar, de seus contribuintes, que usufruíram as aludidas benesses, as *"diferenças"* de *ICMS*. Estou convencido, no entanto, que tal diretriz não se aplica quando patenteada a boa-fé desses mesmos contribuintes, mormente se cumpriram *condições*, para poderem gozar das aludidas vantagens tributárias, que tinham por válidas."

"1. Ajuizada Ação Cautelar para agregar efeito suspensivo a Recurso Extraordinário interposto nos autos dos Embargos à Execução Fiscal n. 007904143541-7 contra o acórdão proferido pelo Tribunal de Justiça de Minas Gerais, foi negado seguimento à ação e considerado prejudicado o pedido de liminar, sob o entendimento de que se cuida de matéria a ser resolvida pela ótica infraconstitucional.

2. A Requerente interpõe Agravo Regimental destacando que a Ação Cautelar que ajuizou perante o Superior Tribunal de Justiça foi julgada extinta em razão do caráter constitucional da matéria. A par disso, ressalta que esta Corte vem enfrentando as questões relacionadas à guerra fiscal e que foram apontadas em seu recurso extraordinário ofensas aos arts. 97, 102, I, *a*, 150, I, 155, II, § 2º, I e IV, da Constituição. Afirma que a demanda deve ser solucionada com base em argumentos de índole constitucional. Diz que o benefício do crédito de 2% outorgado pelo Estado de Goiás em nada interfere na base de cálculo utilizada para cobrança do ICMS a ele devido e que tal benefício só terá efeito prático para fins de recolhimento do tributo, não interferindo no montante do crédito a ser utilizado na operação subsequente. Haveria, pois, na glosa realizada pelo Estado de Minas Gerais, ofensa ao princípio da não-cumulatividade. Ademais, ato unilateral de um Estado estaria implicando redução da alíquota interestadual fixada pelo Senado. Diz da competência desta Corte para julgar ofensas de lei local contestada em face de lei federal. Pede reconsideração da decisão.

3. Revendo os autos à luz do agravo regimental interposto pela empresa Requerente, verifico que, embora a questão pudesse desafiar solução infraconstitucional, também apresenta consistente fundamentação constitucional, amparada em precedentes desta Corte. É que o Estado de Minas Gerais, inconformado com a inconstitucionalidade de crédito de ICMS concedido pelo Estado de Goiás, teria glosado parcialmente a apropriação de créditos nas operações interestaduais, com isso ofendendo a sistemática da não-cumulatividade desse imposto e a alíquota interestadual fixada pelo Senado, ambas com assento constitucional. Entendo, pois, que há relevante discussão de índole constitucional, de modo que é caso de reconsiderar a decisão recorrida e de conhecer do pedido de liminar.

4. A pretensão de suspensão da exigibilidade do crédito, com a consequente suspensão da execução fiscal, merece acolhida. Há forte fundamento de direito na alegação de que o Estado de destino da mercadoria não pode restringir ou glosar a apropriação de créditos de ICMS quando destacados os 12% na operação interestadual, ainda que o Estado de origem tenha concedido crédito presumido ao estabelecimento lá situado, reduzindo, assim, na prática, o impacto da tributação. Note-se que o crédito outorgado pelo Estado de Goiás reduziu o montante que a empresa teria a pagar, mas não implicou o afastamento da incidência do tributo, tampouco o destaque, na nota, da alíquota própria das operações interestaduais. Ainda que o benefício tenha sido concedido pelo Estado de Goiás sem autorização suficiente em Convênio, mostra-se bem fundada a alegação de que a glosa realizada pelo Estado de Minas Gerais não se sustenta. Isso porque a incidência da alíquota interestadual faz surgir o direito à apropriação do ICMS destacado na nota, forte na sistemática de não-cumulatividade constitucionalmente assegurada pelo art. 155, § 2º, I, da Constituição e na alíquota estabelecida em Resolução do Senado, cuja atribuição decorre do art. 155, § 2º, IV. Não é dado ao Estado de destino, mediante glosa à apropriação de créditos nas operações interestaduais, negar efeitos aos créditos apropriados pelos contribuintes. Conforme já destacado na decisão recorrida, o Estado de Minas Gerais pode arguir a inconstitucionalidade do benefício fiscal concedido pelo Estado de Goiás em sede de Ação Direta de Inconstitucionalidade, sendo certo que este Supremo Tribunal tem conhecido e julgado diversas ações envolvendo tais conflitos entre Estados, do que é exemplo a ADI 2.548, rel. Min. Gilmar Mendes, DJ 15.6.2007. Mas a pura e simples glosa dos créditos apropriados é descabida, porquanto não se compensam as inconstitucionalidades, nos termos do que decidiu este tribunal quando apreciou a ADI 2.377-MC, DJ 7.11.2003, cujo relator foi o Min. Sepúlveda Pertence:

"2. As normas constitucionais, que impõem disciplina nacional ao ICMS, são preceitos contra os quais não se pode opor a autonomia do Estado, na medida em que são explícitas limitações. 3. O propósito de retaliar preceito de outro Estado, inquinado da mesma balda, não valida a retaliação: inconstitucionalidades não se compensam."

CONTENCIOSO ADMINISTRATIVO TRIBUTÁRIO

> O risco de dano está presente no fato de que a sede administrativa da Requerente está na iminência de ser leiloada.
>
> 5. A pretensão manifestada pela Requerente não equivale, propriamente, à simples atribuição de efeito suspensivo ao recurso extraordinário. Para que seja obstado o curso da Execução Fiscal, faz-se necessária a concessão de tutela com tal efeito, conforme já destacado por este Tribunal por ocasião do julgamento da AC 2.051 MC-QO, rel. Min. Joaquim Barbosa, 2ª Turma, DJe 9.10.2008. A pretensão, pois, em verdade, exige a suspensão da exigibilidade do crédito tributário.
>
> 6. Ante o exposto, reconsidero a decisão anterior, conheço da ação cautelar e concedo medida liminar para suspender a exigibilidade do crédito tributário em cobrança, nos termos do art. 151, V, do CTN, sustando, com isso, a execução e os respectivos atos expropriatórios.
>
> Publique-se, intimem-se e cite-se o Estado requerido.
>
> Brasília, 21 de junho de 2010.
>
> *Ministra Ellen Gracie* – Relatora"

Observe-se que a decisão prolatada trabalha com os argumentos de ofensa ao princípio da não-cumulatividade e de que a Fazenda Estadual de Minas Gerais tem a seu dispor Ação Direta de Inconstitucionalidade a ser proposta perante o STF em face da legislação goiana, não podendo pura e simplesmente glosar os créditos de ICMS do contribuinte sob o pretexto de uma compensação de inconstitucionalidades, tema já apreciado e vedado pelo Pretório Excelso conforme julgado citado no contexto da decisão liminar prolatada (ADI 2.377-MC, DJ 7.11.2003, cujo relator foi o Min. Sepúlveda Pertence).

Também em recente decisão, o Superior Tribunal de Justiça, nos autos do Recurso Especial n. 1.125.188-MT, apreciou as questões supradebatidas assim se pronunciando:

> RECURSO ESPECIAL N. 1.125.188 – MT (2009/0034293-3)
>
> EMENTA: TRIBUTÁRIO. RECURSO ESPECIAL. MANDADO DE SEGURANÇA. ICMS. OPERAÇÃO INTERESTADUAL. REDUÇÃO DO DESCONTO DA ALÍQUOTA

INTERESTADUAL (ICMS/ST) PELO ESTADO DE DESTINO EM FACE DE INCENTIVO FISCAL (CRÉDITO PRESUMIDO) CONCEDIDO PELO ESTADO DE ORIGEM. IMPOSSIBILIDADE. INTELIGÊNCIA DO ART. 8º, § 5º, DA LC 87/96. RETENÇÃO DAS MERCADORIAS COMO FORMA DE COERÇÃO AO RECOLHIMENTO DE TRIBUTO INDEVIDO. NÃO CABIMENTO. DIREITO LÍQUIDO E CERTO EVIDENCIADO.

1. Recurso especial no qual se discute o percentual a ser deduzido do Imposto sobre Circulação de Mercadorias e Serviços em Regime de Substituição Tributária – ICMS/ST devido ao estado de destino (Mato Grosso), na medida em que o estado de origem (Mato Grosso do Sul) concede benefício fiscal na forma de crédito presumido de 60% do valor do imposto apurado na operação de saída.

2. Emerge dos autos que o recorrido, Estado de Mato Grosso, apreende a mercadoria da recorrente, retendo seus caminhões na fronteira, ao fundamento de que a empresa não recolhe a diferença de ICMS/ST tal como determinado no Decreto Estadual 4.540/2004, que, segundo o consignado pela sentença, permite, apenas, que a contribuinte se credite da alíquota de 2% do valor devido na operação anterior.

3. As instâncias ordinárias reconheceram a ilegitimidade do mencionado decreto para conceder parcialmente a segurança, permitindo à impetrante que ela descontasse da operação de entrada no Estado de Mato Grosso o percentual de 4,8%, ao fundamento de que, em razão de benefício fiscal concedido pelo estado de Mato Grosso do Sul, essa é a fração efetivamente recolhida na origem.

4. Dispõe o § 5º do art. 8º da LC 87/96: "O imposto a ser pago por substituição tributária, na hipótese do inciso II do caput, corresponderá à diferença entre o valor resultante da aplicação da alíquota prevista para as operações ou prestações internas do Estado de destino sobre a respectiva base de cálculo e o valor do imposto devido pela operação ou prestação própria do substituto".

5. Para solucionar a presente controvérsia, à luz do princípio da legalidade estrita, que é norteador à interpretação das normas de direito tributário, mostra-se imprescindível diferenciar as expressões "valor do imposto devido" e "imposto efetivamente recolhido".

6. No caso concreto, impõe-se reconhecer que o imposto devido junto ao estado de origem corresponde à totalidade da alíquota de 12% (doze por cento) relativa à substituição tributária nas operações interestaduais. Isso porque o creditamento concedido pelo Estado de Mato Grosso do Sul pressupõe a existência de imposto devido; ou, por outro prisma, não é possível creditar-se de algo que não é devido.

7. A hipótese de creditamento difere substancialmente dos casos de isenção ou não-incidência, pois nessas situações não há, de fato, "imposto devido".

8. Assim, constatado que o benefício fiscal concedido pelo estado de origem não altera o cálculo do imposto devido, mas, apenas, resulta em recolhimento a menor em face da concessão de crédito presumido, deve ser descontado o percentual de 12% do ICMS/ST devido ao estado destinatário. Pensar diferente resultaria, no caso concreto, na possibilidade de o estado de destino, em prejuízo ao contribuinte, apropriar-se da totalidade do incentivo fiscal concedido pelo estado de origem, tornando-o sem efeito, situação essa que conspira contra a autonomia fiscal dos entes federados, que só pode ser regulada por norma de caráter nacional.

9. A presente impetração não busca provimento mandamental de caráter normativo, mas providência judicial que lhe assegure a não apreensão de mercadoria como forma de coerção ao pagamento de diferenças de ICMS previstas em decreto estadual cuja imperatividade, inclusive, já fora afastada pelas instâncias ordinárias. Assim, mostra-se perfeitamente possível conceder a presente ordem no sentido de determinar que a autoridade coatora se abstenha de apreender as mercadorias da impetrante como instrumento de cobrança de diferenças de ICMS determinadas pelo Decreto estadual 4.540/2004, podendo proceder livremente à fiscalização e à autuação fiscal se encontradas outras irregularidades eventualmente praticadas pela contribuinte.

10. Recurso especial provido.

ACÓRDÃO – Vistos, relatados e discutidos os autos em que são partes as acima indicadas, acordam os Ministros da Primeira Turma do Superior Tribunal de Justiça, por unanimidade, dar provimento ao recurso especial, nos termos do voto do Sr. Ministro Relator. Os Srs. Ministros Hamilton Carvalhido, Luiz Fux e Teori Albino Zavascki votaram com o Sr. Ministro Relator. Brasília (DF), 18 de maio de 2010 (Data do Julgamento). MINISTRO BENEDITO GONÇALVES – Relator

Analisando-se o julgado, verifica-se que para o Tribunal de Justiça do Mato Grosso, a empresa só poderia descontar da entrada (Mato Grosso) o percentual de 4,8%, fração efetivamente recolhida na origem, em razão do benefício fiscal concedido pelo Mato Grosso do Sul.

Esse Estado concede benefício fiscal, na forma de crédito presumido, de 60% do valor do imposto apurado na operação de saída; somente o desconto desse percentual poderia ser aplicado ao entrar em Mato Grosso.

De acordo com a decisão prolatada, o Ilustre Ministro Benedito Gonçalves, relator do acórdão, entendeu que o conceito de imposto devido é imposto efetivamente recolhido, e o benefício concedido pelo Mato Grosso do Sul não altera ao cálculo do imposto devido, porém, resulta em recolhimento a menor em consequência da concessão de crédito. Por fim a hipótese de creditamento difere dos casos de isenção ou não incidência, pois nessas situações não há imposto devido.

O Tribunal de Justiça do Estado de São Paulo, por sua 7ª Câmara de Direito Público, nos autos da Apelação Cível n. 746.158-5/9-00, da Comarca de SANTOS, relator o Desembargador Moacir Peres, assim se pronunciou: *"Quanto à existência de eventual benefício financeiro concedido pelo Estado de Alagoas, sujeito ativo do tributo, em nada altera o local da operação, para fins de recolhimento do ICMS. Tal questão também já foi objeto de apreciação por esta Egrégia Câmara, que entendeu que os supostos benefícios fiscais, concedidos pelos Estados-membros, devem ser impugnados pela via própria."* (Ap. Cível n. 518.847.5/5-00, rei. Des. Nogueira Diefentháler, j . 23.07.07)[20].

---

20. *Vide* https://esaj.tjsp.jus.br/cjsg/getArquivo.do?cdAcordao=3572646.

CONTENCIOSO ADMINISTRATIVO TRIBUTÁRIO

Na esteira dos julgados supracitados dos Tribunais Superiores, recentemente a 10ª Câmara de Direito Público do mesmo Tribunal de Justiça Paulista, em sede de Agravo de Instrumento extraído dos autos de Mandado de Segurança impetrado por contribuinte paulista no sentido de obter a suspensão da exigibilidade do credito tributário ante as discussões travadas acerca da constitucionalidade de direitos de créditos de ICMS advindos de operações realizadas com base em incentivos fiscais concedidos pelo Estado do Paraná, proveu o referido recurso, outorgando a suspensão requerida, em votação unânime, nos termos do voto da relatora Desembargadora Teresa Ramos Marques.[21]

A questão é muito complexa e objeto de diversas discussões.

Na esfera administrativa, apesar de os contribuintes conquistarem algumas vitórias isoladas junto à algumas das Câmaras de Julgamento, a Câmara Superior do Tribunal de Impostos e Taxas do Estado de São Paulo (TIT/SP), à exceção de circunstâncias processuais extraordinárias que ensejaram a manutenção das decisões inferiores que cancelaram as exações fiscais, têm mantido a posição de negar o direito ao crédito do imposto quando o mesmo está vinculado |às operações tributarias em que tenha sido obtido pelo contribuinte algum benefício fiscal que deixe de observar as disposições contidas na LC n. 24/75, *in verbis*:

> RECURSO CONHECIDO. NEGADO PROVIMENTO. DECISÃO NÃO UNÂNIME. Recurso Especial do Contribuinte – Processo DRTC-II-480522/2006 – Câmara Superior 06/04/2010 – Relator: Gianpaulo Camilo Dringoli – Decisão publicada no Diário Oficial de 17 de Abril de 2010 – ICMS. CRÉDITO INDEVIDO DE IMPOSTO NÃO COBRADO EM OPERAÇÕES DE TRANSFERÊNCIA DE PRODUTOS RESULTANTES

---

21. Agravo de Instrumento em Mandado de Segurança n. 990.10.374749-6, da Comarca de Campinas. Decisão obtida em https://esaj.tjsp.jus.br/cjsg/getArquivo.do?cdAcordao=4832060.

DO ABATE DE ESTABELECIMENTO SITUADO NO PARANÁ, DECORRENTE DE CONCESSÃO DE BENEFÍCIO FISCAL NÃO AUTORIZADO PELO CONFAZ.

Não assiste razão à recorrente, porquanto há fundamento legal para a glosa do crédito no inciso I do artigo 8º da Lei Complementar 24, de 1975, no § 3º do artigo 36 da Lei 6.374, de 1989, e no § 2º do artigo 59 do Regulamento do ICMS, de 2000. Não há competência para este E. Tribunal negar vigência a dispositivo de Lei Complementar. Não se trata de cobrança de imposto que caberia a outro Estado, mas de imposto decorrente de operações promovidas neste território paulista, pelo estabelecimento deste Estado da recorrente, que foi indebitamente compensado pelo crédito glosado neste lançamento de ofício.

São diversos os julgados que igualmente assim se manifestaram, bastando observar-se as ementas abaixo colacionadas:[22]

ICMS. GUERRA FISCAL. Adoto as mesmas razões de decidir do acórdão recorrido: "Crédito indevido do ICMS destacado em documentos fiscais, correspondente à diferença entre o apropriado e o efetivamente pago ao Estado remetente concedente de incentivos fiscais sem a aprovação do CONFAZ, decorrente de operações de transferência do Estado de Santa Catarina e do Estado do Paraná, deixando de comprovar que não tenha usufruído do benefício. Defesa, contraditório entre preliminares e mérito. Matéria de prova não elidida pela recorrente." Recurso conhecido. Negado provimento. Decisão não unânime. Vencido o voto do relator, que dava provimento ao recurso. 02- 62154/2007 – Recurso Especial – publicado em 13.11.2010

ICMS. GUERRA FISCAL. OPERAÇÕES ENTRE ESTABELECIMENTOS DE DIFERENTES TITULARIDADES – A glosa de crédito no destinatário – pessoa jurídica de direito privado localizada no Estado de São Paulo – não tem qualquer relação com declaração de inconstitucionalidade de norma editada por pessoa jurídica de direito público – Estados

---

22. Decisões obtidas em www.fazenda.sp.gov.br.

remetentes. Inexistência de tal declaração. – A glosa do crédito indevido tem natureza e caráter objetivos. Assim, se o valor apropriado como crédito, no estabelecimento destinatário, não representa imposto anteriormente cobrado do estabelecimento emitente do documento fiscal, esse crédito é carecedor de lastro e, em razão disso, não pode ser apropriado pelo destinatário. – Para que se possa impor uma penalidade ao sujeito passivo de obrigação tributária, o fisco precisa (I) demonstrar a existência de uma obrigação tributária a ser cumprida pelo contribuinte, (II) comprovar o não-cumprimento dessa obrigação, (III) identificar a tipificação tributária penal para a conduta infracional adotada e (IV) identificar, na legislação, a penalidade cominada para essa conduta infracional tipificada. A decisão recorrida, porém, no penúltimo parágrafo de fls. 607, faz referência ao fato de que os estabelecimentos remetentes das mercadorias enviadas à autuada pertenciam ao mesmo grupo dela e essa matéria ficou assente na decisão recorrida. Presentes, portanto, no presente processo, todos os pressupostos necessários para a glosa do crédito indevido e para a imposição da sanção cabível. Recurso conhecido. Negado provimento. Decisão não unânime. (1B- 602799/2006 – Recurso Especial publicado em 26/10/2010.

ICMS. CRÉDITO INDEVIDO REFERENTE RECEBIMENTO DE TRANSFERÊNCIA DE PRODUTOS ORIUNDOS DE ESTABELECIMENTO DO MESMO CONTRIBUINTE SITUADO EM SANTA CATARINA, QUE RECEBEU VANTAGEM ECONÔMICA DECORRENTE DE BENEFÍCIO FISCAL CONCEDIDO SEM AUTORIZAÇÃO DO CONFAZ E, PORTANTO, SEM RESPALDO NAS REGRAS CONSTITUCIONAIS. – Quanto à arguição de decadência entendo que os paradigmas juntados não se prestam ao confronto, pois aqui se trata de glosa de crédito de guerra fiscal, enquanto que os arestos paradigmais tratam de operações de importação de mercadorias e de crédito com base em documentos sem destaque do ICMS. – A glosa de crédito de parcela do imposto destacado em documento fiscal oriundo de outra unidade federativa, relativo a benefício fiscal concedido à revelia do Confaz tem respaldo na Lei Paulista e no artigo 8º da LC 24/75, combinado com o artigo 155, parágrafo 2º, XII, "g" da Constituição Federal. Apesar de os dois paradigmas

> terem sido reformados por Câmaras Reunidas vejo condições de conhecimento para a devida pacificação jurisprudencial a cargo desta Câmara Superior. Conheço e nego provimento quanto ao mérito. Recurso parcialmente conhecido, e nesta parte negado provimento. Decisão não unânime. (07-818363/2008 – Recurso Especial publicado em 03.07.2010).
>
> ICMS. "GUERRA FISCAL". CRÉDITO INDEVIDO CORRESPONDENTE A INCENTIVOS FISCAIS NÃO HOMOLOGADOS PELO CONFAZ, DECORRENTE DE TRANSFERÊNCIA DE MERCADORIAS DE FILIAIS ESTABELECIDAS EM GOIÁS E NO DF. Ofensa ao disposto no art. 155, parágrafo 2º, inciso XII, alínea "g" da Constituição Federal. Paradigma trazido a colação mostra-se apto ao confronto de teses. O Estado de São Paulo detém legitimidade para efetuar a glosa de crédito referente à parcela do imposto não cobrado em operação anterior decorrente de incentivo fiscal ilegal. (Art. 36, § 3º, da lei 6374/89). Recurso conhecido e desprovido. Recurso conhecido. Negado provimento. Decisão não unânime. (02-350173/2005 – Recurso Especial publicado em 10/04/2010).

Porém, no que diz respeito às hipóteses onde a glosa se efetivou por decisão administrativa alcançado tributos exigidos já atingidos pela decadência, mesmo quando igualmente derivados de operações onde ficou vinculado algum benefício fiscal, a Egrégia Câmara Superior do Tribunal de Impostos e Taxas do Estado de São Paulo – TIT-SP tem afastado a exigibilidade tributária, reconhecendo a imposição do art. 150, parágrafo 4º do CTN e cancelando, nestes pontos a exação tributaria:

> ICMS. GUERRA FISCAL/DECADÊNCIA. O prazo para o Fisco lançar é de 5 anos a partir do fato gerador, assim considerando, inclusive, a glosa de crédito. Conheço do recurso para declarar alcançado pela decadência o lançamento sob análise. Recurso conhecido. Provido. Decisão não unânime. (07-821735/2009 – Recurso Especial publicado em 04/12/2010).
>
> ICMS. CREDITAMENTO INDEVIDO – DIFERENÇA ENTRE O IMPOSTO DESTACADO NOS DOCUMENTOS FISCAIS DE ENTRADAS DE MERCADORIAS NO ESTABELECIMENTO

E O EFETIVAMENTE PAGO NA UF DE ORIGEM – TRANSFERÊNCIA ENTRE MATRIZ E FILIAL – BENEFÍCIO FISCAL CONCEDIDO PELO ESTADO DE GOIÁS, A MARGEM DE CONVÊNIO AUTORIZADO PELO CONFAZ. "GUERRA FISCAL". A decisão recorrida decretou a decadência nos termos do artigo 150, § 4º, do CTN, relativo aos créditos tributários dos períodos anteriores a 19/12/2003, e, no mérito, proveu integralmente o Recurso Ordinário. Recurso Especial tirado pela Fazenda Pública Estadual objetivando o restabelecimento integral do AIIM, sustentado em decisões que devidamente cotejadas com a atacada, demonstram divergência no critério de julgamento. Recurso Especial de que se conhece e se lhe dá parcial provimento para mantida a decisão sob combate no que se refere à declaração da decadência do direito de o Fisco constituir o crédito tributário relativo a períodos anteriores a 19/12/2003, decretada nos termos do artigo 150, § 4º, do CTN, nos termos do entendimento pacificado nesta Câmara Superior, no mais, restabelecer a acusação fiscal contida no AIIM inaugural. Recurso conhecido. Provido parcialmente. Decisão não unânime. (06-880626/2008 – Recurso Especial publicado em 27/11/2010).

Observe-se das ementas colacionadas que todas as decisões são não unânimes, sendo a matéria objeto de constante debate no plenário do tribunal administrativo-tributário paulista.

4. CONCLUSÕES

A autonomia relativa dos Estados-membros, no tocante à condução de suas políticas de desenvolvimento, a qual compreende também mecanismos fiscais de atração, não pode ser sacrificada em nome de uma "guerra fiscal".[23]

---

23. A Constituição de 1988 assegura às pessoas políticas o direito de proporem ações diretas de inconstitucionalidade perante o Supremo Tribunal Federal visando a extirpar do ordenamento jurídico as normas que ilegitimamente tenham por objeto a concessão de benefícios fiscais unilaterais. Inconcebível, portanto, que qualquer das unidades federadas pretenda afastar os efeitos da concessão de benefícios fiscais que considera indevidos, fazendo-o mediante

Ao contrário, em nome dos princípios do federalismo cooperativo, essa autonomia deve ser preservada, e até fortalecida, desde que seja acompanhada de relações horizontais de cooperação, entre as unidades federadas.

E não só isso, mas também, deve ser acompanhada de ações e marcos institucionais introduzidos pelo Governo Federal, visando coordenar as ações dos Estados, bem como, corrigir os desequilíbrios estruturais permitindo um amplo desenvolvimento regional.

---

simples glosa de créditos, elegendo o contribuinte como "inimigo" nessa "guerra fiscal", e não o Estado que teria editado norma violadora do Texto Maior. Até mesmo porque o adquirente das mercadorias e serviços, tendo amparo documental que contenha todos os elementos do negócio mercantil, não tem a obrigação nem as condições necessárias para pesquisar eventual existência de incentivo fiscal concedido ao fornecedor. Sobre mais, além de faltar competência ao contribuinte para controlar a constitucionalidade de qualquer benefício fiscal concedido, caso este venha a ser declarado inconstitucional pelo órgão competente – o excelso STF –, a consequência advinda será a imediata exigibilidade do crédito tributário relativo ao tributo não recolhido ao Estado de origem, que o havia dispensado ou reduzido de forma considerada indevida pelo Judiciário. Contrariamente, a aplicar-se o preceito do art. 8º da Lei Complementar n. 24/75, estaria o Estado de destino das mercadorias e serviços habilitado a, ele próprio, fazer julgamentos acerca da legalidade e constitucionalidade dos incentivos fiscais, e, considerando-os indevidos, exigir o imposto não cobrado pela unidade federada de origem. Tal atitude, além de suprimir a apreciação judicial, representa manifesta ameaça ao pacto federativo, uma vez que acarreta a exigência do imposto estadual pela pessoa política destinatária da mercadoria ou serviço, desprezando a repartição constitucional das competências tributárias e o caráter nacional do ICMS. Caracteriza, também, nítida ofensa ao princípio da não-cumulatividade, preceito constitucional que não comporta restrição de espécie alguma, salvo aquelas que o próprio constituinte relacionou: isenção e não-incidência. A Constituição só proíbe o crédito do imposto nessas duas hipóteses, motivo pelo qual os incentivos concedidos mediante a adoção de técnicas diversas, como redução do imposto devido, da base de cálculo, diferimento ou até mesmo escrituração de crédito presumido, não possibilitam seja o creditamento obstado. Em casos como esses, tendo o benefício fiscal sido concedido sem autorização em convênio, cabe ao Poder Judiciário declará-lo inconstitucional, determinando que o ICMS seja exigido em consonância com o arcabouço constitucional do tributo, isto é, pelo Estado de origem das mercadorias e serviços. Acesso: http://www.barroscarvalho.com.br/art_nac/guerra_fiscal.pdf

No Brasil, verifica-se que as transferências constitucionais, referentes às compensações federais, não são suficientes para a redução das desigualdades regionais, necessitando portanto de um papel mais ativo dos Ministérios ao mesmo tempo em que uma presença mais orgânica do Governo Federal nas regiões que carecem de desenvolvimento, exatamente com a finalidade de buscar a coordenação e a equalização dessas áreas frente ao contexto nacional.

No exercício da autonomia, é fundamental que os Estados brasileiros mantenham uma margem de possibilidade para que continuem a oferecer incentivos fiscais, entretanto, explorada dentro de um ambiente mais cooperativo e complementar, de maneira que a concorrência não elimine a possibilidade da cooperação.

Não basta que as unidades federadas fiquem sujeitas a "códigos de conduta" estabelecidos por eles próprios, pela União ou por instâncias superiores, evitando a "guerra fiscal", mas é necessário que tomem iniciativas, com o fim de estruturar competências locais que sejam capazes de aprofundar e dominar o conhecimento sobre as vantagens comparativas e competitivas de suas economias.

Em decorrência disso, cada Estado saberá buscar o que é útil e necessário para as necessidades específicas das suas estruturas internas, e assim poder valorizá-las.

Mas enquanto esse momento de amadurecimento político-tributário não chega, não se pode permitir, ao arrepio das garantias constitucionais, sobretudo daquela que diz respeito à segurança jurídica, consagrada por atos jurídicos perfeitos firmados pelos contribuintes junto a entes federados, sejam qualificados os mesmos como inválidos, nulos ou inconstitucionais, pois essa é uma conta fiscal, das unidades federadas, dos Estados e do Distrito Federal, sob a batuta da União, e não uma conta dos contribuintes de boa-fé e que na forma da lei têm direito aos créditos derivados das operações fiscais realizadas.

PRECLUSÃO DA PROVA NO PROCESSO ADMINISTRATIVO TRIBUTÁRIO: UM FALSO PROBLEMA

ANDRÉA MEDRADO DARZÉ
Doutoranda e Mestra em Direito Tributário pela PUC/SP. Professora do curso de especialização do IBET e do COGEAE. Conselheira do Conselho Administrativo de Recursos Fiscais. Juíza do Tribunal de Impostos e Taxas de São Paulo. Advogada em São Paulo.

1. CONSIDERAÇÕES INTRODUTÓRIAS

A despeito de não se tratar de matéria nova, o tema da prova no processo adminitrativo tributário se mantém atual. Com efeito, muitos são os problemas que atormentam a comunidade do discurso científico na delimitação das consequências jurídicas que decorrem da apresentação da prova pelo sujeito passivo tributário após a impugnação. Uns defendem que a prova pode ser produzida pelo impugante a qualquer tempo, em face do princípio da verdade material e da ampla defesa. Outros repugnam veementemente esta posição, por entenderem que deve ser plena e irrestrita a aplicação do art. 16, § 4º, do Decreto n. 70.235/72, em face do princípio da legalidade. Há, ainda, os que pregam que a referida regra, a despeito de obrigatória, poderia ser excepcionada nas hipóteses de apresentação de provas robustas.

A proposta do presente trabalho é justamente analisar o regime jurídico da prova no processo administrativo tributário, identificando os limites da sua realização, com especial enfoque no momento e nos sujeitos aptos a fazê-lo. Tudo isso com o objetivo de chamar a atenção para o fato de que no processo administrativo a competência para a produção da prova é concorrente, estando sujeita a limites diversos a depender do sujeito de que se trate: se as partes ou a própria autoridade julgadora.

2. PROCESSO ADMINISTRATIVO: CONTROLE DE LEGALIDADE DOS ATOS DE CONSTITUIÇÃO DOS CRÉDITOS TRIBUTÁRIOS

Constatando que ocorrências do mundo social se enquadram nos contornos definidos nas hipóteses de regras-matrizes de incidência tributária, deve a autoridade administrativa relatá-las em linguagem competente, imputando-lhes as respectivas relações jurídicas. Tudo devidamente lastreado em provas que lhe dão suporte.

Por outro lado, caso o administrado não concorde com o resultado da atividade exercida pelo Fisco, poderá apresentar impugnação instruída com contraprovas dos fatos relatados, desencadeando, assim, uma série de outros atos e termos que compõem o processo administrativo fiscal, que culminará *i.* no cancelamento da exigência, *ii.* na sua redução ou *iii.* na sua integral manutenção. Com o manejo desse ato do particular, instaura-se a fase litigiosa do procedimento administrativo.

Neste ponto adverte Paulo de Barros Carvalho que a presunção de validade do lançamento não basta para sustentar o ato. Ele deve se submeter ao controle de legalidade, no qual se apure o completo enquadramento de seus elementos compositivos às normas gerais e abstratas que lhe emprestam fundamento (erro de direito), bem como a correta utilização das técnicas linguísticas de certificação dos eventos (erro de fato), seja por iniciativa do próprio Fisco, seja por provocação do sujeito passivo tributário:

> A mera conjunção existencial dos elementos, em expediente recebido pela comunidade jurídica com a presunção de validade, já não basta para sustentar o ato que ingressa nesse intervalo de teste. Para ser confirmado, ratificando-se aquilo que somente fora tido por presumido, há de suportar o confronto decisivo. Caso contrário, será juridicamente desconstituído ou modificado para atender às determinações que o subordinam. O lançamento, como ato jurídico administrativo que é, pode ser tido por nulo ou anulável. [...] O ato administrativo de lançamento será declarado nulo, de pleno direito, se o motivo nele inscrito – a ocorrência de fato jurídico tributário, por exemplo – inexistiu. Nulo será, também, na hipótese de ser indicado sujeito passivo diferente daquele que deve integrar a obrigação tributária. Igualmente nulo o lançamento de IR (pessoa física), lavrado antes do termo final do prazo legalmente estabelecido para que o contribuinte apresente sua declaração de rendimentos e de bens. Para a nulidade se requer vício profundo, que comprometa visceralmente o ato administrativo. Seus efeitos, em decorrência, são ex tunc, retroagindo, linguisticamente, à data do correspondente evento. A anulação, por outro lado, pressupõe invalidade iminente, que necessita de comprovação, a qual se objetiva em procedimento contraditório. Seus efeitos são ex nunc, começando a contar do ato que declara a anulabilidade.[1]

Instaurado o contencioso administrativo tributário, mediante impugnação tempestiva do sujeito passivo tributário, cessa, todavia, a competência revisora da Autoridade Fiscal que expediu o ato de constituição do crédito. Em contrapartida, inicia-se a dos órgãos julgadores, os quais deverão analisar a conformidade dos pressupostos e elementos dessa norma individual e concreta ao plexo das regras jurídicas que disciplinam

---

1. CARVALHO, Paulo de Barros. *Curso de direito tributário*. 18. ed. São Paulo: Saraiva, 2007, p. 435.

os limites materiais e formais para a sua confecção, bem assim às provas que lhe deram sustentação.

De fato, resistindo o sujeito passivo à pretensão do Fisco pela apresentação de defesa, o único veículo de linguagem legítimo para promover alterações no ato de lançamento ou de aplicação de penalidade é a invalidação, seguida, ou não, de nova exigência fiscal, se ainda dentro do prazo legal. A partir deste instante, os possíveis defeitos do ato somente poderão ser apurados pelos órgãos judicantes.

O processo administrativo fiscal surge, portanto, como mais uma etapa do controle de legalidade do lançamento "desde dentro", uma vez que é realizado na própria intimidade da Administração, ao longo da formação da sua vontade[2]. Mesmo que, com a apresentação da defesa, haja o deslocamento da autoridade competente para a análise dos possíveis vícios do lançamento, nesta fase, o controle de legalidade continua sendo da competência de órgãos da Administração Pública.

A controvérsia instalada no processo será decidida pelo órgão julgador competente, que embora também esteja adstrito ao interesse público, *situa-se em posição mais equidistante dos postulantes, centrada no interesse substancial de justiça, função que lhe cabe como órgão de aplicação do direito.*[3]

---

2. Como observam Geraldo Ataliba e Aires Fernandino Barreto, diversas razões recomendam que se crie um sistema de eliminação célere e eficaz desses conflitos, tendo em vista a harmonia fisco-contribuinte e os interesses públicos em jogo. Se todas as divergências forem submetidas ao Poder Judiciário, este submergirá sob o peso de um acúmulo insuportável de questões a julgar. Além disso – e também por isso – tardarão muito as soluções, em detrimento das partes envolvidas. Daí a razão pela qual, em quase todos os países, criaram-se organismos e sistemas para reduzir o número de causas instauradas perante o Poder Judiciário. (Substituição e Responsabilidade Tributária. *Revista de Direito Tributário 49*. São Paulo: Malheiros, 1989, p. 122).

3. Cf. XAVIER, Alberto. *Do Lançamento no Direito Tributário Brasileiro*. Rio de Janeiro: Forense, 2005, p.167.

Neste ponto, vale ressaltar que, diferentemente do que se verifica no processo judicial, a principal finalidade do processo administrativo tributário não é solucionar conflitos de interesses entre particular e o Poder Público, ainda que o faça mediatamente. Sua razão de ser é controlar a legalidade dos atos de constituição do crédito tributário.

Com efeito, no direito tributário, os títulos executivos são constituídos, muitas vezes, com base em ato unilateral do próprio credor público (lançamento de ofício ou auto de infração). Daí porque é constitucionalmente assegurado aos particulares ampla defesa e contraditório também na esfera administrativa, sob pena de quebra da segurança jurídica e da igualdade dos executados.

É muito distinta a legitimidade da execução de um título confeccionado pela manifestação expressa de vontade de ambas as partes daquela decorrente de um título constituído exclusivamente pelo sujeito ativo. É justamente por conta dessa peculiaridade que o prévio processo administrativo foi elevado pela lei à categoria de requisito de validade para a formalização do título executivo fiscal, quando relativo a tributo constituído pela própria Fazenda Pública. Sem que seja conferida aos sujeitos passivos a possibilidade de conhecer a exigência anteriormente à execução forçada, ter-se-á comprometida a certeza do título que a fundamenta.

É esse o valor jurídico resguardado pelo processo administrativo, não se limitando, portanto, à composição de conflito de interesses. É justamente por conta disso que o regime jurídico aplicável ao processo administrativo é consideravelmente diverso daquele aplicável ao processo tributário judicial.

De fato, é notória a especificidade das regras e princípios que norteiam o atuar das partes e, em especial, do órgão julgador na condução de cada uma dessas espécies de processo. Não é por outro motivo que, o excesso de formalismo, a vedação à atuação de ofício do julgador na produção de provas e o impulso do processo, são traços estranhos ao ambiente do processo administrativo fiscal.

A despeito disso, não raras vezes, fundamentam-se decisões em processos administrativos sob a influência de normas de outros ramos do direito. É muito comum se recorrer a institutos do direito processual civil para solucionar questões administrativas, esquecendo-se que as normas consolidadas no Código de Processo Civil se voltam à solução de litígios entre particulares, e não ao controle de legalidade dos atos administrativos. A iniciativa somente se justifica nos casos de omissão.

Da mesma forma, é reiterada a tentativa de flexibilizar regras que se aplicam apenas às partes, com normas que se destinam exclusivamente a regular a atuação do órgão julgador e vice versa. Muito desta confusão se deve às especificidades do processo administrativo, que não tratam a autoridade julgadora como mero espectador do processo, conferindo-lhe uma série de poderes que, no processo judicial, a princípio, restringir-se-iam às partes.

Em função do corte metodológico realizado ao definir o objeto do presente estudo, interessa-nos apenas investigar as restrições materiais e formais impostas ao julgador para a realização da prova. Para isso, importa analisar, num primeiro momento, os princípios que influenciam na construção destas normas bem como as regras que regulam de forma direta a iniciativa probatória no processo administrativo tributário. Num segundo momento, analisaremos os sujeitos credenciados pelo sistema para sua produção, bem como o regime jurídico aplicável a cada um deles, dando especial enfoque aos limites temporais. É o que faremos nos itens seguintes.

3. PRINCÍPIOS QUE INTERFEREM NA PRODUÇÃO DA PROVA

3.1. Princípio da legalidade tributária

Como regra, o veículo introdutor de comandos inaugurais no sistema de direito positivo há de ser sempre a lei (artigo 5º, II, CF). Essa máxima, conquista do Estado Democrático de Direito, afasta a possibilidade de se cogitar o estabelecimento de direitos subjetivos e deveres correlatos senão em decorrência da manifestação de vontade do povo, concretizada em comandos legais.

O princípio da estrita legalidade tributária, por sua vez, vem acrescer rigores procedimentais em matéria tributária, dizendo mais do que isso: estabelece que a lei instituidora do tributo prescreva tanto os elementos que compõem a descrição do fato jurídico, como os dados que integram a relação obrigacional, delineando exaustivamente todos os contornos da norma tributária em sentido estrito.

Mas não é só no campo material (conteúdo) que o princípio da legalidade se manifesta. Com efeito, o art. 142, do CTN c/c as disposições do Decreto n. 70.235/72[4], denunciam que a competência das autoridades fiscais para realizar o ato de lançamento, bem como das autoridades julgadoras para proferir decisões em processo de controle de sua legalidade, estão sujeitas igualmente a limites. O legislador estabeleceu uma série de dados imprescindíveis à compostura desses atos, bem como a sequência procedimental que deve ser observada na sua confecção. Assim, também o processo administrativo deverá ser instaurado e desenrolado nos estritos ditames da lei.

Tomando o princípio da legalidade tributária sob essas duas perspectivas e dando especial enfoque ao tema deste trabalho, a conclusão é única: o presente limite objetivo impõe que a relação obrigacional seja desencadeada apenas se efetivamente verificado no plano da realidade o fato descrito na hipótese de incidência tributária, razão pela qual faz-se imprescindível que tanto o ato de lançamento como as decisões proferidas no

---

4. Este Decreto foi recepcionado pela Constituição de 1988 com força de lei. Recentemente, foi regulamentado pelo Decreto n. 7.574/11, o qual disciplina o processo de determinação e exigência de créditos tributários da União, o processo de consulta sobre a aplicação da legislação tributária federal e outros processos que especifica, sobre matérias administradas pela Secretaria da Receita Federal do Brasil, incorporando, inclusive, a legislação editada sobre a matéria até 25 de junho de 2010.

curso de processo administrativo tributário sejam **pautados em provas**. Estas, da mesma forma, não podem ser produzidas acriteriosamente, mas apenas em estrita observância aos limites estabelecidos pela lei.

Apenas o lançamento que estiver devidamente respaldado em provas poderá ser considerado legítimo, em conformidade com o sistema. Não basta que a autoridade competente relate o evento concretamente ocorrido no mundo ou decida pela sua validade. É necessário que qualquer dessas linguagens esteja fundamentada em provas.

Por tudo isso, é fácil concluir que na esfera do processo administrativo tributário a prova há de ser feita em toda a sua extensão, de tal modo que se assegurem as prerrogativas constitucionais de que desfrutam os sujeitos passivos de só serem gravados nos exatos termos que a lei tributária especificar. Somente assim ter-se-á efetivamente respeitado o princípio da legalidade tributária.

Mas não percamos de vista que a extensão da prova a que nos referimos é aquela estabelecida pela lei. A despeito de a produção probatória ser o instrumento mais eficaz na tentativa de aproximar o fato do evento, a sua realização está longe de ser livre e irrestrita. Pelo contrário, o legislador foi bastante minucioso ao determinar quando, como, onde e quem possa produzi-la. Isto tudo como forma de resguardar outros valores igualmente preciosos para o direito positivo, dentre os quais se destaca a segurança jurídica.

3.2. O princípio do devido processo legal

O controle de legalidade realizado pela Administração Tributária encontra fundamento de validade na Constituição da República, a qual determinou, expressamente, a observância dos princípios inerentes ao devido processo legal (art. 5º, LIV). Trata-se de preceito de observância necessária em todos os processos, inclusive nos administrativos tributários.

A expressão *"devido processo legal"* indica o conjunto de garantias processuais a serem asseguradas às partes, legitimando, assim, o próprio processo. Conquanto esse princípio, em um primeiro momento, tenha consistido na mera exigência de respeito à forma procedimental, seu conteúdo, na atualidade, é bem mais amplo. Neste ponto, ensina-nos Paulo de Barros Carvalho que o direito ao devido processo pressupõe a verificação de uma série de desdobramentos, que podem ser assim enumerados:

> 1º – Direito a ser ouvido, que abrange, por sua vez:
>
> a) ampla publicidade de todos os atos do procedimento, máxime aqueles privativos da Administração, firmando-se, nesse plano, o direito de vista do particular, que não pode ser tolhido sob qualquer pretexto.
>
> b) oportunidade de expressar suas razões em momentos que antecedam a expedição do ato administrativo e, também, por desdobramento lógico, em instantes subsequentes à celebração e publicidade do ato;
>
> c) manifestação expressa da autoridade que está incumbida de apreciar o feito, com relação a cada um dos argumentos e das questões propostas, ressalvando-se, naturalmente, aquelas que refugirem do segmento circunscrito na lide;
>
> d) dever da Administração de decidir explicitamente os pedidos, impugnações e recursos, fundamentando as soluções alvitradas e analisando, topicamente, os pontos levantados pelas partes; (...)
>
> 2º – Direito a oferecer e produzir a prova adequada à defesa de suas pretensões. Essa prerrogativa traz também, como pressupostos:
>
> a) **direito a que toda prova, razoavelmente proposta, seja produzida, ainda que tenha que fazê-lo a própria Administração, como atestados, certidões, informações, esclarecimentos, etc.**;
>
> b) direito a que a produção da prova seja efetivada antes que o Poder Público adote alguma posição definitória sobre o conteúdo da questão;

c) **direito a participar na produção da prova feita pela Administração, seja ela pericial ou testemunhal, como outra manifestação do princípio da publicidade.**[5] (destacamos)

Como é possível perceber, desse princípio decorrem outros, dentre os quais se destaca a ampla defesa. Para o que interessa à presente investigação, basta que mantenhamos a seguinte ideia: no processo administrativo é amplo, mas não irrestrito, o direito de oferecer e produzir a prova adequada à defesa das pretensões das partes, competindo, inclusive, à própria autoridade julgadora a sua iniciativa.

3.3. Princípio da busca da verdade material

É clássica a distinção entre *verdade material* e *verdade formal*. Enquanto a primeira é definida como a efetiva correspondência entre enunciado e o acontecimento do mundo, a segunda é tomada como aquela verificada no interior de um sistema, em cumprimento de suas próprias regras, mas susceptível de destoar da ocorrência concreta, ou seja, da verdade real. Com base nessa classificação, é comum identificar o processo administrativo tributário com a busca da verdade material e o processo judicial tributário com a verdade formal.

Ocorre que, falar em verdade material, quando o paradigma adotado é a filosofia da linguagem, é uma impropriedade. Com efeito, para os adeptos desta corrente, a realidade é um conjunto de sistemas linguísticos autorreferentes – dentre eles, o direito positivo –, de forma que a verdade torna-se algo dissociado do dado empírico a que se reporta. Assim, com o denominado giro-linguístico[6], a linguagem passa a ser

---

5. *Direito Tributário, Linguagem e Método.* 3ª edição. São Paulo: Noeses, 2009, p. 910-912.
6. "A reviravolta linguística do pensamento filosófico do século XX se centraliza, então, na tese fundamental de que é impossível filosofar sobre algo sem filosofar sobre a linguagem, uma vez que esta é o momento necessário

concebida como constitutiva da realidade, não mais se admitindo a verdade por correspondência.

É por conta disso que Fabiana Del Padre Tomé conclui que "*a verdade que se busca no curso de processo de positivação do direito, seja ele administrativo ou judicial, é a verdade lógica, quer dizer, a verdade em nome da qual se fala, alcançada mediante a constituição de fatos jurídicos, nos exatos termos prescritos pelo ordenamento: a verdade jurídica*".[7]

Efetuados esses esclarecimentos, indaga-se: existe alguma possibilidade de compatibilizar o tão falado princípio da busca da verdade material com a teoria da linguagem? E mais, haveria diferenças entre o atuar no processo administrativo e no judicial, por conta da influência deste princípio?

Pois bem. Ao tratar dos princípios da verdade formal e material, Aurélio Pitangas Seixas Filho[8] afirma que a consequência que decorre de os procedimentos litigiosos serem regidos pelo princípio da verdade formal e os procedimentos administrativos pela verdade material é amparar o direito à ampla defesa e superar o direito ao contraditório. Na mesma linha, Alberto Xavier[9], Paulo Celso B. Bonilha[10] e James Marins[11], dentre

---

constitutivo de todo e qualquer saber humano, de tal modo que a formulação de conhecimentos intersubjetivamente válidos exige reflexão sobre sua infra-estrutura linguística". (OLIVEIRA, Manfredo Araújo de. *Reviravolta linguístico-pragmática na filosofia contemporânea.* São Paulo: Loyola, 2006, p. 13).

7. TOMÉ, Fabiana Del Padre. *A prova no direito tributário.* 2. ed. São Paulo: Noeses, 2008, p. 38.

8. SEIXAS FILHO. Aurélio Pitanga. Invalidade de lançamento tributário por cerceamento do direito de defesa – ausência de motivação. *Revista Dialética de Direito Tributário* n. 26, p. 92.

9. XAVIER, Alberto. *Do lançamento: teoria geral do ato, do procedimento e do processo tributário.* 2. ed. Rio de Janeiro: Forense, 1997, p. 124 e s.

10. BONILHA, Paulo Celso B. *Da prova no processo administrativo tributário.* 2. ed. São Paulo: Dialética, 1997, p. 76.

11. MARINS, James. *Direito processual tributário brasileiro (administrativo e judicial).* 2. ed. São Paulo: Dialética, 200.), p. 177-179.

outros, consideram inafastável a aplicação do princípio da verdade material nos contenciosos administrativos, o que faz com que o órgão julgador não possa *"priorizar a formalidade processual probatória, com ônus processual próprio das partes"*[12], como ocorre nos processos judiciais.

O que esses doutrinadores defendem, em última análise, é o abandono das formas solenes nos processos administrativos, em especial no que toca à produção de provas. Tal assertiva evidencia que, deixando suspensa a barreira da terminologia empregada, seja qual for o método que se adote, é inegável a existência de um núcleo comum: o regime jurídico dos processos administrativos inclui regras que conferem maior liberdade à autoridade julgadora na produção de provas e contraprovas.

Assim, independentemente da corrente filosófica que se adote, certo é que as regras e princípios que informam o processo administrativo diferem dos que regem o processo judicial, identificando-se apenas naqueles comandos para que o órgão julgador, inclusive por iniciativa própria, se muna do maior número de elementos possíveis (provas) como forma de permitir a máxima aproximação entre a ocorrência concreta do mundo e o seu relato no antecedente da norma de lançamento.

Em outras palavras, o regime jurídico do processo administrativo inclui normas que conferem à autoridade julgadora deveres de ampla investigação dos fatos. Dentre eles podemos destacar: o impulso oficial, a iniciativa probatória do juiz e a necessidade de fundamentar as decisões de indeferimento do pedido de produção de provas (art. 2º, parágrafo único, XII, da Lei n. 9.784/99, arts. 18 e 29, do Decreto n. 70.235/72, arts. 35 e 36 do Decreto n. 7.574/11, respectivamente).

É o que bem sintetiza James Marins, *"a liberdade investigativa, os meios próprios de averiguação dos eventos de interesse*

---

12. MARINS. James. *Direito processual tributário brasileiro (administrativo e judicial)*, p. 178.

tributário (diligências administrativas in loco) e as faculdades procedimentais e processuais conferidas à Administração, se apresentam como instrumentos mais apropriados para a aproximação com a verdade material daquelas que são usualmente disponíveis no processo judicial". [13]

Tecidos esses esclarecimentos, infere-se que a denominada busca da *verdade material* é, em verdade, um dever de investigação dirigido ao órgão julgador, que tem ampla liberdade para apurar os fatos, trazendo ao processo todos os dados (documentos, informações etc.) sobre a matéria discutida, sem se ater apenas aos elementos carreados pelas partes.

3.4. Princípio da oficialidade

Nos procedimentos marcados pelo princípio da oficialidade, imputa-se à autoridade julgadora o dever de promover a sua impulsão, mesmo nos casos em que ele tenha se iniciado por ato da parte. Diferentemente do que se verifica no processo judicial, o desenrolar dos atos e termos do processo administrativo não depende apenas da iniciativa das partes. O órgão julgador está autorizado a adotar medidas necessárias para a correta aplicação da lei, mesmo diante da inércia das partes.

Ao tratar do tema, James Marins nos ensina que o prosseguimento do processo administrativo *independe da promoção ou do requerimento pelo contribuinte das providências atinentes ao processo, pois no âmbito administrativo não vigora o princípio dispositivo que atribui às partes o ônus processual atinente à continuidade do feito.*[14]

O presente princípio se aplica a todos os processos administrativos, em face do que prescreve o art. 2º, parágrafo único, XII, da Lei n. 9.784/99:

---
13. *Direito processual tributário brasileiro (administrativo e judicial)*, p. 177.
14. *Direito processual tributário brasileiro (administrativo e judicial)*, p. 179.

Art. 2º: (...)

Parágrafo único: Nos processos administrativos serão observados, entre outros, os critérios de

XII – **impulsão de ofício**, do processo administrativo, sem prejuízo da atuação dos interessados;

A impulsão oficial confere à autoridade julgadora competência para determinar a realização de todos os atos e termos regulares do processo, o que, por óbvio, inclui a produção de provas. Mas para que não pairassem dúvidas a respeito da amplitude e do alcance do presente princípio, o legislador positivou expressamente permissão para o órgão julgador determinar de ofício a sua realização. É o que prescrevem os arts. 18 e 29 do Decreto n. 70.235/72 c/c com os arts. 35, 36 e 63 do Decreto n. 7.574/11.

Este princípio relaciona-se diretamente com os princípios da estrita legalidade e da busca da verdade material. Conjuntamente, representam limites objetivos que imprimem maior eficiência ao controle de legalidade do lançamento, permitindo, em consequência, que seja alcançado o valor justiça da tributação. Este, por sua vez, é entendido como a exigência de tributos apenas diante da efetiva realização de fatos jurídicos tributários e nos estritos limites da sua ocorrência, o que somente é alcançado mediante o cotejo das provas.

Pois bem. Tecidos esses breves comentários sobre os principais princípios que interferem na delimitação da iniciativa probatória no processo administrativo, tanto do sujeito passivo do tributo, como do órgão julgador, passemos à sua análise propriamente dita.

4. INICIATIVA PROBATÓRIA DO SUJEITO PASSIVO TRIBUTÁRIO E SEUS LIMITES

Ao disciplinar o processo administrativo fiscal federal, o legislador prescreveu, expressamente, no art. 16, do Decreto

n. 70.235/72 (c/c o art. 57, do Decreto n. 7.574/11), a necessidade de a defesa ser instruída com provas concludentes da matéria impugnada, bem como indicar as diligências ou perícias que o impugnante pretende realizar.

Logo adiante, determina que a não observância deste limite temporal implica a preclusão[15] do direito de o sujeito passivo tributário produzir ou requerer a realização da prova em outro momento processual, exceção feita às hipóteses que enumera: (i) impossibilidade de sua apresentação oportuna, por motivo de força maior; (ii) quando a prova se referir a fato ou a direito superveniente; ou (iii) quando se destine a contrapor fatos ou razões posteriormente trazidas aos autos.

Assim, o que se percebe é que o legislador, apenas em ocasiões bem definidas, afastou a aplicação da norma que estabelece a perda do direito de o particular realizar a prova após a impugnação. Portanto, como regra, caso o sujeito passivo tributário não

---

15. Art. 16. A impugnação mencionará: (...) IV – as diligências, ou perícias que o impugnante pretenda sejam efetuadas, expostos os motivos que as justifiquem, com a formulação dos quesitos referentes aos exames desejados, assim como, no caso de perícia, o nome, o endereço e a qualificação profissional do seu perito. (...)
§ 3º Quando o impugnante alegar direito municipal, estadual ou estrangeiro, provar-lhe-á o teor e a vigência, se assim o determinar o julgador.
§ 4º A prova documental será apresentada na impugnação, precluindo o direito de o impugnante fazê-lo em outro momento processual, a menos que:
a) fique demonstrada a impossibilidade de sua apresentação oportuna, por motivo de força maior;
b) refira-se a fato ou a direito superveniente;
c) destine-se a contrapor fatos ou razões posteriormente trazidas aos autos.
(...)
§ 5º A juntada de documentos após a impugnação deverá ser requerida à autoridade julgadora, mediante petição em que se demonstre, com fundamentos, a ocorrência de uma das condições previstas nas alíneas do parágrafo anterior.
§ 6º Caso já tenha sido proferida a decisão, os documentos apresentados permanecerão nos autos para, se for interposto recurso, serem apreciados pela autoridade julgadora de segunda instância..

instrua sua defesa com provas ou olvide-se de, neste mesmo ato, requerer a realização de perícias e diligências, não poderá fazê-lo posteriormente.

O estabelecimento de limite temporal tão rigoroso à atividade probatória do impugnante tem provocado inúmeras discussões doutrinárias e jurisprudenciais. As posições podem ser sistematizadas em quatro grandes grupos:

- ✓ **Primeiro grupo:** defende a possibilidade de apresentação de provas até o julgamento em primeira instância;

- ✓ **Segundo grupo:** aceita a produção probatória em qualquer fase do julgamento;

- ✓ **Terceiro grupo:** admite a apresentação de provas após a defesa nas hipóteses excepcionadas pela lei e em se tratando de "prova robusta";

- ✓ **Quarto grupo:** só admite a apresentação de provas após a defesa nos casos excepcionados pela lei;

Os adeptos do primeiro grupo entendem que o prazo para o sujeito passivo tributário apresentar a prova no processo tributário resulta da interpretação conjunta do art. 16 do Decreto n. 70.235/72 (regulamentado pelo art. 57, do Decreto n. 7.574/11) com o art. 38 da Lei n. 9.784/99 (Lei Geral do Processo Administrativo), o qual estabelece que o *"interessado poderá, na fase instrutória e antes da tomada da decisão, juntar documentos e pareceres, requerer diligências e perícias, bem como aduzir alegações referentes à matéria objeto do processo"*. Daí a razão de concluírem ser ilegítima a recusa de prova apresentada ou requerida antes da decisão de primeira instância.[16]

---

16. "Juntada de documentos e preclusão (§ 2º). A regra do § 2º que veda a juntada de provas e documentos após a impugnação merece atenção. A jurisprudência do Conselho de Contribuinte, com acerto, tem abrandado o aparente rigor da regra, que viola frontalmente o princípio da ampla defesa e impede que se alcance a verdade material, sob o pretexto de acelerar a tramitação

Apesar de reconhecermos os efeitos práticos dessa posição, vez que representa tentativa de fundamentar o alargamento do prazo, muitas vezes insuficiente, de que goza o sujeito passivo tributário para apresentar provas no processo administrativo, entendemos que ela não pode prevalecer.

Fundamentalmente, a presente conjectura peca por não respeitar um dos mais tradicionais princípios do direito: *lei especial prevalece sobre a geral.* Existindo lei especial (Decreto n. 70.235/72) estabelecendo que, no processo administrativo fiscal, o prazo para a apresentação de provas pelo impugnante coincide com o prazo para a defesa, não se justifica a aplicação do prazo geral (Lei n. 9.784/99). Não fora isso, existe previsão na própria Lei n. 9.784/99[17] proibindo especificamente iniciativas como esta.

A segunda corrente, por sua vez, defende a apresentação ilimitada das provas. Segundo seus partidários, as provas devem ser sempre consideradas no julgamento, sob pena de violação dos princípios da busca da verdade material e da ampla defesa[18].

---

do processo. Tem relevância o inciso III do art. 3º da Lei 9784/99, editada posteriormente ao § 4º do presente artigo, introduzido pela Lei n. 9.532/97. Dispõe o mais recente artigo que é direito do administrado a apresentação de alegações e juntada de documentos a qualquer tempo, antes da decisão. Temos, por isso, que a disposição do Decreto não subsiste perante a garantia constitucional da ampla defesa e do contraditório, ambos reiterados como garantia do contribuinte no art. 2º da Lei 9.789/99, que apenas positivou o que antes era vedado inconstitucionalmente pelo Decreto 70.235/72, em violação direta à garantia prevista na Carta da República. O disposto no inciso III agora permite ao contribuinte formular alegações e apresentar documentos antes da decisão. Em síntese: a restrição que antes era inconstitucional (embora com base legal), agora deixou de existir em todas as esferas da administração federal, segundo nosso entendimento". PAULSEN, Leandro; ÁVILA, René Bergmann. *Direito Processual tributário: processo administrativo fiscal e execução fiscal à luz da doutrina e da jurisprudência.* 2. ed. Porto Alegre: Livraria do Advogado, 2005, p. 47.

17. "Art. 69. Os processos administrativos específicos continuarão a reger-se por lei própria, aplicando-se-lhes apenas subsidiariamente os preceitos desta Lei".

18. "(...) PRECLUSÃO. A jurisprudência emanada da Câmara Superior de Recursos Fiscais, dispensando as formas rígidas sem, entretanto, prescindir

Pois bem, é recursivo o uso do princípio da verdade material como argumento para flexibilizar o prazo da iniciativa probatória do sujeito passivo tributário. Em nosso sentir, esta iniciativa é frágil, uma vez que referido princípio informa apenas o regime jurídico aplicável ao órgão julgador, interferindo exclusivamente na demarcação da sua competência para atuar dentro do processo administrativo tributário.

É um equívoco pretender afastar a aplicação de regra que estabelece limite temporal para a iniciativa probatória de um específico sujeito do processo (impugnante) com princípios que regulam a atividade de outro (julgador). E o legislador foi bastante claro ao demarcar o campo de atuação de cada um deles, estabelecendo a amplitude e o alcance da iniciativa probatória do juiz e das partes em enunciados normativos diversos, deixando evidente a impossibilidade de mesclar as referidas regras.

A presente crítica não se estende, todavia, à ampla defesa. De fato, este princípio norteia a atuação do sujeito passivo

---

da certeza jurídica e da segurança procedimental, em razão de superveniência e de possibilitar o contraditório, ou seja, de possibilitar a contraposição a fatos ou razões posteriormente trazidas aos autos, tem acolhido laudos apresentados por ocasião da interposição de recurso voluntário (Lei 9.532/97, art. 67), mediante a aplicação do princípio da verdade material." (AC CSRF/03-04.129, 3ª Turma, DOU 22.12.06).

"PIS. SUBSTITUIÇÃO TRIBUTÁRIA. MATÉRIA SOMENTE ALEGADA NO RECURSO. PRECLUSÃO E VERDADE MATERIAL. A matéria somente alegada no recurso não sofre preclusão, em sede de processo administrativo, quando efetivamente demonstrada a sua relevância, em função do princípio da verdade material, e apresentados documentos que permitam a apuração dos valores efetivamente devidos." (AC 201-80.222, 2º CC, 1ª Câmara, DOU 25.04.07).

"QUESTÃO PROCESSUAL. MOMENTO DA APRESENTAÇÃO DE PROVAS. PRECLUSÃO. PRINCÍPIOS DA LEGALIDADE E DA VERDADE MATERIAL – A apresentação de prova documental, após o decurso do prazo para a interposição de impugnação, pode ser admitida excepcionalmente, nos termos do art. 16, do Decreto 70.235/72, com redação dada pela Lei n. 9.532/97, a fim de que a decisão proferida se coadune com os princípios da legalidade e da verdade material." (CSRF/03-05.210. Processo n. 10814.008031/98-75).

tributário no processo. Entretanto, como já tivemos a oportunidade de afirmar, ampla defesa não equivale à defesa irrestrita. Ela é ampla apenas nos limites da lei. E tendo o legislador estabelecido de forma expressa regra de preclusão, enumerando, inclusive, as poucas hipóteses em que ela pode ser excepcionada, não cabe ao aplicador da lei ignorar o comando normativo, construindo interpretação totalmente dissociada do texto legal.

Não se nega que a finalidade primeira do processo administrativo é realizar um controle interno de legalidade do ato de constituição do crédito tributário. Entretanto, não se pode perder de vista que este procedimento está devidamente regulado pela lei, de sorte que não se pode legitimamente admitir o abandono dessas determinações. A existência de indícios, ainda que fortes, de ilegalidades na lavratura do lançamento não é suficiente para autorizar a autoridade julgadora a desconsiderar os limites impostos pela lei, sob pena de incorrer, igualmente, em ilicitudes. Ilegalidades não se compensam.

Por outro lado, não vislumbramos fundamentos jurídicos para considerar a presente norma inconstitucional. O legislador não anulou a ampla defesa, apenas estabeleceu limite para o seu exercício, o que se coaduna com outros valores igualmente prestigiados pelo sistema, como é o caso da segurança jurídica. Se, de uma parte, deve o Fisco instrumentalizar o controle de legalidade eficaz de seus próprios atos, de outra, deve pacificar os conflitos em tempo razoável e nos estritos termos da lei. Afinal, justiça tardia não é justiça. Eis os motivos pelos quais entendemos que esta corrente também não reflete o ordenamento jurídico pátrio.

Já o terceiro grupo afirma que a regra de preclusão em análise deve ser respeitada em sua inteireza, podendo ser excepcionada, todavia, também nos casos de apresentação de "prova robusta", ou seja, de provas que se destinem a demonstrar de forma direta e concludente a inexistência ou a extinção da obrigação tributária.

É o que defendem Maria Teresa Martínez Lopes e Marcela Cheffer Bianchini:

> Parece-nos, portanto, que a tendência das decisões da Câmara de Recursos Fiscais está na aplicação de critérios de pertinência e utilidade na aceitação da documentação apresentada, conforme explanações ao longo deste trabalho. Acertadas estão as decisões que, a depender da documentação juntada pelo contribuinte, posicionem-se alternativamente, ora no sentido de aplicarem literalidade da restrição do art. 16 do PAF, ora no sentido de caracterizarem a inocorrência de preclusão, adequando a situação como excepcionais e em conformidade com as exceções elencadas no dispositivo legal e, para tanto, deve existir uma prévia análise dos documentos juntados, mesmo que para recusar a documentação, em respeito a livre convicção do julgador na apreciação das provas, conforme determina o art. 29 do Decreto n. 70.235/72.[19]

Na nossa opinião esta construção não se sustenta pelos seus próprios termos. Ou se admite que a regra prescrita no § 4º do art. 16 do Decreto n. 70.235/72 (art. 57, § 4º, do Decreto n. 7.574/11), em toda sua extensão, é de observância cogente pelas autoridades julgadoras ou se defende que a limitação por ela imposta afronta garantias individuais dos sujeitos passivos, podendo, por conseguinte, ser afastada por inconstitucionalidade. Posicionamo-nos, entretanto, favoravelmente à primeira interpretação por entendermos que o legislador não está impedido de delimitar a produção de provas. Aliás, como já chamamos a atenção, ele deve fazê-lo, sob pena de comprometer a segurança jurídica. O que lhe é vedado é proibir a prova, estabelecer requisitos desarrazoados para a sua produção ou mesmo fixar prazo excessivamente exíguo que, em última análise, impossibilite a sua realização.

---

19. LOPES. Maria Teresa Martínez, BIANCHINI. Marcela Cheffer. Aspectos Polêmicos sobre o Momento de Apresentação da Prova no Processo Administrativo Fiscal Federal. In. NEDER. Marcos Vinicius; DE SANTI. Eurico Marcos Diniz; FERRAGUT. Maria Rita (Coords.). *A prova no processo tributário*. São Paulo: Dialética, 2010, p. 49.

Conclusão em sentido contrário enfrenta, ainda, o obstáculo processual prescrito no art. 26-A do Decreto n. 70.235/72, repetido pelo art. 59 do Decreto n. 7.574/11, o qual proíbe que o órgão de julgamento, no âmbito do processo administrativo fiscal, *afaste a aplicação ou deixe de observar tratado, acordo internacional, lei ou decreto, sob fundamento de inconstitucionalidade*. Por mais esta razão, não pode a autoridade julgadora, especialmente quando fundamentada no "peso" da prova, afastar a aplicação de regra que relaciona as únicas hipóteses em que ela pode ser produzida pelo sujeito passivo tributário após a apresentação da defesa.

Assim, tornar dispensável a observância do prazo de preclusão nas hipóteses de apresentação de prova robusta equivale, em última análise, a criar exceção não prevista no sistema. Mesmo que a finalidade desta solução interpretativa seja evitar imposições tributárias sem lastro fático e, consequentemente, indevidas demandas judiciais, acompanhadas da imputação de ônus de sucumbência ao Fisco, não foi esta a alternativa adotada pela lei, não podendo o aplicador ultrapassar o âmbito da sua competência, que é justamente atuar nos estritos termos da lei. Não se pode, por mera deliberação da autoridade julgadora, ainda que motivada pelo mais alto grau de justiça, transpor estes limites, sob pena de se ruir todo o sistema.

É justamente por conta dessas razões jurídicas que entendemos ser a quarta teoria a mais sustentável[20]. Em outras palavras, defendemos a aplicação plena e irrestrita do § 4º do art. 16 do Decreto n. 70.235/72. Cabe aqui, entretanto, um esclarecimento. Sustentar que a não apresentação da prova ("não nova") juntamente com a defesa implica preclusão do direito de o sujeito passivo tributário fazê-lo posteriormente não significa, todavia, impossibilidade de a mesma vir a ser apreciada pelo julgador.

---

20. No mesmo sentido: Acórdão n. 106-14.361/2004; Acórdão n. 301-31.106/2004; Acórdão n. 293-00.015/2008; Acórdão n. 201-81-255/2008; Acórdão n. 201-81.256/2008; Acórdão n. 201-81-455/2008; dentre outros.

A razão desta assertiva é singela, mas decisiva: a produção probatória no processo administrativo tributário compete concorrentemente às partes e ao juiz. Assim, mesmo na hipótese de a prova ser trazida aos autos quando já precluso o direito de o particular fazê-lo, o julgador pode e deve analisá-la, desde que o faça por iniciativa própria, dentro dos limites de sua atuação. Para isto basta que se trate de prova necessária. É o que veremos com mais vagar no item seguinte.

5. INICIATIVA PROBATÓRIA DA AUTORIDADE JULGADORA E SEUS LIMITES

O art. 29 do Decreto n. 70.235/72, prescreve que, na apreciação das provas, a autoridade julgadora *formará livremente sua convicção, podendo determinar as diligências que entender necessárias*. Este dispositivo foi regulamentado pelo art. 63, do Decreto n. 7.574/11, o qual determina que na realização de diligências ou de perícias, deverá ser *observado o disposto nos arts. 35 e 36*. Estes dois enunciados normativos, por sua vez, estabelecem o seguinte:

> Art. 35. A realização de diligências e de perícias **será determinada pela autoridade julgadora** de primeira instância, **de ofício ou a pedido do impugnante**, quando entendê-las **necessárias para a apreciação da matéria litigada**.
>
> Parágrafo único. O sujeito passivo deverá ser cientificado do resultado da realização de diligências e perícias, sempre que novos fatos ou documentos sejam trazidos ao processo, hipótese na qual deverá ser concedido prazo de trinta dias para manifestação.
>
> Art. 36. A **impugnação mencionará as diligências ou perícias que o sujeito passivo pretenda sejam efetuadas**, expostos os motivos que as justifiquem, com a formulação de quesitos referentes aos exames desejados, e, no caso de perícia, o nome, o endereço e a qualificação profissional de seu perito deverão constar da impugnação.
>
> § 1º Deferido o pedido de perícia, ou determinada de ofício sua realização, a autoridade designará servidor para, como

> perito da União, a ela proceder, e intimará o perito do sujeito passivo a realizar o exame requerido, cabendo a ambos apresentar os respectivos laudos em prazo que será fixado segundo o grau de complexidade dos trabalhos a serem executados.
>
> § 2º Indeferido o pedido de diligência ou de perícia, por terem sido **consideradas prescindíveis ou impraticáveis**, deverá o indeferimento, devidamente fundamentado, constar da decisão.
>
> § 3º Determinada, de ofício ou a pedido do impugnante, diligência ou perícia, é vedado à autoridade incumbida de sua realização escusar-se de cumpri-las.

Ainda quanto ao tema, prescreve o art. 29, do Decreto n. 7.574/11, que :

> Art. 29. Quando o interessado declarar que fatos e dados estão registrados em documentos existentes na própria administração responsável pelo processo ou em outro órgão administrativo, o órgão competente para a instrução proverá, de ofício, à obtenção dos documentos ou das respectivas cópias.

Dispondo o legislador de forma tão clara, não há espaço para dúvida: no processo administrativo tributário, a iniciativa probatória compete concorrentemente ao julgador e às partes, estando, todavia, em cada caso, sujeita a regime jurídico próprio.

Fixada esta premissa e já tendo enfrentado o tema da iniciativa probatória do sujeito passivo tributário, importa identificar os limites e os requisitos para a determinação da prova pelo julgador, bem como a natureza jurídica dessa decisão.

Pois bem. Analisando de forma cuidadosa os enunciados acima transcritos, verifica-se que dois foram os requisitos impostos pelo legislador para autorizar a realização de ofício de provas: (i) sua necessidade para a solução do litígio; e (ii) que elas tenham como objeto apenas matérias impugnadas pela parte. A identificação deste segundo requisito decorre do uso da expressão *"matéria litigada"* no art. 35, o que deixa evidente que a prova a ser produzida de ofício deve se referir exclusivamente aos pontos que estão sendo discutidos no processo ou às matérias de ordem pública[21]. Assim, se o sujeito passivo tributário não contesta determinada matéria na sua defesa, tanto ele como a autoridade julgadora não poderão fazê-lo em outro momento processual, exceção feita àquelas matérias que, por sua própria natureza, são conhecíveis a qualquer tempo, por serem de interesse público.

Apenas diante da presença simultânea dessas duas condições é que se legitima a determinação da prova pelo julgador. Por outro lado, ausente qualquer uma delas, ter-se-á abuso de poder, arbítrio.

Neste ponto é necessário esclarecer que, mais do que mera autorização, a presente regra representa um dever imposto à autoridade julgadora. Com efeito, sendo a atuação do juiz no processo administrativo tributário marcada pelos princípios da legalidade, da oficialidade e da busca da verdade material, e tendo em vista que a prova somente pode ser determinada de

---

21. "(...) DEFINITIVIDADE. PRECLUSÃO. São definitivas as decisões de primeira instância na parte que não for objeto de recurso voluntário ou não estiver sujeita ao recurso de ofício. A teor dos arts. 16 e 17 do PAF, opera-se a preclusão em relação as matérias não deduzidas na impugnação, que delimita a postulação recursal". (AC 1803-00.062, 3ª Turma Especial da Primeira Seção de Julgamento do extinto Conselho de Contribuintes, Data da Sessão: 27.05.09).
No voto, o relator destacou o seguinte: "Por outro turno, por se tratar de matéria de interesse público, passível de conhecimento inclusive de ofício, analisaremos a procedência da alegação em relação à decadência do período".
No mesmo sentido: "MATÉRIA PRECLUSA. Questões não provocadas a debate em primeira instância, quando se instaura a fase litigiosa do procedimento administrativo, com a apresentação da petição impugnativa inicial, e somente vêm a ser demandadas na petição de recurso, constituem matérias preclusas das quais não se toma conhecimento, por afrontar o princípio do duplo grau de jurisdição a que está submetido o Processo Administrativo Fiscal". (AC 1301-00.158, 1ª Turma Ordinária da 3ª Câmara da 1ª Seção do CARF, DOU 06.10.09).

ofício quando for necessária para a apreciação da matéria litigada, conclui-se que nos casos em que o julgador se depara com situação que demanda (i) esclarecimentos técnicos específicos para sua solução ou (ii) o carreamento ao processo de mais elementos para a formação da sua convicção, não terá outra alternativa senão determinar a produção de prova. Afinal, prova necessária é aquela sem a qual não se alcança um julgamento satisfatório.

Assim, afasta-se de plano a ideia de que a decisão que determina a realização de provas de ofício é discricionária. Sua natureza jurídica é de ato vinculado, devendo guardar plena aderência aos comandos legais.

Portanto, nos casos de apresentação de documentos ou mesmo de requisição de perícias ou diligências após o protocolo da defesa, a autoridade julgadora, na análise da sua procedência, deverá enfrentar duas questões: (i) trata-se de situação que se enquadra nas exceções previstas no § 4º do art. 16 do Decreto n. 70.235/72 (art. 57, § 4º, do Decreto n. 7.574/11)?; ou (ii) trata-se de hipótese que autoriza o órgão julgador a determinar a sua realização de ofício?

Sendo positiva a resposta a qualquer uma destas perguntas, o que se terá é o enquadramento da situação apresentada pela parte em uma das hipóteses legais que autorizam a realização de provas após a impugnação, razão pela qual deve ser, necessariamente, determinada a sua produção. A diferença fundamental entre elas é que, enquanto a primeira permanece na esfera de iniciativa da parte, a segunda recai sobre o campo de atuação da própria autoridade julgadora.

De outra parte, se as respostas às duas indagações acima relacionadas forem negativas, deve ser indeferida ou não determinada a sua produção. Afinal, reafirme-se, apenas a prova que se enquadre nas situações relacionadas nos incisos do § 4º, do art. 16, do Decreto n. 70.235/72, ou que seja necessária para o deslinde da controvérsia (art. 29, do Decreto n. 70.235/72 c/c art. 35, *caput*, do Decreto n. 7.574/11) poderá ser realizada após a impugnação.

Não se nega, todavia, que quanto mais vagos e ambíguos sejam os conceitos usados pelo legislador para a delimitação de uma competência, tanto maior será a dificuldade na identificação do preenchimento desses requisitos no caso concreto. Neste contexto, entendemos que a análise da legalidade das decisões que determinam a produção da prova trazida aos autos após a defesa e que não se enquadra no conceito de prova nova, resume-se à própria definição do significado de *necessidade*, bem como à verificação do enquadramento da prova concretamente apresentada ao seu conceito, não demandando quaisquer outros questionamentos.

Em outras palavras, o desafio é verificar se a prova trazida ao conhecimento do órgão julgador intempestivamente (sob a perspectiva do sujeito passivo tributário) é decisiva para determinar o tratamento jurídico a ser dado ao caso submetido à sua análise.

O que não se pode admitir, sob qualquer argumento, é a mistura de regimes jurídicos diversos, como ocorre, por exemplo, na decisão que admite a produção de provas não novas pelo sujeito passivo após a defesa, sob o fundamento de flexibilização da regra de preclusão do art. 16, § 4º, do Decreto n. 70.235/72, com base na aplicação do princípio da busca da verdade material. Essa falta de coerência na análise do direito positivo fica ainda mais notória quando se defende que as exceções à regra de preclusão do impugnante são taxativas.

Ademais disso, não se pode perder de vista que as decisões relativas à prova são sempre vinculadas. A despeito de a liberdade de atuação do juiz administrativo, especialmente no que diz respeito à iniciativa probatória, ser sobremaneira mais ampla do que no processo judicial, não é possível afirmar que ela seja marcada pela discricionariedade. Do contrário as decisões não teriam que ser fundamentadas ou passíveis de controle de legalidade por órgão superior.

Daí porque julgamos frágil a afirmação de que, a depender do tipo e da força da prova, pode o juiz afastar a aplicação do art. 16, § 4º, do Decreto n. 70.235/72. Não se pode outorgar a essas circunstâncias acidentais, as quais, destaque-se, não foram contempladas pela lei, a capacidade de subverter a natureza da decisão que determina a produção ou análise da prova, transmudando-a de ato vinculado para discricionário. Afinal, nos termos do Código Tributário Nacional, os procedimentos de fiscalização, constituição e cobrança do crédito tributário são, todos eles, marcados pela vinculação. Assim, a autoridade administrativa tem o dever de realizar cada um deles atendendo a todos os elementos estabelecidos pelas normas que os regulam especificamente, sem qualquer liberdade, o que inclui a observância das regras de preclusão.

É também por força desses enunciados que não é permitido ao Fisco exercer um juízo de conveniência ou oportunidade a respeito da realização da prova. Pelo contrário, está obrigado a determiná-la de ofício, com ou sem a prévia provocação da parte, sempre que a situação concreta se subsumir à hipótese descrita abstratamente no art. 63 do Decreto n. 70.235/72 c/c o art. 35 do Decreto n. 7.574/11.

Assim, caso a parte apresente, após a impugnação, uma guia de pagamento de tributo, as microfilmagens de cheques demonstrando a efetiva compra de mercadorias, um demonstrativo de compensação etc., não há dúvidas de que essas provas devem ser apreciadas na medida em que elas são, inquestionavelmente, necessárias para a apreciação da matéria litigada, mesmo que não se tratem de provas novas. Noutras situações, dada a complexidade do caso concreto, a resposta não será tão imediata, demandando maior esforço do aplicador na análise da sua efetiva necessidade para a decisão. O que não se justifica é defender que a simples circunstância de a parte juntar provas ao processo seja suficiente para anular a iniciativa probatória do juiz.

A preclusão do direito de o particular requerer a produção de uma prova necessária não impede o exercício dos poderes probatórios pelo juiz. Não há qualquer regra que estenda os efeitos da perda de competência de um sujeito ao outro. Nenhuma norma indica que tenha o legislador pretendido inibir a iniciativa probatória oficial em razão da perda do direto da parte de produzi-la. Dito de outra forma, se o juiz pode, *sponte propria*, determinar a produção de provas necessárias, não há razão jurídica para entender que o mesmo, diante da simples provocação da parte, perca o direito de fazê-lo.

Como já chamamos a atenção, se por um lado é certo que a regra preclusiva do direito do sujeito passivo não pode ser afastada por princípios que delimitam o âmbito da competência do juiz, por outro, é igualmente certo que ela não se presta a limitar a iniciativa probatória do órgão julgador, especialmente num contexto marcado pela oficialidade e pela busca da verdade material.

Com efeito, a preclusão relaciona-se ao impulso processual. Ocorre que no processo administrativo tributário, o impulso compete não apenas às partes, mas também à autoridade julgadora. Portanto, tendo o legislador se referido apenas ao *impugnante* no § 4º do art. 16 do Decreto n. 70.235/72, não se pode defender a aplicação extensiva desta regra de preclusão ao juiz.

Tecidos esses comentários, o que se constata, portanto, é verdadeira confusão doutrinária e jurisprudencial em torno da norma que se deve aplicar ao caso concreto para autorizar a produção da prova. Isso se verifica, principalmente, por conta de a maioria dos intérpretes não levarem em conta a existência destas duas fontes de iniciativa probatória no processo administrativo: juiz e partes.

A presente conclusão pode causar, a princípio, certa perplexidade, mas esta persiste apenas se nos mantivermos apegados às normas que regulam o andamento do processo judicial, o qual opera com uma lógica própria, na qual o juiz, como regra, está pode atuar na produção de provas.

Tecidos esses comentários, surge o contexto para indagar: qual seria a justificativa jurídica para prescrever preclusão desta natureza para a parte se o órgão julgador pode, a qualquer momento, suplantá-la, determinando ele próprio a produção da prova? Estabelecer norma diretiva de estímulo para o particular apresentar as provas desde o primeiro momento em que se pronuncia no processo, de sorte a deixá-lo pronto para julgamento da forma mais célere possível. Afinal, se não apresentar a prova no momento processual identificado pela lei corre o risco de a autoridade julgadora entender não se tratar de prova necessária e, por conta disso, não vir a apreciá-la. Com isso, alcança-se ainda o princípio da eficiência administrativa, igualmente prestigiado pelo art. 2º da Lei n. 9.784/99.

6. CONCLUSÕES

A regra de preclusão do direito de o impugnante produzir provas no processo administrativo tributário, prescrita no art. 16, § 4º, do Decreto n. 70.235/72, é cogente, de aplicação obrigatória, apenas podendo ser excepcionada nas hipóteses relacionadas neste mesmo dispositivo legal.

Isso não significa, todavia, impossibilidade de a prova vir a ser apreciada pelo julgador, mesmo quando apresentada após a impugnação.

A razão desta assertiva é singela, mas decisiva: a produção probatória no processo administrativo tributário compete concorrentemente às partes e ao juiz. Assim, mesmo na hipótese de a prova ser trazida aos autos quando já precluso o direito de o particular fazê-lo, o julgador pode e deve analisá-la, desde que se trate de prova necessária para a apreciação da matéria litigada. Afinal, diferentemente do que se verifica em relação ao impugnante, o legislador não estabeleceu limite temporal para a iniciativa probatória da autoridade julgadora.

É importante que se perceba que não estamos aqui propondo interpretação jurídica nova. Com efeito, analisando a jurisprudência dos tribunais administrativos o que se verifica é a aplicação deste tratamento à maioria dos casos análogos ao exposto[22], só que, em nossa opinião, sob fundamento jurídico equivocado. O objetivo do presente trabalho se resume, portanto, a chamar a atenção para a circunstância de que, diante de prova necessária apresentada após a defesa, o órgão julgador, para apreciá-la, não precisa flexibilizar qualquer regra de preclusão ou construir regra nova dissociada do texto legal. Pelo contrário, apenas deve aplicar corretamente os preceitos legais expressos que concomitantemente regulam a matéria, determinando de ofício a sua produção.

Assim, o que se propõe aqui é apenas a sistematização do estudo da prova no processo administrativo, de forma a imprimir maior tecnicidade aos julgados sobre a matéria, evitando, por conseguinte, decisões contraditórias e sem fundamentação legal.

---

22. " (...) De antemão, é mister assinalar que este julgador apreciará livremente a matéria e a prova, atendendo aos fatos e circunstâncias constantes dos autos, ainda que não alegados pelas partes, indicando na sentença os motivos que lhe formaram o convencimento (inteligência do art. 131 da Lei 5.869/73), adotando dentre outros, os princípios da legalidade, da finalidade, da razoabilidade, da segurança jurídica e da verdade material". (ACÓRDÃO CSRF/03-04.129, 3ª Turma, DOU 22.12.06). No mesmo sentido: Acórdão 108-09.655/2008; Acórdão 303-39.947/2008; Acórdão 303-34.308/2007.

A NOVA LEI PROCESSUAL ADMINISTRATIVA TRIBUTÁRIA PAULISTA E A INFLUÊNCIA DOS EFEITOS DA DECLARAÇÃO DE INCONSTITUCIONALIDADE DE LEI OU ATO NORMATIVO PELO STF NOS PROCESSOS ADMINISTRATIVOS EM CURSO

GERMAN ALEJANDRO SAN MARTÍN FERNÁNDEZ
Mestre e doutorando em Direito do Estado (Direito Tributário) pela PUC/SP; Juiz do Tribunal de Impostos e Taxas da Secretaria da Fazenda do Estado de São Paulo; Conselheiro do CARF; professor do curso de pós-graduação em Direito Tributário Empresarial da FAAP e professor convidado dos cursos de pós-graduação em Direito Tributário da EPD (Escola Paulista de Direito), Associação Paulista de Estudos Tributários (APET), Faculdade de Direito de São Bernardo do Campo e FGV Law; Advogado em São Paulo.

> "Nem ao homem mais imparcial do mundo é permitido que se torne juiz em seu próprio caso."
> (Pascal, 1662)

1. INTRODUÇÃO

A edição da nova lei paulista reguladora do processo administrativo tributário (Lei n. 13.457/2009), ainda durante seu processo de formação, foi alvo de uma série de críticas por parte da doutrina e da sociedade civil. Tais críticas se deram, em maior parte, pela inserção do artigo 28[1], que expressamente cumpre função limitativa do exercício da função administrativa judicante[2], ao não permitir aos órgãos de julgamento, inclusive o Tribunal de Impostos e Taxas do Estado de São Paulo (TIT), afastar ou deixar de aplicar lei, por entendê-la incompatível com a Constituição Federal.

O novo processo administrativo tributário paulista apenas seguiu tendência já adotada pelo Conselho de Contribuintes do Ministério da Fazenda, atual Conselho Administrativo de Recursos Fiscais (CARF), de restringir a competência dos órgãos responsáveis pelo controle do lançamento tributário, quando muito, à legalidade.[3]

---

1. Artigo 28 – No julgamento é vedado afastar a aplicação de lei sob alegação de inconstitucionalidade, ressalvadas as hipóteses em que a inconstitucionalidade tenha sido proclamada:
I – em ação direta de inconstitucionalidade;
II – por decisão definitiva do Supremo Tribunal Federal, em via incidental, desde que o Senado Federal tenha suspendido a execução do ato normativo.

2. Com a devida vênia daqueles que adotam entendimento em sentido contrário, sou da opinião de que não há se falar em "jurisdição administrativa", diante da ausência do atributo da definitividade de suas decisões, e da garantia de acesso amplo e irrestrito ao Poder Judiciário, garantido aos contribuintes vencidos na seara administrativa. A definitividade das decisões contrárias à Fazenda Pública, decorre apenas do reconhecimento *interna corporis* pela própria Administração, da ilegalidade de seus atos e não de eventual atributo jurisdicional dados às suas decisões. Daí a utilização do termo "atividade judicante" em substituição a "jurisdição administrativa".

3. Os antigos Conselhos de Contribuintes do Ministério da Fazenda, atual CARF (Conselho Administrativo de Recursos Fiscais) não analisam os feitos postos à apreciação sob o prisma da constitucionalidade, diante de vedação regimental expressa, súmula do 1º CC de n. 2, DOU 26, 27 e 28/06/2006, e mais recentemente por força da limitação legal imposta pela Lei n. 11.941/2009, que inseriu o artigo 26-A ao Decreto n. 70.235/72, assim redigido: *"No âmbito do processo administrativo fiscal, fica vedado aos órgãos de julgamento afastar a aplicação ou deixar de observar tratado, acordo internacional, lei ou decreto, sob fundamento de inconstitucionalidade."*
Nesse sentido, inúmeras decisões dos Conselhos, com redação semelhante à ementa a seguir:

CONTENCIOSO ADMINISTRATIVO TRIBUTÁRIO

Entretanto, esse assunto, que já parecia aparentemente pacificado na doutrina novamente veio à tona, mediante a introdução desta limitação legal imposta ao TIT em exercer administrativa e incidentalmente o controle de legalidade e constitucionalidade do lançamento tributário. Historicamente, o TIT havia formado entendimento no sentido de que a apreciação de matéria constitucional era possível. Esse entendimento se faz presente em inúmeros acórdãos, tendo sido estabilizado na Questão de Ordem n. 9, assim enunciada: *"O Egrégio Tribunal de Impostos e Taxas por qualquer de suas Câmaras é competente para deixar de aplicar lei inconstitucional ou decreto ilegal em casos concretos."*

Este ensaio tem a pretensão de, em breves considerações, abordar a função judicante do TIT, agora sob a rédea imposta pela nova lei processual bandeirante. Busca observar as peculiaridades que envolvem a atividade de controle do lançamento tributário de imposto (ICMS) por demais "constitucionalizado" e responsável por mais de 90% dos processos lá julgados, mormente no tocante à rígida disciplina para sua instituição e exigência, claramente limitativa do exercício da competência tributária por parte dos Estados e demais atores envolvidos em seu processo de crescente concretização ou positivação.

Ademais, a restrição imposta para que se afaste lei inconstitucional apenas quando existir uma Ação Direta de Inconstitucionalidade ou Resolução do Senado Federal a respeito, editada com fulcro no inciso X, do artigo 52 da CF/88, já nasce envelhecida, por força da atual e irreversível tendência do Supremo Tribunal Federal em expandir os efeitos da declaração de constitucionalidade, inclusive quando esta se dá em sede de controle difuso de constitucionalidade.

"1º Conselho de Contribuintes/6a. Câmara/Acórdão n. 106-17.101 em 08.10.2008. LEGISLAÇÃO TRIBUTÁRIA. EXAME DA LEGALIDADE/CONSTITUCIONALIDADE Não compete à autoridade administrativa de qualquer instância o exame da legalidade/constitucionalidade da legislação tributária, tarefa exclusiva do poder judiciário."

2. O NOVO PROCESSO TRIBUTÁRIO PAULISTA E O ARTIGO 28 DA LEI N. 13.457/2009

Não é de se desprezar qualquer esforço legislativo que tenha por objetivo tornar mais célere o processo tributário administrativo[4]. Isso porque não há a mínima discordância entre administração e administrados a respeito da necessidade de pronta e imediata resposta do Estado às demandas postas à apreciação dos órgãos julgadores administrativos. A demora excessiva somente beneficia os maus contribuintes, prejudica a obtenção de receitas derivadas do Estado e a pronta eliminação de créditos tributários constituídos sem o devido respeito à legislação vigente.[5]

A morosidade excessiva no trâmite processual administrativo tem origem, dentre outras razões, na adoção de modelo inicial trazido dos processos postos sob a apreciação de órgãos estatais de exclusiva atribuição judicante, repletos de ritualidades e simbologias próprias herdadas do atual sistema processual judicial.

Mesmo com a adoção histórica, no processo administrativo tributário, da informalidade ou do formalismo moderado, a

---

[4]. O projeto de lei de iniciativa do Poder Executivo (Projeto de Lei n. 692, de 2008), que deu origem à Lei n. 13.457/2009, em sua justificativa, expressa os motivos para a sua edição: *"tornar mais célere o julgamento dos processos administrativos submetidos ao Tribunal de Impostos e Taxas, sem prejuízo da qualidade da prestação jurisdicional e da observância dos princípios constitucionais do devido processo legal, do contraditório e da ampla defesa"*.

[5]. Eduardo Domingos Bottallo assinala a relação entre a nova legislação e a recente reforma do Judiciário, patrocinada pela EC n. 42/2003: "O propósito é louvável e merece apoio de toda a comunidade jurídica. Ademais guarda passo com o princípio da celeridade processual que a Emenda Constitucional n. 45/2004 inseriu no rol dos direitos e garantias fundamentais: 'a todos, no âmbito judicial e administrativo, são assegurados a razoável duração do processo e os meios garantam a celeridade de sua tramitação'." (BOTTALLO, Eduardo Domingos. Notas e reflexões sobre o novo processo administrativo tributário no Estado de São Paulo (Lei n. 13.457/2009). *In:* **Estudos em homenagem a José Eduardo Monteiro de Barros – Direito Tributário**. São Paulo: MP Editora, 2010, p. 204).

herança ritualística proveniente de tribunais e demais órgãos estatais exclusivamente judicantes, aliada à constante e legítima preocupação com eventuais violações à ampla defesa e ao contraditório, trouxe uma série de vícios ao processo administrativo fiscal, na adoção de rituais nem sempre compatíveis com pronto atendimento ao interesse público pretendido com a solução imediata das lides fiscais.[6-7]

É de lembrar que mesmo a legislação processual civil, historicamente submetida ao formalismo dos atos processuais, tem caminhado no sentido da simplificação, celeridade, efetividade, instrumentalidade e não submissão a formalismos desnecessários, muitas vezes, impeditivos à realização do direito constitucional (fundamental) do livre acesso à jurisdição e à adequada tutela jurisdicional.

Entretanto, sob o foco específico do processo administrativo tributário, nem sempre essa busca muitas vezes bem intencionada do legislador tem proporcionado a necessária e equilibrada equação entre a celeridade, interesse público e garantia aos direitos fundamentais. Isso porque, na busca de por fim ao litígio fiscal o mais rápido possível, em atitude por vezes apenas movida pela satisfação de interesses secundários da Administração, são desprezados cânones constitucionais informadores da atividade processual administrativa e da própria atividade administrativa, dentre os quais se encontra a necessária observância e prevalência das disposições constitucionais sobre as demais normas integrantes do sistema jurídico.

---

6. "A dinâmica da administração pública não está sujeita a formalidades rígidas ou a obediência a formas sacramentais, pois a natureza da ação administrativa exige que a aplicação da lei se faça da forma mais expedita possível." (SEIXAS FILHO, Aurélio Pitanga. Princípios fundamentais do direito administrativo tributário (a função fiscal). Rio de Janeiro: Forense, 2001, p. 46).

7. Essa simbiose entre o processo administrativo fiscal e o processo civil, pode ser historicamente constatada mediante a leitura do Anteprojeto de Lei Orgânica do Processo Tributário, de autoria do saudoso Gilberto Ulhoa Canto, no qual há a supressão da 1ª instância judicial e da competência originária do extinto TFR para a apreciação de ação anulatória das decisões administrativas em matéria tributária.

Nessa linha de raciocínio, a nova lei processual paulista merece elogios, por ter contribuído para dar maior celeridade ao processo administrativo, ao designar juízes exclusivos para compor a Câmara Superior e diminuir os prazos de relatórios e pedidos de vista, instituindo sanções pela inobservância desses dispositivos. Entretanto, a limitação imposta pelo artigo 28 e incisos, ao apenas permitir afastar lei declarada inconstitucional na presença de decisão definitiva em sede de Ação Direta de Inconstitucionalidade (ADI) ou pela suspensão da execução de dispositivo de lei a que se refere o artigo 52, inciso X, da CF/88, representa, em nosso sentir, flagrante retrocesso.

A justificativa para a adoção dessa postura, entre outras razões, é decorrência do efeito impeditivo de tais disposições, no controle de validade do lançamento, em alguns assuntos de grande relevância, nos quais a apreciação do caso concreto passa, necessariamente, pelo crivo de constitucionalidade da lei reguladora da matéria. Em tais situações, é impossível ao julgador tributário aplicar a lei ao caso concreto sem antes fazer um juízo a respeito da compatibilidade vertical da norma ou normas regentes do caso posto à apreciação. A limitação recém-imposta poderá, por essas e por outras razões, resultar em evidente prejuízo à qualidade da atividade judicante deste órgão, em especial na análise e julgamento de causas que envolvam questões relativas ao ICMS, imposto responsável por mais de 90% das demandas que correm no TIT/SP e submetido à exaustiva disciplina dada pela Constituição Federal.

3. A VEDAÇÃO IMPOSTA NA LEI PAULISTA AO JULGADOR ADMINISTRATIVO EM AFASTAR A APLICAÇÃO DE LEI SOB A ALEGAÇÃO DE INCONSTITUCIONALIDADE

Nos seus 75 anos de existência[8], o Tribunal de Impostos e Taxas da Secretaria da Fazenda do Estado de São Paulo (TIT)

---

8. O TIT foi criado em 05 de junho de 1935 pelo Decreto n. 7.184, do Governador do Estado de São Paulo, Armando de Salles Oliveira.

tem contribuído para aperfeiçoar a interpretação dos temas mais polêmicos do direito tributário. O trato dado ao ICMS e demais assuntos relacionados à sua atividade judicante, tais como as próprias normas e princípios que regem o processo administrativo e o lançamento tributário, foi e continua sendo importante fonte de consulta para os operadores do direito.

Com esse debate prévio na esfera administrativa, no qual imperam o contraditório e a ampla defesa, mesmo as matérias mais controvertidas podem ser desenvolvidas antes de serem postas à apreciação do Poder Judiciário. Os argumentos contrários e favoráveis às teses postas à apreciação do TIT são, na grande maioria dos casos, debatidos à exaustão, mediante a oposição de várias correntes de pensamento, de sorte a trazer as informações necessárias para que o exercício da jurisdição propriamente dita chegue o mais próximo da tão almejada justiça fiscal.

Historicamente, esse caminho de distribuição de justiça tributária na esfera administrativa se deu sem limitações de qualquer ordem, submetendo-se apenas aos ritos próprios e sempre necessários para o bom desenvolvimento do processo, nos termos das leis regentes.

O debate que surgiu e culminou na edição da Questão de Ordem n. 9, bem ilustrou as variadas correntes doutrinárias responsáveis pela adoção de entendimentos ora pela permissão, ora pela vedação da apreciação de matéria constitucional em sede de processos administrativos tributários.

O posicionamento vencedor, baseado nas razões apresentadas pelo Juiz Adermir Ramos da Silva e enriquecido pelos votos dos Juízes Djalma Bittar, Rafael Moraes Latorre, Luiz Fernando de Carvalho Acácio e José Manuel da Silva, entendeu que no exercício da competência "jurisdicional"[9] que lhe foi outorgada:

---

9. Uma das premissas adotadas pelo Juiz Adermir Ramos da Silva em seu voto vencedor foi a da natureza jurisdicional da função atribuída pela lei ao TIT: "Todavia a perspectiva sob a qual avoco o assunto impõe um descortinar do

CONTENCIOSO ADMINISTRATIVO TRIBUTÁRIO

> *o Egrégio Tribunal de Impostos e Taxas faz valer a vontade da lei, (...) sem qualquer limitação: (...) já que atento ao direito positivo no topo do qual paira a Constituição. (...). Por isso: (...) Deve preferencialmente observá-la.*[10]

Pela linha de raciocínio adotada, não há declaração de inconstitucionalidade em abstrato de lei ou ato normativo, na hipótese de o julgador administrativo se deparar com claro e incontornável conflito vertical entre normas no caso concreto e cuja solução se torna obstáculo instransponível para a entrega de justiça fiscal. Tratar-se-ia, apenas, de prerrogativa dada aos órgãos judicantes administrativos de reconhecer, pura e simplesmente, a inoperância do preceito legal ou a sua inaplicabilidade àquele caso em especial, por inconstitucional.[11]-[12]

---

tema de maneira a sobressair, estreme de dúvida, a natureza jurídica da função exercida pelo Tribunal de Impostos e Taxas. E essa função, induvidosamente, é a jurisdicional. Não se permite espanto a respeito dessa afirmação, por ser o E. Tribunal de Impostos e Taxas, órgãos do Executivo. De fato o Executivo exerce função jurisdicional, pois é ela um complemento natural da função administrativa (Bielsa_Derecho Administrativo – Buenos Aires – 6ª ed., La Ley, 1996, v. 55, pág. 122)." Ementário do TIT 1996, Secretaria de Estado dos Negócios da Fazenda, sem editora, p. 400: Com a devida vênia daqueles que adotam entendimento em sentido contrário, entendo que não há se falar em jurisdição administrativa, diante da ausência do atributo da definitividade de suas decisões, e da garantia de acesso amplo e irrestrito ao Poder Judiciário, garantido aos contribuintes vencidos na seara administrativa. A definitividade das decisões contrárias à Fazenda Pública decorre apenas do reconhecimento *interna corporis* pela própria Administração, da ilegalidade de seus atos e não de eventual atributo jurisdicional dados às suas decisões.

10. Ementário do TIT 1996, p. 404.

11. Nas palavras de Gilberto Ulhoa Canto, reproduzidas pelo Juiz Adermir Ramos da Silva: "Negar aos tribunais administrativos a possibilidade do exercício pleno da jurisdição é o mesmo que admitir estarem eles acima da Lei Maior, à qual não deveriam subordinar-se, ou como disse Ulhoa Canto, se não pudessem os órgãos administrativos apreciar a constitucionalidade das normas regulamentares ou mesmo legais, o processo cognitivo desses órgãos seria limitado; 'a competência deles, em termos intelectuais, é de subir só até o terceiro andar, quando o que está verdadeiramente governado tudo é o que está no quinto andar; então isso não é fazer justiça'". Ementário do TIT 1996, p. 404/405.

12. "(...) os órgãos administrativos podem e têm mesmo o dever de não aplicar a lei, ou regulamento, que entendam e julguem inconstitucional. O fato de

CONTENCIOSO ADMINISTRATIVO TRIBUTÁRIO

Desde então, não mais se discutiu a possibilidade de análise de matéria constitucional pelo TIT, até a publicação da nova lei paulista, cujo projeto previa, em sua redação original, além da impossibilidade de afastamento de lei ou ato normativo por inconstitucional, o impedimento quanto à apreciação de sua legalidade! Vale dizer, o juízo prévio de validade a ser feito pelo intérprete aplicador da lei em sede de controle de legalidade do lançamento ficaria adstrito, quando muito, à análise das provas que acompanham a materialidade da infração ou a exigência do crédito tributário, sem qualquer possibilidade de realizar o juízo de validade vertical das normas abstratas disciplinadoras da qualificação jurídica dada aos fatos pela autoridade lançadora.

Felizmente, a redação final da lei paulista restringiu apenas parcialmente a atividade judicante, ao suprimir a limitação dirigida ao julgador administrativo relativa ao controle de legalidade. Outrossim, manteve a vedação relativa à constitucionalidade, nos moldes da restrição existente no processo administrativo tributário no âmbito federal e municipal paulistano.[13]

Não é de se desprezar o entendimento daqueles que, com judiciosas razões dotadas de coerência e razoabilidade, defendem a legitimidade das normas limitativas do exercício da

---

deixarem de aplicar a lei e o regulamento por entendê-lo inconstitucional, como atividade jurídica, não é, porém, definitivo e suscetível de revisão do Poder Judiciário, o qual tem a competência específica e conclusiva do controle jurisdicional. (...) Porém, aquele investido da função de julgar não a pode exercer sem levar em conta a Lei Magna, para conduzir o processo de interpretação e chegar a uma solução coerente dentro do quadro constitucional, ou mesmo deixar de aplicar a medida, se manifestamente inconstitucional. (...) Os órgãos judicantes fiscais, como qualquer hermeneuta, no momento da interpretação, podem e têm o dever de examinar e estudar a lei e o regulamento em confronto com o texto constitucional, pois os princípios tributários constitucionais condicionam a interpretação da legislação ordinária, de tal forma que, muitas vezes, o sentido do texto legislativo ou regulamentar, só é completo, só é possível, com a conjugação com o preceito constitucional". NOGUEIRA, Ruy Barbosa. Da Interpretação e da Aplicação das Leis Tributárias. São Paulo: Editora RT, 1965, p. 32.

13. Artigo 50, inciso I, da Lei Municipal n. 14.107/2005.

competência dos órgãos judicantes administrativos, apenas à legalidade, pois por esse entendimento:

> *deixar de aplicar lei vigente, ainda não desqualificada pelo órgão competente, significa exorbitar das relevantes funções atribuídas aos integrantes da estrutura reservada ao processo administrativo tributário, que passariam impropriamente a controlar a legitimidade dos atos expedidos pelo Poder Legislativo, enquanto que a nobre missão que lhe reserva o ordenamento é restrita para controlar os atos da própria administração tributária.*[14]

Diante dessa constatação, não mais se discute que, em caso de superveniência de declaração de inconstitucionalidade pelo Supremo Tribunal Federal em sede de controle abstrato em ADI (Ação Direta de Inconstitucionalidade) dotada de efeito *erga omnes* e força vinculante, ou em caso de suspensão da execução de lei ou dispositivo de lei, por ocasião da edição de Resolução pelo Senado Federal, com fulcro no inciso X, do artigo 52 da CF/88, os órgãos administrativos não só podem, mas devem deixar de aplicar a lei:

> *para dar efetividade à garantia constitucional que assegura a celeridade na solução de conflitos, apressando-se na desconstituição de pretensa relação jurídica mediante desoneração do administrado de encargo já reconhecido como indevido (inconstitucionalidade), tudo em homenagem aos preceitos da moralidade, segurança jurídica, interesse público e eficiência, que devem nortear os atos da Administração Pública.*[15]

---

14. MINATEL, José Antonio. Procedimento e processo administrativo tributário: dupla função administrativa, com diferentes regimes jurídicos. In: ROCHA, Sérgio André (Coord.). Processo Administrativo Tributário – Estudos em Homenagem ao Professor Aurélio Pitanga Seixas Filho. São Paulo: Quartier Latin, 2007, p. 330.

15. MINATEL, José Antonio. Procedimento e processo administrativo tributário: dupla função administrativa, com diferentes regimes jurídicos. *In:* ROCHA, Sérgio André (Coord.). Processo Administrativo Tributário – Estudos em Homenagem ao Professor Aurélio Pitanga Seixas Filho. São Paulo: Quartier Latin, 2007, p. 330/331.

Por isso, os incisos I e II, do artigo 28, da Lei Paulista n.º 13.457/2009, ressalvam expressamente a possibilidade de afastamento de lei inconstitucional, desde que o vício já tenha sido constatado previamente em Ação Direta de Inconstitucionalidade ou por decisão definitiva do Supremo Tribunal Federal, em via incidental, apenas na hipótese de o Senado Federal ter decretado a suspensão da execução do ato normativo invalidado.

Isso não impede, todavia, que o artigo em comento seja interpretado de modo a prestigiar os princípios constitucionais que norteiam a atividade tributária. Qualquer outra interpretação, apegada apenas à literalidade de suas disposições ou até mesmo amesquinhadora de direitos e garantias fundamentais, não encontrará guarida.

Entretanto, a singela redação dada ao artigo 28 e incisos incita uma série de questões que com toda certeza irão assombrar o espírito dos julgadores tributários paulistas, até porque inúmeras são as dúvidas a respeito dos efeitos da declaração de inconstitucionalidade em ambas as situações e da jurisprudência ainda não consolidada e em constante evolução da Suprema Corte a respeito do tema.

4. DA PERMISSÃO DE AFASTAMENTO NA APLICAÇÃO DE LEI NA HIPÓTESE DE DECLARAÇÃO DE INCONSTITUCIONALIDADE EM SEDE DE ADI

O artigo 102 da Constituição Federal atribui ao Supremo Tribunal Federal a função precípua de guardião da CF/88[16]-[17]. A

---

16. "Art. 102. Compete ao Supremo Tribunal Federal, precipuamente, a guarda da Constituição, cabendo-lhe:

I – processar e julgar, originariamente:

a) a ação direta de inconstitucionalidade de lei ou ato normativo federal ou estadual e a ação declaratória de constitucionalidade de lei ou ato normativo federal; (Redação dada pela Emenda Constitucional n. 3, de 1993) (...)".

17. "A DEFESA DA CONSTITUIÇÃO DA REPÚBLICA REPRESENTA O ENCARGO MAIS RELEVANTE DO SUPREMO TRIBUNAL FEDERAL. O

própria Constituição diz quem deve ser o seu defensor. Entretanto, essa atribuição não é exclusiva do STF: em verdade, representa a adoção pelo ordenamento constitucional brasileiro do sistema jurisdicional misto de controle de constitucionalidade. Pela disciplina constitucional adotada, a defesa da Constituição não se dá única e exclusivamente por meio das decisões emanadas pelo STF, mas também por todo aquele investido de jurisdição, cujo dever é proteger a Constituição de qualquer tentativa de violação ou amesquinhamento de seus enunciados.[18]-[19]

Supremo Tribunal Federal – que é o guardião da Constituição, por expressa delegação do Poder Constituinte – não pode renunciar ao exercício desse encargo, pois, se a Suprema Corte falhar no desempenho da gravíssima atribuição que lhe foi outorgada, a integridade do sistema político, a proteção das liberdades públicas, a estabilidade do ordenamento normativo do Estado, a segurança das relações jurídicas e a legitimidade das instituições da República restarão profundamente comprometidas. O inaceitável desprezo pela Constituição não pode converter-se em prática governamental consentida. Ao menos, enquanto houver um Poder Judiciário independente e consciente de sua alta responsabilidade política, social e jurídico-institucional." (BRASIL. Supremo Tribunal Federal. Medida Cautelar na Ação Direta de Inconstitucionalidade n. 2.010/DF. Tribunal Pleno. Relator: Ministro Celso de Mello. Brasília. Julgamento em 30/9/99, *DJ* de 12-4-02).

18. "O poder absoluto exercido pelo Estado, sem quaisquer restrições e controles, inviabiliza, numa comunidade estatal concreta, a prática efetiva das liberdades e o exercício dos direitos e garantias individuais ou coletivos. É preciso respeitar, de modo incondicional, os parâmetros de atuação delineados no texto constitucional. Uma Constituição escrita não configura mera peça jurídica, nem é simples escritura de normatividade e nem pode caracterizar um irrelevante acidente histórico na vida dos povos e das nações. Todos os atos estatais que repugnem a Constituição expõem-se à censura jurídica dos Tribunais, especialmente porque são írritos, nulos e desvestidos de qualquer validade. A Constituição não pode submeter-se à vontade dos poderes constituídos e nem ao império dos fatos e das circunstâncias. A supremacia de que ela se reveste – enquanto for respeitada – constituirá a garantia mais efetiva de que os direitos e as liberdades não serão jamais ofendidos. Ao Supremo Tribunal Federal incumbe a tarefa, magna e eminente, de velar por que essa realidade não seja desfigurada." (BRASIL. Supremo Tribunal Federal. Medida Cautelar na Ação Direta de Inconstitucionalidade n. 293/DF. Tribunal Pleno. Relator: Ministro Celso de Mello. Brasília Julgamento em 06/06/90. *DJ* de 16-4-93).

19. "A autoridade hierárquico-normativa da Constituição da República impõe-se a todos os Poderes do Estado. Nenhuma razão – nem mesmo a invocação

CONTENCIOSO ADMINISTRATIVO TRIBUTÁRIO

As atribuições previstas na CF/88 demonstram que o STF possui funções próprias de um tribunal constitucional, caracterizadas pela possibilidade de declaração em tese da inconstitucionalidade ou constitucionalidade de lei ou ato normativo, seja por via de ação ou omissão, sem qualquer necessidade da existência ou análise de casos concretos. É o controle por meio de processo objetivo de atos normativos dotados de generalidade e abstração.[20]-[21]

---

do princípio do autogoverno da Magistratura – pode justificar o desrespeito à Constituição. Ninguém tem o direito de subordinar o texto constitucional à conveniência dos interesses de grupos, de corporações ou de classes, pois o desprezo pela Constituição faz instaurar um perigoso estado de insegurança jurídica, além de subverter, de modo inaceitável, os parâmetros que devem reger a atuação legítima das autoridades constituídas." (BRASIL. Supremo Tribunal Federal. Medida Cautelar na Ação Direta de Inconstitucionalidade n. 2.105/DF. Tribunal Pleno. Relator: Ministro Celso de Mello. Brasília. Julgamento em 23/03/2000, *DJ* de 28-4-00).

20. Nesse sentido o Ministro Celso de Mello, ao julgar prejudicada a Ação Direta de Inconstitucionalidade n. 595/ES: "(...) É por essa razão que o magistério jurisprudencial desta Suprema Corte tem advertido que o controle concentrado de constitucionalidade reveste-se de um só e único objetivo: o de julgar, em tese, a validade de determinado ato estatal contestado em face do ordenamento constitucional, ainda em regime de vigência, pois – conforme já enfatizado pelo Supremo Tribunal Federal (RTJ 95/980 – RTJ 95/993 – RTJ 99/544 – RTJ 145/339) -, o julgamento da arguição de inconstitucionalidade, quando deduzida, *in abstracto*, não deve considerar, para efeito do contraste que lhe é inerente, a existência de paradigma revestido de valor meramente histórico (...)." BRASIL. Supremo Tribunal Federal. Ação Direta de Constitucionalidade n. 595. Relator: Ministro Celso de Mello. Brasília. Julgamento em 18/02/02.

21. Regina Maria Macedo Nery Ferrari, *in* Efeitos da Declaração de Inconstitucionalidade, 4ª, edição, revista, atualizada e ampliada, Ed. RT, p. 165, reconhece as semelhanças e dissemelhanças existentes entre a lide processual e a via de ação, citando, inclusive, Clèmerson Merlin Clève: "É também nesse sentido que Clèmerson Merlin Clève, observando que estamos em frente a uma verdadeira ação, ressalta que: 'Não se trata pois, de mera representação, embora as Constituições anteriores, inclusive a Emenda 16/65, tivessem utilizado essa expressão .... Trata-se, porém, de ação que inaugura um 'processo objetivo.' Cuida-se de um 'processo' que constitui, como outro qualquer, instrumento da jurisdição (no caso constitucional concentrada); através dele será solucionada uma questão constitucional. Não pode ser tomado, todavia, como meio para a composição da lide no processo inaugurado pela ação direta

O § 2º do artigo 102, da CF/88, é expresso ao atribuir às:

> (...) decisões definitivas de mérito, proferidas pelo Supremo Tribunal Federal, nas ações diretas de inconstitucionalidade (...) eficácia contra todos e efeito vinculante, relativamente aos demais órgãos do Poder Judiciário e à administração pública direta e indireta, nas esferas federal, estadual e municipal. (Redação dada pela Emenda Constitucional n.º 45, de 2004).

Esse dispositivo constitucional é reafirmado no parágrafo único do artigo 28 da Lei n. 9.868/99[22], texto legal aplicável ao processo e julgamento da Ação Direta de Inconstitucionalidade e da Ação Declaratória de Constitucionalidade perante o Supremo Tribunal Federal.

Quanto aos efeitos da declaração de inconstitucionalidade de lei ou ato normativo proferidas anteriormente à edição da Lei n. 9.868/99, a jurisprudência do Supremo Tribunal Federal oscilava entre atribuir efeitos *ex nunc* à declaração de inconstitucionalidade em sede de medida cautelar e efeito *ex tunc* nas decisões proferidas em caráter definitivo em ADI, com ressalva em relação a fatos consolidados ou que por sua natureza não mais admitissem desconstituição (e.g., recebimento de vencimentos por funcionário de fato).

No entanto, na regulamentação desse enunciado, o artigo 27, da Lei n. 9.689/99 permitiu ao STF, por maioria de dois terços de seus membros, modular os efeitos da decisão "(...) *tendo em*

---

genérica de inconstitucionalidade. Não há afinal, pretensão resistida. A ideia de Carnelutti, segundo a qual o processo é continente de que a lide é conteúdo, não se aplica ao processo através do qual atua a jurisdição constitucional concentrada, a tutela de um órgão exercente da jurisdição constitucional concentrada, a tutela de um direito subjetivo, mas sim a defesa da ordem constitucional (interesse genérico de toda a coletividade)."

22. "Parágrafo único. A declaração de constitucionalidade ou de inconstitucionalidade, inclusive a interpretação conforme a Constituição e a declaração parcial de inconstitucionalidade sem redução de texto, têm eficácia contra todos e efeito vinculante em relação aos órgãos do Poder Judiciário e à Administração Pública federal, estadual e municipal."

vista razões de segurança jurídica ou de excepcional interesse social, (...)", bem como: "*(...) restringir os efeitos daquela declaração ou decidir que ela só tenha eficácia a partir de seu trânsito em julgado ou de outro momento que venha a ser fixado.*" É a declaração de inconstitucionalidade sem a pronúncia de nulidade, inspirada na tradição do direito constitucional português e alemão.

A inovação legislativa paulista traz a seguinte dúvida: na hipótese a que se refere o inciso I, do artigo 28 da Lei Paulista, ou seja, a de permitir ao julgador o afastamento de lei ou ato normativo julgado inconstitucional pelo Supremo Tribunal Federal, por decisão definitiva em sede de ADI, existindo modulação dos efeitos para momento que venha a ser fixado, pode o julgador administrativo deixar de aplicar a lei ainda que o período em julgamento tenha sido abstraído da eficácia da decisão?

De início, é de se considerar que a inconstitucionalidade decretada pelo Supremo Tribunal Federal não é suprimida pela modulação dos seus efeitos, cujos motivos são estranhos e não relacionados com o vício que atinge inevitavelmente a norma impugnada *ab initio*.

A tradição constitucional brasileira é pela nulidade da lei ou ato normativo inconstitucional, a saber, o vício os atinge *ab initio* e não permite, de modo algum, constitucionalização superveniente[23]. Entretanto, a modulação dos efeitos em sede de

---

23. "A aplicação do princípio da nulidade da norma inconstitucional tem gerado uma consequência importante: o reconhecimento da eficácia *ex tunc* da pronúncia de inconstitucionalidade. Uma vez que esta decisão certifica a invalidade da norma, situação antecedente ao provimento, a eficácia deste alcança todos os efeitos produzidos pela norma inconstitucional desde o início de sua vigência. Com isso, busca-se a reconstituição integral das situações jurídicas existentes antes da vigência da norma inválida. Assim, a doutrina majoritária e a jurisprudência pacífica do STF têm afirmado reiteradamente a nulidade *ex tunc* da norma inconstitucional". PIMENTA. Paulo Roberto Lyrio. Efeitos da Decisão de Inconstitucionalidade em Direito Tributário. São Paulo: Dialética, 2002, p. 93.

controle concentrado, baseada em razões de segurança jurídica ou excepcional interesse social, não tem o poder de impor limites temporais ao vício; a modulação apenas atinge a eficácia temporal de sua aplicação, mas não modifica a decretação de incompatibilidade vertical desta com a Constituição. Vale dizer, a modulação opera apenas no plano da eficácia, que é mantida por determinado período de tempo para que prejuízo ainda maior ao ordenamento jurídico seja evitado. É incompatível com a tradição constitucional brasileira, perfilhada à tese da nulidade da lei inconstitucional, admitir-se a presença do vício restrito a períodos de tempos, sem que haja nenhuma alteração relevante na ordem constitucional durante o período de existência da lei impugnada.

A relativização dos efeitos jurídicos da decretação da invalidade da norma impugnada em sede de controle concentrado se justifica diante da análise do caso concreto e do conflito entre direitos e bens jurídicos do mesmo modo tutelados pela ordem posta. Desse modo, a restrição da eficácia temporal se revela medida razoável e proporcional à manutenção de condutas reguladas por norma inválida, cuja desconstituição se tornaria ainda mais prejudicial ao primado da previsibilidade e segurança das relações sociais.

Portanto, a chamada modulação dos efeitos da decisão em sede de ADI não mantém a validade de lei inconstitucional por determinado período de tempo, mas apenas posterga ou mantém sua eficácia, com vistas a não sacrificar bens jurídicos maiores de igual modo tutelados pela ordem constitucional, não devendo se confundir nulidade com ineficácia jurídica.[24]

Essa aptidão conferida ao Poder Judiciário e em especial ao Supremo Tribunal Federal não é nenhuma novidade. Validade e eficácia não se confundem, vez que "*a realidade do*

---

24. Para Humberto Ávila, manter os efeitos decorrentes de atos normativos em desconformidade com a Constituição, "(...) promove mais o ordenamento do que não mantê-los." ÁVILA, Humberto. Sistema Constitucional Tributário. São Paulo: Editora Saraiva, 2010, p. 32.

direito mostra que o ato jurídico pode ser válido é não produzir efeitos finais próprios, como ser eficaz sendo nulo. São situações distintas em que se podem encontrar os atos jurídicos."[25]

Qual a postura a ser adotada pelo julgador administrativo ao se deparar, por ocasião do julgamento de defesa ou recurso, com norma decretada inválida pelo Supremo Tribunal Federal, mas cuja eficácia temporal tivesse sido admitida por determinado período de tempo, aí incluído o período de realização dos fatos imponíveis postos à sua apreciação?

Em primeira análise, se observada a regra contida no artigo 28, I, da Lei n. 13.457/09, bastaria a decretação de inconstitucionalidade da lei para que o julgador administrativo pudesse afastá-la, ainda que a eficácia da decisão tenha sido alterada para outro momento que não o de sua entrada no ordenamento.

Isso porque a redação do parágrafo único do artigo 28 da Lei n. 9.868/99 atribui à declaração de constitucionalidade ou de inconstitucionalidade, inclusive à interpretação conforme a Constituição e à declaração parcial de inconstitucionalidade sem redução de texto, eficácia contra todos e efeito vinculante em relação aos órgãos do Poder Judiciário e da Administração Pública federal, estadual e municipal.

Daí não ser possível outra interpretação a não ser no sentido da *submissão do julgador administrativo à decisão proferida pelo Supremo Tribunal Federal, mesmo que esta se socorra ao recurso da modulação dos efeitos e mantenha a eficácia de lei inválida, ainda que tal posição implique reconhecer a figura do tributo criado e exigido por lei inconstitucional eficaz, em evidente postura atentatória ao princípio da Supremacia da Constituição.*

Até a presente data, a adoção do recurso da modulação dos efeitos em matéria tributária tem sido norteada pela defesa

---

25. MELLO, Marcos Bernardes de. Teoria do fato jurídico: plano da validade. São Paulo: Saraiva, 1995, p. 182.

CONTENCIOSO ADMINISTRATIVO TRIBUTÁRIO

dos interesses secundários da Administração. Tal tendência se revelou por ocasião do julgamento do Recurso Extraordinário n. 556.664[26], no qual o STF, ao modular os efeitos em exercício de controle concentrado, de acordo com o permissivo do artigo 4º, da Lei n. 11.417/2006[27], sucumbiu aos argumentos da Fazenda

---

26. BRASIL. Supremo Tribunal Federal. Recurso Extraordinário n. 556.664/RS. Tribunal Pleno. Relator: Ministro Gilmar Mendes. Brasília. Julgamento em 12/06/2008.
EMENTA: PRESCRIÇÃO E DECADÊNCIA TRIBUTÁRIAS. MATÉRIAS RESERVADAS A LEI COMPLEMENTAR. DISCIPLINA NO CÓDIGO TRIBUTÁRIO NACIONAL. NATUREZA TRIBUTÁRIA DAS CONTRIBUIÇÕES PARA A SEGURIDADE SOCIAL. INCONSTITUCIONALIDADE DOS ARTS. 45 E 46 DA LEI 8.212/91 E DO PARÁGRAFO ÚNICO DO ART. 5º DO DECRETO-LEI 1.569/77. RECURSO EXTRAORDINÁRIO NÃO PROVIDO. MODULAÇÃO DOS EFEITOS DA DECLARAÇÃO DE INCONSTITUCIONALIDADE. I. PRESCRIÇÃO E DECADÊNCIA TRIBUTÁRIAS. RESERVA DE LEI COMPLEMENTAR. As normas relativas à prescrição e à decadência tributárias têm natureza de normas gerais de direito tributário, cuja disciplina é reservada a lei complementar, tanto sob a Constituição pretérita (art. 18, § 1º, da CF de 1967/69) quanto sob a Constituição atual (art. 146, b, III, da CF de 1988). Interpretação que preserva a força normativa da Constituição, que prevê disciplina homogênea, em âmbito nacional, da prescrição, decadência, obrigação e crédito tributários. Permitir regulação distinta sobre esses temas, pelos diversos entes da federação, implicaria prejuízo à vedação de tratamento desigual entre contribuintes em situação equivalente e à segurança jurídica. II. DISCIPLINA PREVISTA NO CÓDIGO TRIBUTÁRIO NACIONAL. O Código Tributário Nacional (Lei 5.172/1966), promulgado como lei ordinária e recebido como lei complementar pelas Constituições de 1967/69 e 1988, disciplina a prescrição e a decadência tributárias. III. NATUREZA TRIBUTÁRIA DAS CONTRIBUIÇÕES. As contribuições, inclusive as previdenciárias, têm natureza tributária e se submetem ao regime jurídico-tributário previsto na Constituição. Interpretação do art. 149 da CF de 1988. Precedentes. IV. RECURSO EXTRAORDINÁRIO NÃO PROVIDO. Inconstitucionalidade dos arts. 45 e 46 da Lei 8.212/91, por violação do art. 146, III, b, da Constituição de 1988, e do parágrafo único do art. 5º do Decreto-lei 1.569/77, em face do § 1º do art. 18 da Constituição de 1967/69. V. *MODULAÇÃO DOS EFEITOS DA DECISÃO. SEGURANÇA JURÍDICA. São legítimos os recolhimentos efetuados nos prazos previstos nos arts. 45 e 46 da Lei 8.212/91 e não impugnados antes da data de conclusão deste julgamento.* (Destaques nossos).
27. "Art. 4. A súmula com efeito vinculante tem eficácia imediata, mas o Supremo Tribunal Federal, por decisão de 2/3 (dois terços) dos seus membros, poderá restringir os efeitos vinculantes ou decidir que só tenha eficácia a

relativos aos R$ 96 bilhões, entre valores já arrecadados e em vias de cobrança, que influenciaram os Ministros a retornar ao tema em outra sessão plenária, para decidir sobre a mantença da eficácia dos valores já recolhidos aos cofres da União.

Entretanto, não há como assegurar que o recurso da modulação de efeitos em matéria tributária, quando utilizado, não adote outros critérios ainda mais prejudiciais àqueles que confiaram na presunção de constitucionalidade das leis e beneficie os maus pagadores e sonegadores, legitimados pela mitificação das expressões "segurança jurídica" ou "excepcional interesse público", utilizadas como fundamento legal e razão de decidir[28].

Na lição de Humberto Ávila[29], a tendência jurisprudencial do STF tem sido restritiva na concretização de direitos fundamentais relacionados à atividade tributária, o que torna imprescindível que o STF ultrapasse as limitações impostas pela sua própria jurisprudência (tese do legislador negativo[30], ofensa apenas indireta ou reflexa à Constituição, impossibilidade de controle de constitucionalidade na análise de conceitos indeterminados etc.) e atue de modo a consagrar os princípios e diretrizes impostas ao legislador e ao executivo pela Constituição. *"Se esse não for o caso, os novos modelos de decisão introduzidos pela Lei n. 9.868/99 serão utilizados no interesse circunstancial do Poder Executivo e, por vezes, contra a ordem constitucional."*

---

partir de outro momento, tendo em vista razões de segurança jurídica ou de excepcional interesse público."

28. Na lição de Luis Alberto Warat, tais expressões contidas no ordenamento positivo, servem para legitimar condicionamentos ideológicos, argumentos extranormativos, utilizados no processo decisório jurisdicional (WARAT, Luis Alberto. Mitos e Teorias na Interpretação da Lei. Porto Alegre: Síntese, 1979, p. 58).

29. ÁVILA, Humberto. Sistema Constitucional Tributário. São Paulo: Editora Saraiva, 2010, p. 297.

30. RTJ 126/48, Rel. Min. Moreira Alves; RTJ 153/765, Rel. Min. Celso de Mello; ADI 1.063-DF, Rel. Min. Celso de Mello.

CONTENCIOSO ADMINISTRATIVO TRIBUTÁRIO

Nunca é demais lembrar que a parte dispositiva da declaração de inconstitucionalidade em sede de ADI, apesar de ser dirigida a um, alguns ou a todos os enunciados normativos contidos em uma determinada lei – na hipótese de inconstitucionalidade formal -, também se estende aos fundamentos do *decisum* (*ratio decidendi*), quando assim determinado pelo STF[31]. Há "transcendência dos motivos" sobre a parte dispositiva que embasou a decisão e dos princípios por ela consagrados, de modo a permitir que a parte prejudicada faça uso do instituto da Reclamação[32]. *É de considerar que na hipótese de caso em julgamento, que envolva lei inconstitucional por transcendência dos motivos, deve o julgador administrativo tributário aplicar o artigo 28, I, da Lei n. 13.457/2009, e afastar a aplicação de dispositivo de lei, ainda que a parte não tenha feito uso da Reclamação.*[33]

---

31. BRASIL. Supremo Tribunal Federal. Ação Direta de Inconstitucionalidade n. 3345/DF. Tribunal Pleno. Relator: Ministro Celso de Mello. Brasília. Julgamento em 25/08/2005.

32. BRASIL. Supremo Tribunal Federal. Reclamação n. 1987/DF. Tribunal Pleno. Relator: Ministro Maurício Corrêa. Brasília. Julgamento em 01/10/2003.

33. "Cabe registrar, neste ponto, por relevante, que o Plenário do Supremo Tribunal Federal, no exame final da Rcl 1.987/DF, Rel. Min. MAURÍCIO CORREA, expressamente admitiu a possibilidade de reconhecer-se, em nosso sistema jurídico, a existência do fenômeno da ´transcendência dos motivos que embasaram a decisão` proferida por esta Corte, em processo de fiscalização normativa abstrata, em ordem a proclamar que o efeito vinculante refere-se, também, à própria ´ratio decidendi`, projetando-se, em consequência, para além da parte dispositiva do julgamento, ´in abstracto`, de constitucionalidade ou de inconstitucionalidade.

Essa visão do fenômeno da transcendência parece refletir a preocupação que a doutrina vem externando a propósito dessa específica questão, consistente no reconhecimento de que a eficácia vinculante não só concerne à parte dispositiva, mas refere-se, também, aos próprios fundamentos determinantes do julgado que o Supremo Tribunal Federal venha a proferir em sede de controle abstrato, especialmente quando consubstanciar declaração de inconstitucionalidade, como resulta claro do magistério de IVES GANDRA DA SILVA MARTINS/GILMAR FERREIRA MENDES (O Controle Concentrado de Constitucionalidade, p. 338/345, itens n. 7.3.6.1 a 7.3.6.3, 2001, Saraiva) e de ALEXANDRE DE MORAES (Constituição do Brasil Interpretada e Legislação Constitucional, p. 2.405/2.406, item n. 27.5, 2ª ed., 2003, Atlas).

5. DA PERMISSÃO DE AFASTAMENTO DA APLICAÇÃO DE LEI NA HIPÓTESE DE DECISÃO DEFINITIVA DO SUPREMO TRIBUNAL FEDERAL, EM VIA INCIDENTAL, DESDE QUE O SENADO FEDERAL TENHA SUSPENSO A EXECUÇÃO DO ATO NORMATIVO

Na suspensão da execução de dispositivo declarado inconstitucional pelo STF que venha a ocorrer em sede de controle incidental ou difuso de inconstitucionalidade e no exercício de competência atribuída ao Senado Federal pelo inciso X, do artigo 52, da CF/88 (artigo 178 RISTF[34]), a decretação de

---

Na realidade, essa preocupação, realçada pelo magistério doutrinário, tem em perspectiva um dado de insuperável relevo político-jurídico, consistente na necessidade de preservar-se, em sua integralidade, a força normativa da Constituição, que resulta da indiscutível supremacia, formal e material, de que se revestem as normas constitucionais, cuja integridade, eficácia e aplicabilidade, por isso mesmo, hão de ser valorizadas, em face de sua precedência, autoridade e grau hierárquico, como enfatiza o magistério doutrinário (ALEXANDRE DE MORAES, Constituição do Brasil Interpretada e Legislação Constitucional, p. 109, item n. 2.8, 2ª ed., 2003, Atlas; OSWALDO LUIZ PALU, Controle de Constitucionalidade, p. 50/57, 1999, RT; RITINHA ALZIRA STEVENSON, TERCIO SAMPAIO FERRAZ JR. e MARIA HELENA DINIZ, Constituição de 1988: Legitimidade, Vigência e Eficácia e Supremacia, p. 98/104, 1989, Atlas; ANDRÉ RAMOS TAVARES, Tribunal e Jurisdição Constitucional, p. 8/11, item n. 2, 1998, Celso Bastos Editor; CLÈMERSON MERLIN CLÈVE, A Fiscalização Abstrata de Constitucionalidade no Direito Brasileiro, p. 215/218, item n. 3, 1995, RT, v.g.).

Cabe destacar, neste ponto, tendo presente o contexto em questão, que assume papel de fundamental importância a interpretação constitucional derivada das decisões proferidas pelo Supremo Tribunal Federal, cuja função institucional, de guarda da Constituição (CF, art. 102, "caput"), confere-lhe o monopólio da última palavra em tema de exegese das normas positivadas no texto da Lei Fundamental, como tem sido assinalado, com particular ênfase, pela jurisprudência desta Corte Suprema:

´(...) A interpretação do texto constitucional pelo STF deve ser acompanhada pelos demais Tribunais. (...) A não-observância da decisão desta Corte debilita a força normativa da Constituição (...)."(RE 203.498-AgR/DF, Rel. Min. GILMAR MENDES). (Info STF 379, ADI Rcl. n. 1986/MC).

34. Art. 178. Declarada, incidentalmente, a inconstitucionalidade, na forma prevista nos arts. 176 e 177, far-se-á comunicação, logo após a decisão, à au-

invalidade do ato normativo segue caminho inverso daquele trilhado na declaração de inconstitucionalidade tomada em controle concentrado. Aqui se torna necessária a existência de pretensão resistida fática em sua base, em processo de natureza subjetiva, no qual se encontram envolvidos direitos subjetivos dos litigantes. A declaração de inconstitucionalidade nessa hipótese se faz necessária para decidir o caso concreto. É fundamento para a parte dispositiva da decisão.

A edição da resolução de que trata a Constituição Federal não é, de acordo com a doutrina majoritária, obrigatória para o Senado Federal. Trata-se de juízo político, no qual a apreciação sobre a oportunidade e conveniência na adoção do ato de suspensão é de atribuição exclusiva dessa Casa[35], bem como a atribuição de efeitos *erga onmes* somente possui eficácia *ex nunc*.

Ponto que merece ser abordado é o reconhecimento, em sede de controle difuso de constitucionalidade, da não-recepção de norma editada sob a égide da Constituição passada. No Recurso Extraordinário n. 387.271, Rel. Min. Marco Aurélio, o STF decidiu pela dispensa de comunicação ao Senado nessa hipótese, para fins do cumprimento no inciso X, do artigo 52 da CF/88.[36] Por esse entendimento, *restaria possível o afastamento de dispositivo legal não recepcionado pela Constituição Federal de 1988,*

---

toridade ou órgão interessado, bem como, depois do trânsito em julgado, ao Senado Federal, para os efeitos do art. 42, VII2, da Constituição. (Atual dispositivo da CF/1988: art. 52, X).

35. PIMENTA, Paulo Roberto Lyrio. Efeitos da Decisão de Inconstitucionalidade em Direito Tributário. São Paulo: Dialética, 2002, p. 97/98; MORAES, Alexandre de. Direito Constitucional. 18ª edição. São Paulo: Atlas, 2005, p. 664.

36. "Na dicção da ilustrada maioria, vencido o relator, o conflito de norma com preceito constitucional superveniente resolve-se no campo da não-recepção, não cabendo a comunicação ao Senado prevista no inciso X do artigo 52 da Constituição Federal." (BRASIL. Supremo Tribunal Federal. Recurso Extraordinário n. 387.271/SP. Tribunal Pleno. Relator: Ministro Marco Aurélio Mello. Brasília. Julgamento em 08/08/07, *DJE* de 1º-2-08).

pelo julgador administrativo, vez que não passível de comunicação ao Senado nem de impugnação via ação direta, de modo a não se enquadrar na vedação contida no enunciado do artigo 28, e incisos, da Lei Paulista n. 13.457/2009.

Seguindo o mesmo raciocínio, o STF já decidiu, na ADI 162-1/DF, pela impossibilidade do controle de constitucionalidade e consequente atribuição de efeitos *erga onmes*, na hipótese de dispositivo de lei ou ato normativo cuja constitucionalidade tenha sido posta à apreciação quando já revogado, ou então, em momento no qual a sua eficácia já se tenha exaurido[37]. Diante desse entendimento consolidado, *não parece razoável que, em caso concreto submetido aos órgãos de julgamento administrativos estaduais, seja mantido lançamento realizado sob a égide de lei incompatível com a Constituição Federal, mas carente de declaração de inconstitucionalidade, por ter sido apenas impugnada frente ao STF quando já revogada ou em momento no qual a sua eficácia já tenha cessado.*

Logo, a limitação imposta pelo inciso II, do artigo 28, da Lei Paulista n. 13.457/2009, não pode ser interpretada literalmente, se ausente edição de Resolução do Senado, com fulcro

---

37. Vê-se, pois, até mesmo em função da própria jurisprudência do Supremo Tribunal Federal (RTJ 169/763, Rel. Min. PAULO BROSSARD), que, na aferição, em abstrato, da constitucionalidade de determinado ato normativo, assume papel relevante o vínculo de ordem temporal, que supõe a existência de uma relação de contemporaneidade entre padrões constitucionais de confronto, em regime de plena e atual vigência, e os atos estatais hierarquicamente inferiores, questionados em face da Lei Fundamental. Dessa relação de caráter histórico-temporal, exsurge a identificação do parâmetro de controle, referível a preceito constitucional, ainda em vigor, sob cujo domínio normativo foram produzidos os atos objeto do processo de fiscalização concentrada.

Isso significa, portanto, que, em sede de controle abstrato, o juízo de inconstitucionalidade há de considerar a situação de incongruência normativa de determinado ato estatal, contestado em face da Carta Política (vínculo de ordem jurídica), desde que o respectivo parâmetro de aferição ainda mantenha atualidade de vigência (vínculo de ordem temporal). (BRASIL. Supremo Tribunal Federal. Ação Direta de Constitucionalidade n. 595. Tribunal Pleno. Relator: Ministro Celso de Mello. Brasília. Julgamento em 18/02/02).

no artigo 52, inciso X, da CF/88, suspensiva da eficácia de dispositivo declarado inconstitucional pelo STF em sede de controle difuso. *O julgador administrativo estadual deve, nas hipóteses acima aventadas, prestigiar a Constituição, em detrimento de dispositivos de lei cuja declaração de inconstitucionalidade não tenha ocorrido por revogação superveniente ou não recepção.*

6. INTERPRETAÇÃO CONFORME A CONSTITUIÇÃO

Inclina-se a doutrina pela utilização de métodos hermenêuticos específicos no controle de constitucionalidade das leis e atos normativos. A hermenêutica constitucional se justificaria dadas as diferenças entre seus enunciados e aqueles emanados em textos providos apenas de estatura legal.

Tercio Sampaio Ferraz Junior justifica:

> (...) não se pode levar à interpretação da constituição todos aqueles formalismos típicos da interpretação da lei. A lei constitucional chama-se lei apenas por metáfora, ela não é igual às outras leis. A constituição tem que ser entendida como a instauração do Estado e da comunidade.[38]

Essa necessidade de utilização de métodos hermenêuticos próprios na análise da Constituição, dadas as peculiaridades justificantes na adoção de métodos e postulados próprios de interpretação de seus enunciados (e.g., máxima efetividade, supremacia e unidade da Constituição), leva o intérprete a adotar, entre duas ou mais interpretações possíveis de um enunciado infraconstitucional frente à Constituição, aquela cujo sentido se encontre mais próximo dos fins buscados pelo Texto Maior. É revelar um conteúdo dentro do juridicamente possível.

---

38. FERRAZ JUNIOR, Tércio Sampaio. Constituição Brasileira e modelo de Estado: hibridismo ideológico e condicionantes históricas, Caderno de Direito Constitucional, vol. 17, 1996, p. 49.

Importa ressaltar que a interpretação conforme a Constituição busca justamente evitar a simples declaração de nulidade de lei por incompatibilidade vertical com a Constituição. A ambiguidade da linguagem dos enunciados normativos cria vasto campo de significações possíveis, de sorte a permitir que o exegeta busque a construção de sentido mais próxima daquela prestigiada pelos princípios e regras contidos na Constituição. Agindo desse modo, evita-se a afronta à vontade popular expressada pelo texto legal e se atende ao objetivo de manutenção ou conservação das normas no ordenamento jurídico, dada a presunção ainda que relativa de sua constitucionalidade.

Apesar da semelhança do ponto de vista prático, a interpretação conforme a Constituição não se confunde com a declaração de nulidade sem redução de texto:

> (...) enquanto, na interpretação conforme a Constituição se tem, dogmaticamente, a declaração de que uma lei é constitucional com a interpretação que lhe é conferida pelo órgão judicial, constata-se, na declaração de nulidade sem redução de texto, a expressa exclusão, por inconstitucionalidade, de determinadas hipóteses de aplicação (*Anwendungsfälle*) do programa normativo sem que se produza alteração expressa do texto legal.[39]

Por isso, é de se afirmar: "*interpretação conforme não é critério de aplicação de determinada lei em detrimento de outra, mas de aplicação de determinada interpretação (critério de interpretação) em detrimento de outra*".[40]

Em várias oportunidades, o STF se socorreu da interpretação conforme para evitar a declaração de nulidade de leis

---

39. MENDES, Gilmar Ferreira. Jurisdição Constitucional. São Paulo: Saraiva, 1996, p. 275.
40. ALMEIDA JUNIOR, Fernando Osório de. Interpretação conforme a Constituição e direito tributário. São Paulo: Dialética, 2002, p. 18.

tributárias, de modo a reduzir, ampliar ou requalificar o alcance interpretativo do enunciado legal em exame[41].

Ao que tudo indica, a limitação imposta aos órgãos de julgamento no processo administrativo tributário paulista não pode afetar a utilização desse método hermenêutico cuja utilização não é privilégio dos ministros do STF, na análise e julgamento realizados em sede administrativa.

É comum que na busca das significações possíveis de um enunciado normativo haja discordância quanto ao alcance e aplicação do texto legal em exame. É notório que a presunção de onisciência do legislador e da plenitude do sistema não passa de pressuposto lógico necessário de conhecimento do fenômeno jurídico e que não deve ser levada a enésima potência. Daí que a atividade de construção de sentido do aplicador da lei pode reduzir, ampliar ou requalificar o alcance do enunciado sob interpretação, de sorte a prestigiar a compatibilidade do resultado exegético com a Constituição Federal, em detrimento de qualquer outro sentido gramaticalmente possível.

A utilização desse método não é vedada aos órgãos administrativos de julgamento. Pelo contrário, é imposição do próprio ordenamento jurídico, que não permite o desprezo de sentido compatível com a Constituição, quando da análise de legislação estadual ou complementar, aplicável ao caso concreto posto à sua apreciação.

Logo, é de se concluir: *o impeditivo do artigo 28, da Lei n. 13.457/2008, não veda aos órgãos de julgamento a utilização de interpretação conforme a Constituição, em situações nas quais a ambiguidade do enunciado em análise possa resultar em várias interpretações possíveis. É forma objetiva de escolha entre várias interpretações possíveis e imposta a todo aquele que exerce função judicante ou jurisdicional.*

---

41. ADI n. 1.758-4, RE 196.646-7/RS e RE 169.740-7/PR.

7. O EFEITO NO JULGAMENTO DE IMPROCEDÊNCIA EM SEDE DE ADC

Se a preocupação do legislador estadual era evitar o julgamento de processos administrativos com base na decretação da inconstitucionalidade de lei estadual, cuja constitucionalidade fosse reconhecida posteriormente pelo STF em decisão com efeito vinculante e *erga onmes*, é bem verdade que a redação do enunciado não contemplou os efeitos legais advindos do julgamento pela improcedência de ação declaratória de constitucionalidade, a que se refere o art. 24, da Lei 9.868/99.[42]

Nessa hipótese, ocorre declaração de inconstitucionalidade por via inversa, dado o caráter dúplice ou ambivalente advindo da negação do pleito pela declaração de constitucionalidade de lei ou ato normativo, e provido dos mesmos efeitos atribuídos pela lei à declaração de inconstitucionalidade em sede de ADI (parágrafo único, do art. 28, da Lei n. 9.868/99[43]).

Apesar do silêncio da redação do art. 28 da Lei Paulista, e por tratar-se a ADC de uma ADI com sinal trocado, a decretação de inconstitucionalidade de lei nessa espécie de ação é de observância obrigatória por parte de todos os órgãos do Poder Judiciário e da Administração pública federal, estadual e municipal, aí incluídos os órgãos de julgamento estaduais paulistas. O STF pode apreciar o descumprimento de suas decisões, via reclamação, nos termos da alínea "l" do inciso I, do artigo 102 da CF/88, além de ocasionar a responsabilização do agente, por infração disciplinar.

---

42. "Art. 24. Proclamada a constitucionalidade, julgar-se-á improcedente a ação direta ou procedente eventual ação declaratória; e, proclamada a inconstitucionalidade, julgar-se-á procedente a ação direta ou improcedente eventual ação declaratória."

43. "Parágrafo único. A declaração de constitucionalidade ou de inconstitucionalidade, inclusive a interpretação conforme a Constituição e a declaração parcial de inconstitucionalidade sem redução de texto, têm eficácia contra todos e efeito vinculante em relação aos órgãos do Poder Judiciário e à Administração Pública federal, estadual e municipal."

Logo, é de se afirmar que o impeditivo da lei paulista imposto aos órgãos administrativos de julgamento não se aplica na hipótese de dispositivo legal já submetido ao crivo de sua constitucionalidade perante o Supremo Tribunal Federal, via ADC, na qual haja decisão de improcedência do pedido.[44]

8. EFEITO *ERGA ONMES* E FORÇA VINCULANTE DAS DECISÕES EM SEDE DE CONTROLE CONCENTRADO E A "ABSTRATIVIZAÇÃO" DO CONTROLE DIFUSO DE CONSTITUCIONALIDADE PELO STF

É cada vez mais claro que o Supremo Tribunal Federal tende a dotar as decisões tomadas pelo Plenário em sede de controle difuso, dos mesmos efeitos já automaticamente conferidos às decisões proferidas no controle de constitucionalidade concentrado.

A Emenda Constitucional 45/04 trouxe algumas novidades em relação ao tema, ao exigir, nos termos do parágrafo 3º, do artigo 102, para fins de juízo de admissibilidade de recurso

---

44. Nesse sentido OLIVEIRA, Júlio Maria; ROMANINI, Carolina Miguel. As Hipóteses de Inaplicabilidade de Lei pelo Julgador Administrativo. *In*: FERNÁNDEZ, German Alejandro San Martín; CARVALHO, Antonio Augusto Silva Pereira de (Org.). Estudos em Homenagem o José Eduardo Monteiro de Barros – Direito Tributário. São Paulo: MP Editora, 2010, p. 193: "Porém, ao especificar estes casos, o legislador equivocadamente não contemplou a hipótese de decisão proferida pelo Supremo Tribunal Federal julgando (i) improcedente ação direta de constitucionalidade, (ii) parcialmente procedente a norma e, portanto, constitucional em parte, sendo o restante inconstitucional, ou (iii) procedente a ação, declarando constitucional a norma desde que interpretada de determinada maneira (interpretação conforme a Constituição).

Todas estas formas configuram exercício de controle de constitucionalidade pela via concentrada, cujos efeitos são *erga omnes*, vinculando inclusive o Poder Executivo, razão pela qual deveriam ter sido incluídas nos incisos do art. 28 da Lei 13.457/09 como autorizadoras do afastamento da aplicação de uma norma pelo Julgador Administrativo. Mesmo porque, uma vez declarada inconstitucional por via de ação, a norma considera-se inválida, não sendo passível de aplicação.

Caso a norma não seja retirada do ordenamento por invalidade, a determinação de uma única forma de interpretação definida pelo Supremo Tribunal Federal também deve vincular o Julgador Administrativo, pois uma interpretação diversa configuraria aplicação de norma inconstitucional.

extraordinário, a demonstração, pelo recorrente, da existência de repercussão geral. É inequívoco que a mudança constitucional tem por finalidade evitar que o STF aja como terceira ou quarta instância recursal, e se reserve apenas a analisar e decidir, casos, ainda que concretos, cujo *decisum* possa servir de parâmetro objetivo em situações semelhantes, de modo a proteger a Constituição Federal de forma ampla.

A súmula vinculante, introduzida pela EC n. 45/2004 (artigo 103-A da CF/88[45]) e regulamentada pela Lei n. 11.417/2006[46], é claro exemplo dessa tendência em transformar o STF, em definitivo, em exclusivo tribunal constitucional.

Princípios como o da supremacia da Constituição, sua força normativa e aplicação uniforme a todos, bem como postulados que conferem ao Supremo Tribunal o *status* de intérprete e guardião máximo da Carta da República embasam a nova

---

45. "Art. 103-A. O Supremo Tribunal Federal poderá, de ofício ou por provocação, mediante decisão de dois terços dos seus membros, após reiteradas decisões sobre matéria constitucional, aprovar súmula que, a partir de sua publicação na imprensa oficial, terá efeito vinculante em relação aos demais órgãos do Poder Judiciário e à administração pública direta e indireta, nas esferas federal, estadual e municipal, bem como proceder à sua revisão ou cancelamento, na forma estabelecida em lei."

46. "Art. 2º O Supremo Tribunal Federal poderá, de ofício ou por provocação, após reiteradas decisões sobre matéria constitucional, editar enunciado de súmula que, a partir de sua publicação na imprensa oficial, terá efeito vinculante em relação aos demais órgãos do Poder Judiciário e à administração pública direta e indireta, nas esferas federal, estadual e municipal, bem como proceder à sua revisão ou cancelamento, na forma prevista nesta Lei.
§ 1º O enunciado da súmula terá por objeto a validade, a interpretação e a eficácia de normas determinadas, acerca das quais haja, entre órgãos judiciários ou entre esses e a administração pública, controvérsia atual que acarrete grave insegurança jurídica e relevante multiplicação de processos sobre idêntica questão.
(...)
Art. 4º A súmula com efeito vinculante tem eficácia imediata, mas o Supremo Tribunal Federal, por decisão de 2/3 (dois terços) dos seus membros, poderá restringir os efeitos vinculantes ou decidir que só tenha eficácia a partir de outro momento, tendo em vista razões de segurança jurídica ou de excepcional interesse público."

tendência de reconhecer efeitos vinculantes também nas decisões proferidas em sede de controle difuso. Nesse sentido é o posicionamento do Ministro Teori Albino Zavascki, em voto proferido, como relator, no Recurso Especial 828.106/SP:

> Embora tomada em controle difuso, é decisão de incontestável e natural vocação expansiva, com eficácia imediatamente vinculante para os demais tribunais, inclusive o STJ (CPC, art. 481, § 1º: 'Os órgãos fracionários dos tribunais não submeterão ao plenário, ou ao órgão especial, a arguição de inconstitucionalidade, quando já houver pronunciamento destes ou do plenário do Supremo Tribunal Federal sobre a questão'), e com forca de inibir a execução de sentenças judiciais contrárias, em que se tornam inexigíveis (CPC, art. 741, § único; 475-L, § 1º, redação da Lei 11.232/05). Sob esse enfoque, há idêntica força de autoridade nas decisões do STF em ação direta quanto nas proferidas em via recursal (...).

A tendência é demonstrada não só pelo legislador derivado, mas também por decisões recentes do Supremo Tribunal Federal que demonstram a tendência ora debatida. Nesse sentido o RE 197.917/SP, em que se discutiu o número de vereadores proporcionais à população. Nesse caso, alguns Ministros entenderam que aquela decisão, não obstante tratar-se de controle de constitucionalidade difuso, teria efeito vinculante, o Ministro Gilmar Mendes, em seu voto, registrou que, no que tange ao disposto no artigo 52, X da CF *"está a demonstrar a plena e completa superação de intervenção do Senado (...).Talvez o Senado tenha uma função de mera publicação, de emprestar mera publicidade à decisão (...)"*.

A tendência ora tratada tende a mitigar, ou até a suprimir a resolução do Senado Federal que estende os efeitos de decisão proferida pelo Supremo Tribunal, nos casos de controle de constitucionalidade por via de exceção.

A abstrativização do controle de constitucionalidade concreto é tese rejeitada por diversos Ministros do STF, por entenderem tratar-se de usurpação da competência constitucional específica de cada poder, pois se assim for, o Poder Judiciário assumiria atribuição de legislador positivo, contrariando a separação de Poderes, cláusula pétrea da Constituição Federal.

É de se reconhecer, contudo, que se a jurisprudência constitucional enveredar de forma definitiva por esse caminho, não haverá espaço para decisões administrativas em desconformidade com a jurisprudência do Supremo Tribunal Federal. O alcance do artigo 28 da Lei Paulista não poderá ser restrito à sua literalidade, sob pena de violação às determinações da instância máxima do Poder Judiciário.[47]

---

47. Pelo afastamento imediato de lei declarada inconstitucional em sede de controle difuso, mesmo desprovida de Resolução do Senado, OLIVEIRA, Júlio Maria; ROMANINI, Carolina Miguel. As hipóteses de inaplicabilidade de lei pelo julgador administrativo. *In*: FERNÁNDEZ, German Alejandro San Martín; CARVALHO, Antonio Augusto Silva Pereira de (ORG.). Estudos em Homenagem a José Eduardo Monteiro de Barros – Direito Tributário. São Paulo: MP Editora, 2010, p. 193: "Além desta omissão equivocada, não poderia o legislador condicionar o afastamento da norma declarada inconstitucional por via de exceção a uma Resolução do Senado Federal suspendendo sua eficácia. Isto porque, conforme mencionado, com o advento da Emenda Constitucional n.§ 45/04, e dos arts. 543-A e 543-B do Código de Processo Civil, os novos recursos extraordinários têm como requisito de admissibilidade a repercussão geral, de forma que somente um deles será analisado e julgado pelo Supremo Tribunal Federal, sendo sua decisão obrigatoriamente observada em todas as instâncias do Poder Judiciário nos processos que tratem de matéria idêntica."
Significa dizer que, embora não exista Resolução do Senado Federal suspendendo a eficácia de uma norma declarada inconstitucional pelo Supremo Tribunal Federal em controle difuso, esta decisão deverá ser aplicada por todo o Poder Judiciário. Por conseguinte, caso a decisão administrativa seja contrária à decisão do Supremo Tribunal Federal que declare a inconstitucionalidade de uma norma em controle difuso, tratando-se de matéria com repercussão geral, o contribuinte insatisfeito provocará o Poder Judiciário para que prevaleça a decisão judicial em detrimento da administrativa.
Neste cenário, é notável que seria adequado ao Julgador Administrativo adotar a decisão do Supremo Tribunal Federal proclamada em controle difuso de constitucionalidade, deixando de aplicar a norma viciada ainda que não exista Resolução do Senado Federal suspendendo sua eficácia. Tal medida evitaria custos com honorários de sucumbência pelo Estado e reduziriam o número de ações judiciais, cujo desfecho já se sabe desde antes de seu ajuizamento.
Por esta razão, seria adequado retirar a condição de existência de Resolução do Senado Federal do inciso II do art. 28 da Lei n. 13.457/09, de forma que somente a existência de decisão definitiva do Supremo Tribunal Federal proclamando em recurso extraordinário a inconstitucionalidade de uma norma

9. A CONSTITUIÇÃO ESTADUAL PAULISTA – HIERARQUIA NORMATIVA NO ÂMBITO ESTADUAL E NORMAS DE REPETIÇÃO (SIMETRIA CONSTITUCIONAL)

A Federação pressupõe, na ordem constitucional brasileira, autonomia política e financeira dos Estados-membros e dos Municípios. Tal afirmação decorre da previsão constitucional de competência para que as unidades federadas elaborem textos normativos de estatura constitucional com vistas a *"organizar a sua própria vida política e administrativa, dentro dos princípios constitucionais da União."*[48]

Para o Estado-membro, o resultado do exercício de competência constitucional que lhe foi atribuída de auto-organização, auto-legislação e auto-administração, se dá mediante a elaboração das respectivas Constituições Estaduais, e é decorrência do chamado Poder Constituinte Decorrente enunciado no artigo 25 da Constituição Federal.

É bem verdade que há pequena margem de liberdade ao constituinte estadual, pela necessária observância aos princípios constitucionais estabelecidos, aos princípios sensíveis, e às regras que versam sobre as competências legislativas previstas pela Constituição Federal (Princípio da Simetria Constitucional)[49-50].

---

cuja matéria tenha repercussão geral, seja suficiente para que o Julgador Administrativo deixe de aplicá-la."

48. FERRAZ, Ana Cândida da Cunha. Poder Constituinte do Estado-Membro. São Paulo: Editora Revista dos Tribunais, 1979, p. 54.

49. "O princípio da simetria, segundo consolidada formulação jurisprudencial, determina que os princípios magnos e os padrões estruturantes do Estado, segundo a disciplina da Constituição Federal, sejam tanto quanto possível objeto de reprodução nos textos das constituições estaduais". (ARAUJO, Luiz Alberto David; NUNES JUNIOR, Vidal Serrano. Curso de direito constitucional. 6. edição. São Paulo: Saraiva, 2002).

50. "O poder constituinte outorgado aos Estados-Membros sofre as limitações jurídicas impostas pela Constituição da República. Os Estados-membros organizam-se e regem-se pelas Constituições e leis que adotarem (CF, art. 25), submetendo-se, no entanto, quanto ao exercício dessa prerrogativa institucional

Por essa razão, grande é o número de normas de repetição (simetria) e relativa semelhança de texto entre as disposições constituições federais e estaduais.

Entretanto, há importante espaço a ser preenchido pelo Poder Constituinte Decorrente por ocasião da elaboração da Constituição Estadual (CE), no qual a sua atuação reflete a importância que lhe foi dada pela estrutura federal do Estado brasileiro, qual seja, aquela reservada aos enunciados que versam sobre a auto-organização do Estado-membro, em especial normas que tratam da atuação administrativa do Estado, limites, funções e princípios norteadores da Administração, aí incluída, portanto, a atuação administrativa tributária e por decorrência, aquela exercida na respectiva atividade judicante de controle de legalidade do ato de lançamento.

Nesse conjunto de disposições constitucionais estaduais, que se sobrepõe sobre à legislação ordinária e complementar estadual, por expressa disposição constitucional estadual (artigo 21 e incisos da CE), encontram-se dispositivos que devem ser respeitados na eventualidade de incompatibilidade vertical com a aplicação da legislação infraconstitucional paulista.

Os enunciados contidos no artigo 4[51] e no artigo 111[52] da CE asseguram ao administrado/contribuinte o devido processo

---

(essencialmente limitada em sua extensão), aos condicionamentos normativos impostos pela Constituição Federal, pois é nessa que reside o núcleo de emanação (e de restrição) que informa e dá substância ao poder constituinte decorrente que a Lei Fundamental da República confere a essas unidades regionais da Federação." (BRASIL. Supremo Tribunal Federal. Ação Direta de Inconstitucionalidade n. 507. Tribunal Pleno. Relator: Ministro Celso de Mello. Brasília. Julgamento em 14-2-96, *DJ* de 8-8-03).

51. "Artigo 4º – Nos procedimentos administrativos, qualquer que seja o objeto, observar-se-ão, entre outros requisitos de validade, a igualdade entre os administrados e o devido processo legal, especialmente quanto à exigência da publicidade, do contraditório, da ampla defesa e do despacho ou decisão motivados."

52. "Artigo 111 – A administração pública direta, indireta ou fundacional, de qualquer dos Poderes do Estado, obedecerá aos princípios de legalidade, impessoalidade, moralidade, publicidade, razoabilidade, finalidade, motivação,

legal, contraditório e ampla defesa, exigência de decisão fundamentada, publicidade, isonomia, legalidade, impessoalidade, moralidade, publicidade, razoabilidade, finalidade, motivação, interesse público e eficiência, na qualidade de princípios de observância obrigatória pela Administração.

Logo, qualquer lei paulista violadora de tais preceitos no âmbito do processo administrativo tributário não só pode como deve ser afastada pelo órgão julgador, apenas com fulcro na incompatibilidade vertical com a Constituição Estadual Paulista, sem necessidade de declaração prévia de inconstitucionalidade pelo STF, da forma como exigido pelo artigo 28 da Lei n. 13.457/2009.

Do mesmo modo, a Constituição Estadual Paulista, no âmbito e nos limites da competência que lhe foi atribuída pela Constituição Federal (artigo 24, I e 25 da CF), impõe limites à atuação do Estado de São Paulo na sua atividade tributária (artigos 163 e 164 da CE), reproduzindo praticamente todos os princípios constitucionais tributários e imunidades existentes da Constituição Federal. Ali se encontram: capacidade contributiva, estrita legalidade, irretroatividade da lei tributária, anterioridade, liberdade de tráfego de pessoas e bens, isonomia tributária, não-confisco, uniformidade geográfica, bem como enunciados de repetição sobre a imunidade recíproca, dos templos de qualquer culto, do patrimônio, renda ou serviços dos partidos políticos, inclusive sua fundações, das entidades sindicais dos trabalhadores, das instituições de educação e de assistência social sem fins lucrativos e das operações envolvendo livros, jornais, periódicos e o papel destinado a sua impressão.

Além disso, a exemplo do que ocorre na Constituição Federal, há ampla disciplina na Constituição Estadual em relação ao ICMS e em menor grau no tocante aos demais tributos de competência estadual (ITCMD, IPVA, taxas, contribuições de

---

interesse público e eficiência. (Redação dada pela Emenda Constitucional n. 21, de 14 de fevereiro de 2006)."

melhoria e de custeio do serviço público), de sorte que as limitações impostas ao legislador paulista quanto ao ICMS não só decorrem da Constituição Federal, mas também, resultam de rígida disciplina constitucional estadual dada ao imposto.

Vale dizer, *no exercício da competência da auto-organização que lhe foi atribuída pela Constituição Federal de 1988, o Estado de São Paulo optou por submeter expressamente a atividade administrativa estadual aos enunciados constitucionais que versam sobre princípios tributários, imunidades e materialidade possível dos tributos afetos à sua competência, de sorte que a atividade judicante administrativa tributária deve zelar pela fiel observância dos enunciados constitucionais estaduais, sem a exigência de que haja prévia declaração de inconstitucionalidade pelo STF, da forma como exigido pelo artigo 28 e incisos da Lei n. 13.457/2009, nas hipóteses de incompatibilidade vertical com a Constituição Federal.*

10. CONCLUSÕES

i) É de se reconhecer que a tendência na legislação processual administrativa de todas as esferas de poder é a de limitação da atividade judicante, excluindo a apreciação de matéria constitucional, ao menos em relação ao afastamento expresso de lei em face do reconhecimento de sua incompatibilidade vertical com a Constituição.

ii) Nessa linha, a lei processual administrativa paulista não destoa das demais disciplinas legais dadas ao processo administrativo tributário no âmbito federal e municipal paulistano, ao prever a expressamente a impossibilidade de não aplicação da lei dada a sua inconstitucionalidade, a não ser nas hipóteses expressamente previstas nos incisos I e II do artigo 28 da Lei n. 13.457/2009.

iii) É bem verdade que essa limitação à atividade judicante dos órgãos julgadores administrativos no contencioso administrativo tributário paulista, rompe com a tradição do Tribunal de

Impostos e Taxas, documentada pela Questão de Ordem n. 9, produto de longos e férteis debates delimitadores da alçada judicante da Corte e sem dúvida buscam reduzir a amplitude cognitiva em relevantes matérias postas à apreciação, e.g., alcance dos princípios constitucionais tributários, imunidades, conflitos de competência entre ICMS e ISS, materialidade possível do imposto, dentre outras.

iv) Entretanto, é de se ressaltar que a limitação imposta pelo artigo 28 da Lei n. 13.457/2009 já nasce com a redação envelhecida e deve ser interpretada com temperamentos, em especial em relação à possibilidade de modulação de efeitos das decisões pelo STF, impossibilidade de apreciação de inconstitucionalidade de norma não recepcionada ou já revogada pelo STF, tendência irreversível à abstrativização das decisões do STF em sede de controle difuso e da necessária subordinação dos poderes estaduais (Executivo, Legislativo e Judiciário), às disposições da Constituição Estadual Paulista.

v) Por fim, é de se ressaltar a importância do controle de legalidade do ato de lançamento realizada no âmbito do processo administrativo tributário e da necessária garantia de amplitude na interpretação que cerca a atividade judicante administrativa. Sem essa garantia, não mais se poderá falar em controle de legalidade ou em decisões tomadas na esfera do juridicamente possível, em postura atentatória dos princípios da eficiência e celeridade, dada a necessidade de posterior intervenção judicial, em casos cujas matérias já tenham sido decididas pelas instâncias judiciais superiores, com base na confrontação da legislação local com a Constituição Federal.

vi) Cercear aos órgãos julgadores administrativos a plena cognição dos casos postos à sua apreciação, inclusive sem a possibilidade de buscar na Constituição Estadual fundamento de validade para legitimar a tomada de decisão e escolha entre aquelas existentes no âmbito do juridicamente possível, implica em possibilitar que Estado negue a autonomia administrativa, financeira e legislativa que a Constituição Federal lhe outorgou e renegue os programas normativos escolhidos pelo Poder Constituinte Decorrente.

11. REFERÊNCIAS BIBLIOGRÁFICAS

ALMEIDA JUNIOR, Fernando Osório de. **Interpretação conforme a Constituição e direito tributário**. São Paulo: Dialética, 2002.

ARAUJO, Luiz Alberto David; NUNES JUNIOR, Vidal Serrano. **Curso de direito constitucional**. 6. edição. São Paulo: Saraiva, 2002.

ÁVILA, Humberto. **Sistema Constitucional Tributário**. São Paulo: Editora Saraiva, 2010.

BOTTALLO, Eduardo Domingos. Notas e reflexões sobre o novo processo administrativo tributário no Estado de São Paulo (Lei n. 13.457/2009). *In*: FERNÁNDEZ, German Alejandro San Martín; CARVALHO, Antonio Augusto Pereira de. (Org.) **Estudos em Homenagem a José Eduardo Monteiro de Barros – Direito Tributário**. São Paulo: MP Editora, 2010, p. 203/218.

FERRARI, Regina Maria Macedo. **Efeitos da Declaração de Inconstitucionalidade**. 4ª edição, revista, atualizada e ampliada. São Paulo: Editora RT, 1999.

FERRAZ, Ana Cândida da Cunha. **Poder Constituinte do Estado-Membro**. São Paulo: Editora Revista dos Tribunais, 1979.

FERRAZ JUNIOR, Tércio Sampaio. Constituição Brasileira e modelo de Estado: hibridismo ideológico e condicionantes históricas, **Caderno de Direito Constitucional**, São Paulo, vol. 17, out/nov 1996.

MELLO, Marcos Bernardes de. **Teoria do fato jurídico: plano da validade**. São Paulo: Saraiva, 1995.

MENDES, Gilmar Ferreira. **Direitos Fundamentais e Controle de Constitucionalidade**. São Paulo: CB editor/IBDC, 1998.

MENDES, Gilmar Ferreira. **Jurisdição Constitucional**. São Paulo: Saraiva, 1996.

_____; COELHO, Inocêncio Mártires; BRANCO, Paulo Gustavo Gonet. **Curso de Direito Constitucional**. 2ª edição, revista e atualizada, São Paulo: Saraiva, 2008.

MINATEL, José Antonio. Procedimento e processo administrativo tributário: dupla função administrativa, com diferentes regimes jurídicos. *In:* ROCHA, Sérgio André (Coord.). **Processo Administrativo Tributário – Estudos em Homenagem ao Professor Aurélio Pitanga Seixas**. São Paulo: Quartier Latin, 2007.

MORAES, Alexandre de. **Direito Constitucional**. 18ª edição. São Paulo: Atlas, 2005.

NOGUEIRA, Ruy Barbosa. **Da Interpretação e da Aplicação das Leis Tributárias**. São Paulo: Editora RT, 1965.

OLIVEIRA, Júlio Maria; ROMANINI, Carolina Miguel. As Hipóteses de Inaplicabilidade de Lei Pelo Julgador Administrativo. *In*: FERNÁNDEZ, German Alejandro San Martín; CARVALHO, Antonio Augusto Pereira de. (Org.) **Estudos em Homenagem a José Eduardo Monteiro de Barros – Direito Tributário**. São Paulo: MP Editora, 2010, p. 173/194.

PIMENTA. Paulo Roberto Lyrio. **Efeitos da Decisão de Inconstitucionalidade em Direito Tributário**. São Paulo: Dialética, 2002.

SEIXAS FILHO, Aurélio Pitanga. **Princípios fundamentais do direito administrativo tributário (a função fiscal)**. Rio de Janeiro: Forense, 2001.

WARAT, Luis Alberto. **Mitos e Teorias na Interpretação da Lei**. Porto Alegre: Síntese, 1979.

CÁLCULO DO PRAZO DECADENCIAL EM RELAÇÃO AO CRÉDITO INDEVIDO DE ICMS – A APLICAÇÃO DO ARTIGO 173, INCISO I, DO CÓDIGO TRIBUTÁRIO NACIONAL, E A BUSCA DO CONCEITO DE "EXERCÍCIO" PARA OS FINS DO PRAZO DE DECADÊNCIA

ADOLPHO BERGAMINI

Advogado. Juiz do Tribunal de Impostos e Taxas de São Paulo. Pós-Graduado em Direito Tributário pela PUC/SP e em Tributação do Setor Industrial pela FGV/SP – GVlaw. Professor de Direito Tributário na APET e na FECAP. Professor convidado na GVlaw, Escola Paulista de Direito (EPD), nos cursos LFG. Autor e coordenador de obras doutrinárias dedicadas ao Direito Tributário. Membro do Conselho Consultivo da APET, do Conselho Editorial da Revista de Direito Tributário da APET e do Comitê Técnico da Revista de Estudos Tributários da IOB.

1. INTRODUÇÃO

A despeito de serem temas por demais conhecidos, o ICMS e a decadência ainda são fontes de incontáveis controvérsias entre Fiscos e contribuintes. O embate chega ao seu clímax quando esses dois temas – ICMS e decadência – são analisados conjuntamente para se saber qual o termo inicial do prazo decadencial do lançamento tributário de ofício, via Auto de Infração, que tenha como objeto o crédito do imposto apropriado indevidamente.

O propósito do presente ensaio é enfrentar o tema em todas as suas facetas.

Por essa razão, em proêmio serão analisadas as espécies de lançamentos atualmente existentes, mormente os lançamentos de ofício e por homologação, o prazo decadencial aplicável a cada um, bem como a inserção do ICMS neste último.

Em seguida, o estudo terá como foco os aspectos jurídicos que orbitam a decadência no direito tributário e, após considerá-la no contexto da constituição do crédito tributário motivado pela apropriação indevida de créditos de ICMS.

Nessa oportunidade será demonstrado, do ponto de vista contábil e escritural, como os créditos de ICMS estão contextualizados no evento *pagamento* do tributo para, em seguida, enquadrá-lo na disciplina dada pelo artigo 150, §§1º e 4º do Código Tributário Nacional.

Seguindo a trilha natural de exame, a abordagem subsequente será a análise dos posicionamentos jurisprudenciais dos tribunais administrativos e judiciais sobre a aplicabilidade do artigo 173, inciso I, do Código Tributário Nacional, ou artigo 150, §4º, também do Código Tributário Nacional, para as situações em que os Fiscos Estaduais constituem crédito tributário a partir da glosa de créditos de ICMS apropriados indevidamente pelo contribuinte.

Por fim, estar-se-á diante do escopo que em verdade motivou este ensaio: perquirir a correta aplicação do prazo decadencial disciplinado pelo artigo 173, inciso I, do Código Tributário Nacional, bem como a busca do conteúdo semântico que o termo *"exercício"* exprime nesse contexto.

Feita essa introdução, segue agora, sem mais delongas, o exame do que fora proposto.

2. AS ESPÉCIES DE LANÇAMENTOS TRIBUTÁRIOS: ANÁLISE DO PRAZO DECADENCIAL APLICÁVEL AOS LANÇAMENTOS DE OFÍCIO E POR HOMOLOGAÇÃO, BEM COMO O ENQUADRAMENTO DO ICMS NESTE ÚLTIMO

De acordo com o artigo 150, do Código Tributário Nacional, o lançamento por homologação é aplicável aos tributos cuja legislação atribua ao sujeito passivo o dever de declarar à autoridade administrativa as operações tributáveis, calcular o montante devido e antecipar o seu pagamento sem prévio exame do Fisco. Tal pagamento extingue o crédito tributário sob condição resolutória de ulterior homologação, nos termos do §1º do artigo 150 do Código Tributário Nacional.

Isso só é possível porque, nas situações em que há o lançamento por homologação, é dado ao contribuinte conhecer os elementos da própria obrigação tributária, especialmente os aspectos material, temporal, espacial, quantitativo e subjetivo, bem como os meios ao seu pagamento.

Ou seja, conhecedor de todos os elementos que constituem a obrigação tributária, o contribuinte está autorizado a quitá-la antecipadamente e prestar as respectivas informações ao Fisco, que poderá, ou não, homologar esses procedimentos dentro do prazo de 05 (cinco) anos. Segundo o §4º do mesmo artigo 150 do Código Tributário Nacional, este prazo tem seu marco inicial na data da ocorrência do fato gerador.

Cabe aqui um breve aparte. Apesar de ser essa a norma contida no artigo 150, §4º, do Código Tributário Nacional, penso que em verdade o termo inicial do prazo decadencial aplicável aos tributos sujeitos ao lançamento por homologação consiste no dia em que é entregue a declaração constitutiva do crédito tributário pelo contribuinte (DCTF em relação aos tributos federais e GIA em quanto aos estaduais). Afinal, somente com ela (a declaração constitutiva) é que será possível ao Fisco verificar a retidão do cálculo do tributo pelo contribuinte e, ainda, do pagamento por ele antecipado.

A par do lançamento por homologação, há o lançamento de ofício. Neste estão compreendidos aqueles tributos cujo adimplemento não é possível de ser cumprido pelo contribuinte sem que, antes, o próprio Fisco trace os limites da obrigação tributária, na forma do artigo 142 do Código Tributário Nacional. Tenha-se como exemplo o IPTU. Pelo fato de a base de cálculo do imposto ser, em regra, o valor venal do imóvel apurado segundo a Planta Genérica calculada pelo próprio Município, o proprietário (contribuinte) só poderá quitar a obrigação depois da respectiva notificação pelo Fisco Municipal.

O prazo decadencial aplicável aos tributos sujeitos ao lançamento de ofício é disciplinado pelo artigo 173, inciso I, também do Código Tributário Nacional, que dá como termo inicial o *"primeiro dia do exercício seguinte àquele em que o lançamento poderia ter sido efetuado"*.

O ICMS é imposto cujo lançamento se dá por *homologação*, disso não há dúvidas, porquanto a legislação do imposto permite ao contribuinte adimplir a obrigação tributária ao lhe fornecer todos os elementos componentes da obrigação tributária e, ainda, mecanismos ao seu pagamento antecipado.

Por essa razão, deveriam ser aplicáveis ao ICMS, sempre, as regras do artigo 150, §4º, do Código Tributário Nacional[1], inclusive em relação à apropriação de créditos indevidos pelo contribuinte, conforme será examinado nas linhas seguintes.

3. APLICABILIDADE DO ARTIGO 150, §4º, DO CÓDIGO TRIBUTÁRIO NACIONAL, AO CÔMPUTO DO PRAZO DECADENCIAL APLICÁVEL À GLOSA DE CRÉDITOS INDEVIDOS DE ICMS

Conforme é sabido, a incidência do ICMS ocorre na saída de mercadoria do estabelecimento do contribuinte ou na ocasião

---

1. A única exceção seria a hipótese de o contribuinte agir de má-fé, consoante a parte final do mencionado artigo 150, §4º, do Código Tributário Nacional.

da prestação de serviços de transporte interestadual, intermunicipal ou de comunicação, sendo o seu valor calculado pela aplicação de uma alíquota ao valor da operação. Este resultado é o montante de imposto devido (despesa de ICMS), que será pago com (i) créditos e (ii) dinheiro.

Do ponto de vista contábil, ao realizar determinada venda, o contribuinte credita em conta de passivo *"ICMS a Recolher"* a contrapartida de em débito na conta *"Despesa com ICMS"*, que é o imposto devido. O pagamento do ICMS se dará pelo crédito da conta *"ICMS a Recuperar"* em contrapartida a um débito no passivo *"ICMS a Recolher"*, devendo o saldo credor existente ser debitado em contrapartida a um crédito da conta *"Disponibilidades"*. Essa breve descrição deixa claro que os *créditos* de ICMS do contribuinte, lançados em conta de ativo a *débito contábil*, são indissociáveis do *fato* do pagamento do imposto.

Tais conclusões são confirmadas pelo exame da escrituração fiscal do ICMS. De acordo com a legislação, o imposto destacado na Nota Fiscal de aquisição é lançado como crédito no livro Registro de Entradas. Já o ICMS calculado a cada venda é destacado na Nota Fiscal emitida pelo contribuinte e registrado no livro Registro de Saídas. Ao final do mês, o total de débitos do imposto, que é a despesa tributária total no período, será diminuído do total dos créditos apropriados pelas entradas de mercadorias e, deste encontro de contas, surgirá o valor a pagar em dinheiro ao Fisco; ou o valor do crédito a ser transportado ao período subsequente de apuração (hipótese de saldo credor).

Disso fica claro que, tanto do ponto de vista contábil como escritural, os créditos de ICMS realmente constituem *moeda escritural de pagamento* do imposto, porquanto reduzem o montante final a ser pago em dinheiro. Esse é, inclusive, o entendimento do Superior Tribunal de Justiça a respeito, *in verbis*:

> "[...] 3. O termo "cobrado" deve ser, então, entendido como "apurado", que não se traduz em valor em dinheiro, porquanto a compensação se dá entre operações de débito (obrigação

tributária) e crédito (direito ao crédito). Por essa razão, o direito de crédito é uma moeda escritural, cuja função precípua é servir como moeda de pagamento parcial de impostos indiretos, orientados pelo princípio da não-cumulatividade [...]"
(STJ, AgRg no REsp 1065234/RS. 1ª Turma. DJe 01/07/2010).

Ora, se assim o é, então a apropriação e utilização dos créditos de ICMS, ainda que indevidos, está no contexto do *pagamento antecipado* condicionado a ulterior homologação pelo Fisco de que trata o artigo 150, §1º, do Código Tributário Nacional. Logo, o prazo decadencial à glosa desses créditos indevidos deve ser disciplinado pelo §4º do mesmo dispositivo.

Há, entretanto, entendimentos de alguns Fiscos Estaduais pela aplicação do artigo 173, inciso I, do Código Tributário Nacional, ao cômputo do prazo decadencial que, em suma, sustentam que os valores eventualmente exigidos em auto de infração são lançados de ofício após as verificações fiscais, nos termos do artigo 149, incisos V e VIII, do Código Tributário Nacional.

São relativamente comuns autuações lavradas pelos Fiscos Estaduais glosando créditos de ICMS utilizados para pagamento do imposto que, todavia, são perpetradas quando já decorrido o quinquênio contado da ocorrência do fato gerador (a apropriado dos créditos pelos contribuintes), ou da entrega da declaração constitutiva de crédito, nos termos do artigo 150, §4º, do Código Tributário Nacional. Fazem-no, os Fiscos, justamente porque a eles este fato é irrelevante em vista do entendimento segundo, sendo o auto de infração, um ato de ofício, deve ser aplicável o artigo 173, inciso I, do Código Tributário Nacional.

Contudo, essa não parece ser a trilha mais adequada a se seguir. Afinal, a *não homologação* é atividade ínsita ao artigo 150, §1º, do Código Tributário Nacional. E o prazo para a *não homologação* é de 05 (cinco) anos contados do fato gerador do tributo, nos exatos termos do artigo 150, §4º. Admitir o deslocamento do início do prazo decadencial àquele previsto no artigo 173, inciso I, do Código Tributário Nacional, seria fazer letra morta do artigo 150, §§1º e 4º.

Dado este embate, fica evidente a necessidade de se examinar a jurisprudência administrativa e judicial.

4. A JURISPRUDÊNCIA ADMINISTRATIVA E JUDICIAL SOBRE A APLICABILIDADE DO PRAZO DECADENCIAL À GLOSA DE CRÉDITOS INDEVIDOS DE ICMS

A jurisprudência administrativa apresenta posicionamentos divergentes em relação à aplicabilidade dos artigos 150 ou 173 ao cálculo do prazo decadencial à glosa de créditos de ICMS.

O Conselho de Contribuintes do Estado do Rio de Janeiro já se manifestou favoravelmente à aplicabilidade do artigo 150, §4º, do Código Tributário Nacional. Vejamos:

> "ICMS – CRÉDITO INDEVIDO.
>
> PRELIMINAR DE DECADÊNCIA acolhida. Não sendo comprovado dolo específico no caso das transferências de crédito de ICMS objeto da Inicial, não há que se falar na não aplicação do §4º do artigo 150 do CTN [...]".
>
> (CC/RJ, 3ª Câmara. Recurso n. 35.818 (26.635), Acórdão n. 7.840).
>
> "ICMS – PRELIMINAR DE EXTINÇÃO DE PARTE DO CRÉDITO TRIBUTÁRIO EXIGIDO NO LANÇAMENTO PELA DECADÊNCIA. O prazo inicial para a contagem da decadência para os impostos sujeitos ao chamado auto-lançamento é o consignado no § 4º do art.150 do Código Tributário Nacional.
>
> ICMS – CRÉDITO INDEVIDO – MATERIAL DE USO E CONSUMO DO ESTABELECIMENTO. Inadmissível o aproveitamento do crédito fiscal relativo à aquisição de materiais refratários de qualquer espécie, visto que são considerados bens de uso e consumo do estabelecimento, os quais somente

CONTENCIOSO ADMINISTRATIVO TRIBUTÁRIO

darão direito a crédito do imposto a partir de 1º de janeiro de 2011, *ex vi* do disposto pelos artigos 32, 33, § 2º, e 83, inciso I, da Lei n. 2.657/1996, com a redação da lei n. 5.037/2007. Recurso desprovido".

(CC/RJ, 1ª Câmara, Recurso n. – 30.440, Acórdão n. 7.681).

O Conselho de Contribuintes do Estado de Minas Gerais, por sua vez, tem se posicionado pela aplicação do artigo 173, inciso I, do Código Tributário Nacional, às autuações que tenham sido motivadas pela glosa de créditos indevidos de ICMS. Seguem precedentes nesse sentido:

> "[...] Inicialmente, a Impugnante erige a decadência do direito da Fazenda Pública realizar o lançamento com fundamento no § 4º do art. 150 do Código Tributário Nacional (CTN). No entanto, tal dispositivo se refere à homologação tácita dos valores recolhidos pela Contribuinte por ocasião do lançamento realizado, e não dos valores não pagos que são submetidos ao lançamento de ofício, previsto no inciso I do art. 173 do CTN.
>
> [...]
>
> Sobre o tema, o Egrégio Tribunal de Justiça do Estado de Minas Gerais em decisão de 15/03/07 confirmou tal posição em acórdão assim ementado:
>
>> DIREITO TRIBUTÁRIO. PRAZO DECADENCIAL. CONVÊNIO 69/1998. ICMS/COMUNICAÇÃO. BASE DE CÁLCULO. ILEGALIDADE. CDA. PRESUNÇÃO RELATIVA DE CERTEZA E LIQUIDEZ. HONORÁRIOS ADVOCATÍCIOS. EXECUÇÃO EMBARGADA. ART. 20, § 4º, DO CÓDIGO DE PROCESSO CIVIL. NÃO HAVENDO PAGAMENTO DO TRIBUTO OU NÃO CARACTERIZANDO A HIPÓTESE DE HOMOLOGAÇÃO EXPRESSA OU TÁCITA PELA FAZENDA PÚBLICA DO LANÇAMENTO, NÃO SE APLICA O DISPOSTO NO ART. 150, § 4º, DO CÓDIGO TRIBUTÁRIO NACIONAL EM RELAÇÃO À DECADÊNCIA. INCIDE, NESTA SITUAÇÃO, A REGRA GERAL ESTABELECIDA PELO ART. 173, INC. I, DO CÓDIGO TRIBUTÁRIO NACIONAL, CONFORME

CONTENCIOSO ADMINISTRATIVO TRIBUTÁRIO

> A JURISPRUDÊNCIA DO SUPERIOR TRIBUNAL DE JUSTIÇA (...). TJMG – PROC. N. 1.0024.05.692077-0/001(1); RELATORA DESEMBARGADORA MARIA ELZA; PUB. 30/03/2007.
>
> Naquela decisão, ao analisar exigência sobre serviço preparatório de comunicação não levado à tributação pelo ICMS, mas tributado pelo ISS, a Contribuinte recolheu o saldo devedor mensal apurado, como na situação ora em análise. Entenderam os ilustres julgadores que não havendo o pagamento sobre aquela parcela, não há que se falar em homologação, mas sim em lançamento de ofício, ensejando aplicação da norma do art. 173, I do CTN.
>
> [...]
>
> Dessa forma, sob a luz do art. 173, inciso I do CTN, o prazo para a Fazenda Pública Estadual constituir o crédito tributário expirou em 31 de dezembro de 2010, não ocorrendo a decadência relativamente ao crédito tributário exigido, uma vez que a Autuada foi regularmente intimada da lavratura do Auto de Infração em 23 de novembro de 2010, conforme consta às fls. 06 dos autos [...]
>
> (CC/MG, Acórdão: 19.289/11/2ª, PTA/AI: 01.000167930-62).

Já a jurisprudência do Tribunal Administrativo de Recursos Fiscais do Estado do Rio Grande do Sul não é uniforme quanto à aplicação do artigo 150, §4º, do Código Tributário Nacional, ao cômputo do prazo decadencial à glosa de créditos indevidos de ICMS. Vejamos:

> "[...] A decisão de 1ª instância apresentou manifestação sobre todos os argumentos trazidos aos autos, expondo, ainda que objetivamente, as razões pelas quais chegou à conclusão final. Assim sendo, não enxergo ausência de fundamentação na decisão singular, razão pela qual afasto tal preliminar.
>
> Já em relação à decadência, consta que o lançamento em questão, datado de 14-09-2009, refere-se ao período compreendido entre janeiro de 2004 e março de 2006.
>
> Entendo, pois, que o auto de lançamento não poderia abarcar operações anteriores ao dia quatorze de setembro do ano de

2004, em face do implemento do prazo decadencial de cinco anos.

Necessário referir que tenho acompanhado o novo posicionamento de parte desta Colenda Primeira Câmara, inaugurado pelo eminente Juiz, Dr. Rafael Nichele, no que tange à aplicação da regra constante do §4º do artigo 150 do CTN [...]".

(TARF/RS. Recurso n. 1269/10. Acórdão n. 478/11. Processo n. 116527-14.00/10-9).

Conforme já adiantado, tal decisão não é o entendimento unânime do Tribunal Administrativo de Recursos Fiscais do Rio Grande do Sul, afinal, há decisões aplicando o artigo 173, inciso I, do Código Tributário Nacional, combinado com o artigo 149, também do Código Tributário Nacional, ao argumento de que a apropriação do crédito de ICMS, posteriormente tido como indevido, reduziu o imposto a pagar sem que houvesse a configuração do evento *pagamento antecipado* (em dinheiro), de modo ser impossível aplicar a regra da homologação pelo simples fato de não haver qualquer atividade homologatória nessa situação. Seguem os trechos relevantes do precedente:

"[...] 1. decadência:

Com referência à preliminar de decadência evidenciada pela recorrente em seu apelo voluntário, destaco que o meu posicionamento está consolidado de acordo com os doutrinadores clássicos do Direito Tributário Brasileiro, onde no meu entender, salvo melhor juízo, a solução do impasse encontra-se na parte em que se estuda as modalidades do lançamento, a saber:

1 – O Lançamento Direto refere-se às hipóteses em que o lançamento, por determinação legal, deve ser efetuado de ofício pela autoridade administrativa, conforme disposição contida no Art. 149, inciso I, do Código Tributário Nacional. Como exemplo, citamos o Imposto sobre a Propriedade de Veículo Automotor (IPVA). Alguns autores entendem que esta modalidade encontra-se absorvida pela modalidade do lançamento de ofício.

2 – Lançamento por Homologação é o lançamento feito quanto aos tributos cuja legislação atribua ao sujeito passivo o dever de antecipar o pagamento sem prévio exame da autoridade administrativa no que concerne a sua determinação. Opera-se pelo ato em que a autoridade, tomando conhecimento da determinação feita pelo sujeito passivo, expressamente a homologa. Em outras palavras, é do sujeito passivo a atribuição de operar o lançamento e a efetuar (antecipar) o pagamento do tributo e o sujeito ativo, limitando-se a homologá-lo, expressa ou tacitamente, mantendo, contudo, uma fiscalização genérica. Encontra-se previsto no art. 150 do CTN e citamos como exemplo o IPI, ICMS e o ISSQN.

3 – Lançamento por Declaração é aquele constituído em face de declaração fornecida pelo contribuinte ou terceiro, quando um ou outro presta à autoridade administrativa informações quanto à matéria de fato indispensável a sua efetivação. Sintetizando, é a modalidade em que o sujeito passivo fornece os elementos e o sujeito ativo efetua o lançamento. Sua fundamentação encontra-se no art. 147 do CTN e citamos como exemplo a Declaração Anual de Imposto de Renda, tanto na pessoa física como jurídica.

4 – O lançamento de ofício ou suplementar é aquele que é efetuado por iniciativa da autoridade administrativa, independentemente de qualquer colaboração do sujeito passivo. Qualquer tributo pode ser lançado de ofício, desde que não tenha sido lançado regularmente na outra modalidade. Resumindo, é a modalidade em que o próprio Fisco efetua o lançamento, por sua iniciativa própria. A Fundamentação legal encontra-se no art. 142 do CTN.

Frisamos que nas modalidades de lançamento por homologação e por declaração a iniciativa é do Sujeito Passivo enquanto que no lançamento direto e no de ofício a iniciativa é do Fisco.

O lançamento com base em declaração não gera efeitos confirmatórios-extintivos-extintivos, uma vez que o pagamento somente se dá após notificação regular do ato feita ao sujeito passivo, o qual poderá optar pelo pagamento ou não, sendo esta a principal diferenciação com o lançamento por homologação que desencadeia efeitos confirmatórios-extintivos, porque somente se aperfeiçoa com o pagamento e a confirmação-extinção do crédito por meio do ato homologatório, expresso ou tácito.

> O pagamento por homologação somente é passível de concretização se existiu pagamento. Não tendo o contribuinte antecipado o pagamento devido, nem expressa, nem tacitamente, dar-se-á a homologação. Nesse caso então, poderá ter lugar o lançamento de ofício, disciplinado no art. 149 do CTN.
>
> A inexistência de pagamento de tributo que deveria ter sido lançado por homologação, ou a prática de dolo, fraude ou simulação por parte do sujeito passivo ensejam a prática do lançamento de ofício, ou revisão de ofício, prevista no art. 149. Inaplicável se torna então a forma de contagem disciplinada no art. 150, § 4º, do CTN, própria para homologação tácita do pagamento (se existente). Ao lançamento de ofício, aplica-se a regra geral do prazo decadencial de cinco anos e a forma de contagem fixada no artigo 173 do CTN. Dessa forma, compreende-se a ressalva constante no § 4º, do art. 150 do CTN: "salvo se comprovada a ocorrência de dolo, fraude ou simulação".
>
> O caso dos autos envolve a modalidade de lançamento de ofício. O art. 173 do CTN estabelece que o direito de a Fazenda Pública constituir o crédito tributário extingue-se após 5 (cinco) anos, contados do primeiro dia do exercício seguinte àquele em que o lançamento poderia ter sido efetuado. Por conseguinte, na data em que constituído, não havia ainda o direito sido fulminado pela fluência do prazo decadencial, que no caso ocorreria somente em 31/12/2005 [...]".
>
> (TARF/RS, Recurso n. 1233/10, Acórdão n. 490/11, Processo n. 123960-14.00/10-4).

A Câmara Superior do Tribunal de Impostos e Taxas de São Paulo por longo tempo sustentou que o prazo decadencial à glosa de créditos indevidos de ICMS havia de ser calculado pelo artigo 150, §4º, do Código Tributário Nacional, conforme segue abaixo:

> "ICMS. CRÉDITO INDEVIDO DO IMPOSTO REFERENTE VALORES SUPERIORES AOS DESTACADOS EM DOCUMENTO FISCAL e CRÉDITOS SEM COMPROVAÇÃO DE ORIGEM – DECADÊNCIA PARCIAL. Conheço do recurso, mas nego-lhe provimento nos termos do pacificado entendimento desta Câmara Superior de que é aplicável o artigo 150,

§ 4º do CTN. RECURSO CONHECIDO. NEGADO PROVIMENTO. DECISÃO NÃO UNÂNIME".

(TIT/SP, Câmara Superior, Processo DRTC-II-886369/2007).

"ICMS. DECADÊNCIA – ACUSAÇÃO REFERENTE A CRÉDITO INDEVIDO DO IMPOSTO POR ENTRADA DE MERCADORIA ACOMPANHADA DE DOCUMENTAÇÃO INIDÔNEA. Nossos tribunais superiores não têm jurisprudência firmada a respeito do tema "decadência". PEDIDO DE REFORMA DE JULGADO NÃO CONHECIDO. DECISÃO NÃO UNÂNIME".

(TIT/SP, Câmara Superior, Processo DRTC II-562797/2007).

"ICMS. I – CRÉDITOS INDEVIDOS RELATIVOS À ENTRADA DE MERCADORIAS NO ESTABELECIMENTO ACOBERTADAS POR NOTAS FISCAIS QUE NÃO ATENDAM AS CONDIÇÕES PREVISTAS NO RICMS/00. Pedido de Reforma de Julgado Administrativo requerido pela FESP. Alegação de interpretação quanto à decadência divergente da adotada pelo Superior Tribunal de Justiça. A Fazenda Pública não logrou êxito ao demonstrar a divergência, havendo ausência de requisito de admissibilidade para o apelo, uma vez que nossos Tribunais Superiores não têm jurisprudência firmada a respeito do tema. PEDIDO DE REFORMA DE JULGADO NÃO CONHECIDO. DECISÃO NÃO UNÂNIME".

(TIT/SP, Câmara Superior, Processo DRT 12-2478/2008).

O aludido posicionamento, firme na aplicação do artigo 150, §4º, do Código Tributário Nacional, às autuações motivadas pela glosa de créditos indevidos de ICMS, instigou a Secretaria da Fazenda do Estado de São Paulo a divulgar o Ofício Circular n. 002/2010, dando orientação (i) à Diretoria Executiva da Administração Tributária a observar a jurisprudência da Câmara Superior do TIT sobre a matéria para o planejamento de ações fiscais e à lavratura de Autos de Infração e Imposição de Multa, bem como (ii) à Diretoria da Representação Fiscal para não interpor recursos ou formular pedidos postulando a aplicação de regra diversa daquela fixada nos Acórdãos da Câmara Superior.

CONTENCIOSO ADMINISTRATIVO TRIBUTÁRIO

Na justificativa do referido ofício administrativo, está dito que *"a medida se impõe em razão de que tais recursos não apresentam possibilidade de êxito em face da jurisprudência atual, retardando, inclusive, a cobrança de crédito tributário remanescente pela Fazenda Pública, dado que na grande maioria dos casos se verifica a manutenção das infrações em valores muito superiores aos itens cancelados por decadência"*. Segue o seu inteiro teor:

> "O Coordenador da Administração Tributária, no uso de suas atribuições legais, considerando as decisões emanadas pela Câmara Superior do Tribunal de Impostos e Taxas acerca do prazo decadencial para constituição do crédito tributário decorrente de creditamento indevido do ICMS; considerando a relevância da matéria; considerando os princípios da eficiência e da economia processual e a necessidade de padronizar os procedimentos no âmbito das diretorias da CAT, resolve:
>
> I – A Câmara Superior do Tribunal de Impostos e Taxas vem decidindo reiteradamente, em sede de Recurso Especial, que a regra de decadência aplicável aos lançamentos de ofício por creditamento indevido de ICMS, sem que haja comprovação de dolo, fraude ou simulação, é aquela contida no artigo 150, §4º do Código Tributário Nacional – CTN, segundo o qual a Administração dispõe do prazo de cinco anos para constituir o crédito tributário, contados a partir da ocorrência do fato gerador. Dezenas de processos já foram julgados nesse mesmo sentido.
>
> II – Em face de tais decisões, a Fazenda Pública vem interpondo Pedidos de Reforma de Julgado, sustentando que as decisões proferidas em Recurso Especial divergem da jurisprudência consolidada no Poder Judiciário, no que diz respeito à regra de decadência aplicável aos lançamentos fiscais por creditamento indevido de ICMS. Nesses pedidos, a Fazenda Pública postula a aplicação do disposto no artigo 173, inciso I, do CTN para os casos da espécie, na qual o prazo de cinco anos começa a fluir a partir do 1º dia do exercício seguinte àquele em que o lançamento poderia ter sido efetuado.
>
> III – Em sessão monotemática realizada no dia 16 de setembro de 2010, o órgão pleno do TIT procedeu ao Julgamento

de vinte pedidos de reforma de julgado apresentados pela Fazenda Pública e concluiu, por expressiva maioria de votos, pelo não conhecimento dos pedidos, por ausência de pressuposto de conhecimento definido no artigo 50, inciso II, da Lei n. 13.457/2009. O órgão de julgamento entendeu que não há jurisprudência consolidada sobre a matéria nos tribunais superiores, no caso, o Superior Tribunal de Justiça, impossibilitando o conhecimento dos apelos. Nesse sentido, as decisões recorridas restaram inalteradas. Dos dezesseis juízes que integram a Câmara Superior, treze votaram pelo não conhecimento e três votaram pelo conhecimento.

IV – A decisão da Câmara Superior em sede de Pedido de Reforma de Julgado é definitiva no âmbito do contencioso administrativo tributário, dela não cabendo qualquer tipo de Recurso. Muito embora não signifique o fim das discussões jurídicas sobre o tema, esses julgados sinalizam forte entendimento do Tribunal de Impostos e Taxas e servirão de baliza para o julgamento dos demais processos versando sobre o mesmo tema.

V – Nesse sentido, até que sobrevenha eventual modificação do entendimento dos Tribunais Superiores do Poder Judiciário no que se refere à matéria objeto deste ofício, observar-se-á o que segue:

1 – A Diretoria Executiva da Administração Tributária – DEAT – observará a jurisprudência da Câmara Superior do TIT sobre a matéria, no que se refere ao planejamento da ação fiscal e à lavratura do Auto de Infração e Imposição de Multa.

2 – A Diretoria da Representação Fiscal não deverá interpor recursos ou formular pedidos postulando a aplicação de regra diversa daquela fixada nos Acórdãos da Câmara Superior, especificamente no que se refere à matéria versada nesse Ofício. A medida se impõe em razão de que tais recursos não apresentam possibilidade de êxito em face da jurisprudência atual, retardando, inclusive, a cobrança de crédito tributário remanescente pela Fazenda Pública, dado que na grande maioria dos casos se verifica a manutenção das infrações em valores muito superiores aos itens cancelados por decadência."

Contudo, na sessão realizada em 22 de março de 2011, a Câmara Superior do Tribunal de Impostos e Taxas modificou o seu posicionamento quanto à matéria, passando a entender que, às autuações que tenham como objeto o creditamento indevido de ICMS, devem ser aplicadas as regras do artigo 173, inciso I, do Código Tributário Nacional, em detrimento ao artigo 150, §4º, do mesmo diploma, a exemplo do que se pode verificar pela leitura das ementas abaixo transcritas:

> "ICMS. REFORMA DE JULGADO. CREDITAMENTO INDEVIDO. DECADÊNCIA. APLICAÇÃO DO ARTIGO 173, I DO CTN. ANTAGONISMO ENTRE A DECISÃO REFORMANDA E A JURISPRUDÊNCIA DO STJ. Está firmada, consolidada e pacificada a jurisprudência do Superior Tribunal de Justiça para aplicar a regra do artigo 173, I do CTN nos casos de aproveitamento irregular de créditos do ICMS. PEDIDO CONHECIDO. PROVIDO. DECISÃO NÃO UNÂNIME. Vencido o voto do juiz relator pelo não conhecimento do pedido".
>
> (TIT/SP, Câmara Superior, Processo DRT 12-921223/06).
>
> "ICMS. REFORMA DE JULGADO. CREDITAMENTO INDEVIDO. DECADÊNCIA. APLICAÇÃO DO ARTIGO 173, I DO CTN. ANTAGONISMO ENTRE A DECISÃO REFORMANDA E A JURISPRUDÊNCIA DO STJ. Está firmada, consolidada e pacificada a jurisprudência do Superior Tribunal de Justiça para aplicar a regra do artigo 173, I do CTN nos casos de aproveitamento irregular de créditos do ICMS. PEDIDO CONHECIDO. PROVIDO. DECISÃO NÃO UNÂNIME".
>
> (TIT/SP, Câmara Superior, Processo DRT 12-921154/2006).

Fê-lo, a Câmara Superior do Tribunal de Impostos e Taxas de São Paulo, seguindo o entendimento firmado no Superior Tribunal de Justiça quanto à aplicabilidade do artigo 173, inciso I, do Código Tributário Nacional, à contagem do prazo decadencial para o Fisco constituir crédito tributário em relação à apropriação de crédito indevido de ICMS. *In verbis*:

"[...] 3. A jurisprudência do STJ firmou o entendimento no sentido de que, havendo creditamento indevido de ICMS, o prazo decadencial para que o Fisco efetue o lançamento de ofício é regido pelo art. 173, I, do CTN, contando-se o prazo de cinco anos, a partir do primeiro dia do exercício seguinte à ocorrência do fato imponível, donde se dessume a não ocorrência, *in casu*, da decadência do direito de o Fisco lançar os referidos créditos tributários.

Agravo regimental improvido".

(STJ, AgRg no REsp 1199262 / MG, Rel. Min. Humberto Martins, DJe 09/11/2010).

"PROCESSUAL CIVIL. AGRAVO REGIMENTAL NO AGRAVO DE INSTRUMENTO. TRIBUTÁRIO. ICMS. CREDITAMENTO INDEVIDO DO IMPOSTO. LANÇAMENTO DE OFÍCIO. APLICAÇÃO DA REGRA PREVISTA NO ART. 173, I, DO CTN. SUPOSTA OFENSA AOS ARTS. 19 E 20 DA LC 87/96. ACÓRDÃO RECORRIDO FUNDADO NO ART. 155, § 2º, II, DA CF/88. ENFOQUE CONSTITUCIONAL DA MATÉRIA.

1. Havendo creditamento indevido de ICMS, o prazo decadencial para que o Fisco efetue o lançamento de ofício é regido pelo art. 173, I, do CTN, razão pela qual a decadência não ficou caracterizada no caso dos autos, como bem observou o Tribunal de origem.

Nesse sentido: REsp 842.413/MG, 2ª Turma, Rel. Min. Castro Meira, DJ de 19.10.2006; REsp 979.228/RS, 2ª Turma, Rel. Min. Eliana Calmon, DJe de 16.4.2009".

(STJ, AgRg no Ag 1273246/RS, Rel. Min. Mauro Campbell Marques, DJe 03/09/2010).

Diante desse novo panorama, os esforços não devem se inclinar à investigação de qual o dispositivo a regulamentar a contagem do prazo decadencial para que o Fisco efetue o lançamento relativo à apropriação de créditos indevidos de ICMS, já que, apesar de alguns tribunais administrativos ainda aplicarem o artigo 150, §4º, do Código Tributário Nacional, o Superior Tribunal de Justiça já se posicionou pela aplicação do artigo 173, inciso I, do Código Tributário Nacional, no que foi seguido por alguns órgãos de julgamento administrativo, a exemplo do novel entendimento da Câmara Superior do Tribunal de Impostos e Taxas de São Paulo.

Assumindo, pois, que o artigo 173, inciso I, é a norma aplicável, então o que se torna relevante nesse contexto é compreender a sua correta aplicação, em especial o que significa a expressão *exercício* para os fins da decadência tributária.

5. A APLICAÇÃO DO ARTIGO 173, INCISO I, DO CÓDIGO TRIBUTÁRIO NACIONAL, E A BUSCA DO QUE SEJA *EXERCÍCIO* AOS FINS DA CONTAGEM DO PRAZO DECADENCIAL

O artigo 173, inciso I, do Código Tributário Nacional, conta com a seguinte redação:

> "Art. 173. O direito de a Fazenda Pública constituir crédito tributário extingue-se após 5 (cinco) anos, contados:
> I – do primeiro dia do exercício seguinte àquele em que o lançamento poderia ter sido efetuado".

O vocábulo *exercício* exprime inúmeros conteúdos semânticos e, consequentemente, diversas unidades de tempo para medi-lo. Dada a falta de definição deste conceito aos fins do prazo decadencial, é necessário construí-lo a partir de uma interpretação sistêmica do ordenamento jurídico.

Ao se referir ao *exercício social*, por exemplo, o artigo 175 da Lei n. 6.404/76 dispõe que, em regra, sua duração será de 01 (um), mas poderá ter outra duração a depender do estatuto da sociedade.

Já o artigo 150, inciso III, alínea *"b"*, da Constituição Federal, refere-se ao termo *exercício financeiro* para regulamentar o princípio constitucional da anterioridade. Neste caso específico, a jurisprudência equiparou o conceito de *exercício financeiro* ao de *exercício civil* para garantir a esperada segurança jurídica das relações tributárias, evitando que o contribuinte seja surpreendido com leis que venham a instituir ou aumentar tributos no apagar das luzes de todos os anos. Para esses fins exclusivos, o vocábulo *exercício* deve ser entendido como o período compreendido entre 1º de janeiro e 31 de dezembro de cada ano.

Ocorre que o *exercício* dito no texto do artigo 173, inciso I, do Código Tributário Nacional, não é aquele tratado na Lei das Sociedades por Ações, tampouco o *exercício financeiro* mencionado no artigo 150, inciso III, alínea "b", da Constituição Federal.

É necessário, pois, caracterizá-lo devidamente.

A redação do já mencionado artigo 173, inciso I, do Código Tributário Nacional, dá conta que o *exercício* lá referido é o *seguinte àquele em que o lançamento poderia ter sido efetuado.* Para se saber, então, qual o *exercício* dito no citado dispositivo, é necessário saber, antes, o momento a partir do qual o lançamento de ofício (via Auto de Infração) pode ser efetuado.

Em se tratando de tributos sujeitos ao lançamento por homologação, tal possibilidade existe a partir da entrega da declaração do contribuinte que constitui crédito tributário, nos termos do artigo 150 do Código Tributário Nacional.

A corroborar essas conclusões, tenha-se em conta que o Superior Tribunal de Justiça, ao ser instado a se manifestar sobre essa sistemática em relação à denúncia espontânea, decidiu que o contribuinte que entrega declaração constitutiva do crédito tributário (GIA, DCTF, etc), mas realiza o pagamento antecipado a destempo, não poderá fazê-lo com a exclusão da multa (moratória ou punitiva) porque, segundo o entendimento firmado, a entrega da declaração tem o efeito de iniciar o *"procedimento administrativo ou medida de fiscalização"* relatado no artigo 138, parágrafo único, do Código Tributário Nacional[2].

---

2. "TRIBUTÁRIO. ICMS. EMBARGOS À EXECUÇÃO FISCAL. TRIBUTO DECLARADO PELO CONTRIBUINTE E NÃO PAGO NO PRAZO. DENÚNCIA ESPONTÂNEA. NÃO CARACTERIZAÇÃO. SÚMULA 360/STJ.

Aliás, o mesmo Superior Tribunal de Justiça, em outras oportunidades, vem decidindo que *"a apresentação perante o Fisco da Guia de Informação e Apuração de ICMS (GIA) equivale ao próprio lançamento"*.

Assentada a premissa segundo a qual a entrega de declaração, pelo contribuinte, tem o efeito de constituir crédito tributário e, ainda, dar início ao *"processo administrativo ou medida de fiscalização"* por parte do Fisco, tanto que a partir daí o contribuinte já não pode mais se valer da denúncia espontânea, é intuitivo concluir que, por meio dessa declaração, o Fisco já está habilitado a analisar as informações prestadas, apurar eventuais irregularidades no lançamento e, eventualmente, realizar de ofício a sua revisão, via Auto de Infração, nos termos do artigo 149, inciso V, do Código Tributário Nacional.

Por essas razões, o conceito do *exercício* mencionado no artigo 173, inciso I, do Código Tributário Nacional, está afeto ao período de apuração de determinado tributo e, em função de seu encerramento, à possibilidade de o Fisco efetuar o lançamento de ofício pelo conhecimento prévio das informações prestadas pelo contribuinte em suas declarações.

É essa a orientação que se afigura mais adequada em função da interpretação que se extrai do artigo 173, inciso I, em si mesmo considerado. Para averiguar a veracidade de tal afirma-

---

1. Nos termos da Súmula 360/STJ, "O benefício da denúncia espontânea não se aplica aos tributos sujeitos a lançamento por homologação regularmente declarados, mas pagos a destempo". É que a apresentação de Guia de Informação e Apuração do ICMS – GIA, de Declaração de Débitos e Créditos Tributários Federais – DCTF, ou de outra declaração dessa natureza, prevista em lei, é modo de constituição do crédito tributário, dispensando, para isso, qualquer outra providência por parte do Fisco. Se o crédito foi assim previamente declarado e constituído pelo contribuinte, não se configura denúncia espontânea (art. 138 do CTN) o seu posterior recolhimento fora do prazo estabelecido.

2. Recurso especial parcialmente conhecido e, no ponto, improvido. Recurso sujeito ao regime do art. 543-C do CPC e da Resolução STJ 08/08". (STJ, REsp n. 886.462 e 962.379, 1ª Seção, DJe 28/10/2008).

ção, socorrer-me-ei da análise histórica do aludido dispositivo, bem como das motivações do legislador ao introduzi-lo no ordenamento jurídico, nos termos apostos no *Trabalho da Comissão Especial do Código Tributário Nacional*, publicado em 1954[3].

Por seu exame, verifica-se que o artigo 173, inciso I, do Código Tributário Nacional, estava originalmente idealizado no artigo 138 do Projeto do Código, que em seu §1º traz os limites do conceito de *exercício*. Vejamos:

> "Art. 138. O direito da Fazenda Pública exercer a atividade prevista na legislação tributária para a constituição do crédito extingue-se, salvo quando menor prazo seja expressamente fixado na lei tributária, com o decurso do prazo de cinco anos, contados:
>
> I – Do primeiro dia do exercício seguinte àquele em que o lançamento poderia ter sido efetuado;
>
> [...]
>
> §1º. Considera-se iniciado o exercício da atividade a que se refere este artigo pela notificação, ao contribuinte, de qualquer medida preparatória indispensável ao lançamento [...]".

À primeira vista, seria crível dizer que, para os fins do prazo decadencial, o §1º do artigo 138 do Projeto do Código preconizava o termo inicial do prazo decadencial como sendo os atos de ofício dos Fiscos (as *notificações* ditas no dispositivo) preparatórios e indispensáveis ao lançamento tributário. Mas, para que essa interpretação seja atualizada aos tempos hodiernos, é necessário apresentar as exposições de motivos da Comissão para assim definir o marco inicial do prazo decadencial, cujos trechos mais relevantes seguem abaixo transcritos:

> "[...] Na fixação dos prazos, a Comissão manteve o de cinco anos, tanto para a caducidade do direito como para o seu

---

3. *Trabalho da Comissão Especial do Código Tributário Nacional*, composto e impresso nas Oficinas do Serviço Gráfico do IBGE, Rio de Janeiro, 1954, p. 227 e 228.

exercício, por ser o tradicional em nosso direito quanto aos créditos e obrigações da Fazenda Pública; mas, atendendo às possibilidades de retardamento de seu termo inicial (art. 138 n. I e II), e de interrupção de seu decurso (art. 139, § único), fixou, no art. 138, §3º, um prazo máximo igual ao de extinção das obrigações pessoais, como já previa o art. 216 do Anteprojeto (Código Civil, art. 177). Ficaram assim rejeitadas as sugestões 52, 178, 237, 252, 252, 527 e 761.

Na fixação do termo inicial do prazo de caducidade do direito de constituir o crédito (art. 138 n. I e II e seu §1º), **o Projeto teve em vista que o seu decurso deve partir da data em que o fisco teve, real ou presumidamente, conhecimento da ocorrência do fato gerador da obrigação**. A doutrina moderna, tendo em vista que a extinção de direitos e ações pelo decurso do tempo não tem por fundamento beneficiar o devedor, nem, inversamente, prejudicar o credor, admite aquela extinção mesmo que a inércia do credor seja fruto do desconhecimento da situação de fato. Ao direito tributário, entretanto, essa conclusão não é rigorosamente aplicável, de vez que o fato gerador do direito prescribendo é pessoal do devedor, tanto assim que a doutrina italiana sustenta que o direito do fisco ao tributo só começa a extinguir-se com o lançamento, isto é, a partir do momento em que aquele está em condições de exigir o cumprimento de uma obrigação caracterizada e liquidada (Giannini, *Il Rapporto Giuridico d´Imposta*, p. 314; Tesoro, *Principii di Diritto Tributario*, p. 503; Pugliese, *Istituzioni di Diritto Finanziario*, p. 394).

Sem chegar a esse extremo, **o art. 138 n. I subordina o início do prazo de decadência à possibilidade de ser efetuado o lançamento**, disposição que, combinada com as do art. 111, permitiu dispensar a casuística dos arts. 212 §1º, 213 e 214 do Anteprojeto. **Temperando a rigidez do dispositivo, os §§1º e 2º do art. 138 fixam limites à atividade fiscal que configura o exercício do direito à constituição do crédito**, afastando ainda o seu efeito interruptivo, por se tratar de hipótese de decadência. Ficaram, assim, prejudicadas as sugestões 176, 177, 450, 526, 547, 970 e 971 [...]". (*grifei*)

Pelos motivos literais expostos alhures, fica claro que, para os fins do prazo decadencial, em sua gênese "*o Projeto teve em vista que o seu decurso deve partir da data em que o fisco teve, real ou presumidamente, conhecimento da ocorrência do fato gerador da obrigação".* Mais ainda, fica claro que o artigo 138, n. I do Projeto, atualmente vigente na redação do artigo 173, inciso I, do Código Tributário Nacional, *"subordina o início do prazo de decadência à possibilidade de ser efetuado o lançamento"* por parte do Fisco.

Nesse contexto, aplicando tudo o quanto fora até aqui exposto ao ICMS, é correto afirmar que, se a apuração do imposto é mensal, então também o seu exercício deve ser mensal. Nesse sentido, em relação ao caráter *mensal* da apuração do ICMS, calha ressaltar, aqui, que esse tem o sido o entendimento da jurisprudência, a exemplo do que se verifica de precedentes do Tribunal de Justiça do Estado de São Paulo[4] e do Tribunal de Justiça do Estado do Rio de Janeiro[5].

---

4. "[...] Destarte, entre o creditamento extemporâneo com correção monetária de operações com combustíveis, levado a efeito em agosto/92, que determinou o início do prazo decadencial no dia 01.09.92 (**o ICMS tem exercício mensal e não anual**), e a lavratura do Auto de Infração e Imposição de Multa (28.01.95), não intermediou prazo superior a cinco anos. Portanto, não padece o crédito de tal defeito temporal [...]". (TJSP – Apelação 9116248-28.2002.8.26.0000, julgada em 18/04/2006). (*grifei*)

"[...] ICMS. imposto não-cumulativo. Legislação do ICMS que reconhece o direito de creditar-se de todas as entradas de matérias primas, produtos intermediários e de embalagens, desde que o produto final, seja alcançado pela oneração fiscal, imposto que não incide em cascata, mas em cada etapa da circulação da mercadoria, abatendo-se o valor destacado em etapa anterior. Princípio da não cumulatividade adotado pela Constituição de 1988, pelo menos até o advento da Lei Complementar n. 87/96, dá direito ao crédito do ICMS os produtos intermediários e de consumo vinculados, necessariamente, no consumo do processo produtivo. Sendo consumido ou integrando o produto cuja saída seja tributada, o crédito é sempre possível. Preliminar rejeitada, recursos improvidos e desacolhido o reexame necessário. [...] Assim, andou bem a r. sentença, que merece ser mantida, quando esclarece que **"após a apuração mensal, o crédito não apropriado ou não compensado no próprio exercício mensal**, só pode ser escriturado devidamente corrigido, assim como o débito não pago na época oportuna, só pode ser liquidado devidamente corrigido [...]". (TJSP. Apelação 9111347-22.1999.8.26.0000. Julgado em 13/09/2004). (*grifei*)

5. "TRIBUTÁRIO. – EXECUÇÃO FISCAL. – **ICMS**. **APURAÇÃO MENSAL** – EXERCÍCIOS DE NOVEMBRO E DEZEMBRO DE 1999 – ESGOTAMENTO

Consequentemente, seguindo a regra do artigo 173, inciso I, do Código Tributário Nacional, o prazo decadencial aplicável ao Fisco efetuar o lançamento de ofício deve ter início no exercício (mês) subsequente àquele em que o lançamento poderia ter sido efetuado, que consiste no mês de entrega da GIA, porquanto este é o documento que constitui crédito tributário e permite ao Fisco efetuar o lançamento tributário de ofício após analisar as informações prestadas pelo contribuinte, inclusive os créditos do imposto apropriados indevidamente.

Em outras palavras, segundo o artigo 173, inciso I, do CTN, o prazo decadencial à glosa de créditos indevidos de ICMS deve ter início no primeiro dia do terceiro mês subsequente ao do fato gerador, afinal, (i) no mês seguinte ao do fato gerador há a entrega da GIA, (ii) no mês subsequente ao da entrega da GIA o Fisco Estadual já pode iniciar a fiscalização; e (iii) no mês seguinte a este tem início o prazo decadencial.

Não é demais lembrar, por fim, que essa proposta aplicação do mencionado dispositivo foi aventada em voto vista do Juiz Eduardo Perez Salusse, da Câmara Superior do Tribunal de Impostos e Taxas, na ocasião da sessão realizada em 22 de março de 2011, quando, conforme já dito alhures, o órgão de julgamento entendeu pela aplicação do artigo 173, inciso I, do Código Tributário Nacional, para disciplinar o prazo decadencial à glosa de créditos indevidos de ICMS. *In verbis*:

DE TODOS OS MEIOS PARA CITAÇÃO PESSOAL: encerramento irregular das atividades da sociedade empresária. – CITAÇÃO EDITALÍCIA CONSUMADA EM JANEIRO DE 2006 – Apelação do ESTADO afirmando que a constituição definitiva do crédito tributário somente teria ocorrido em 24.04.2001 quando se encerrou o processo administrativo. – **Hipótese de lançamento por homologação** (art. 150 § 4º CTN) **apuração mensal do imposto devido** – Inocorrência de homologação do autolançamento – Lavratura de auto de infração em 18.04.2000 – ajuizamento da execução fiscal em 20.11.2001 – interrupção da prescrição procedência liminar do apelo com fundamento no artigo 557, §1º A DO CPC" (TJRJ – Apelação 26963 RJ 2009.001.26963, Julgamento: 22/07/2009, 18ª Câmara Cível. DOE 24/07/2009) (*grifei*)

"[...] **Admitindo-se a aplicação da regra do artigo 173 do CTN para o caso de crédito indevido**, qual seria o primeiro dia do exercício seguinte àquele em que o lançamento poderia ter sido efetuado, considerando que o ICMS é apurado em exercícios mensais? **A expressão *"exercício"* do art. 173 do CTN refere-se a períodos mensais no caso de ICMS, conforme jurisprudência de alguns tribunais do país** [...]". (*grifei*)

6. CONCLUSÃO

Em resumo aos argumentos apresentados neste ensaio, é possível concluir que, segundo a interpretação sistemática dos artigos 150, §4º, e 173, inciso I, ambos do Código Tributário Nacional, o prazo decadencial hábil a regulamentar o prazo decadencial à glosa de créditos indevidos de ICMS deve ser aquele previsto no artigo 150, §4º, afinal, a apropriação e utilização do crédito do imposto, mesmo que indevido, insere-se no contexto do *pagamento* do tributo, nos termos preconizados no artigo 150, §1º.

Contudo, tendo em vista a sedimentação do entendimento acerca da aplicação do artigo 173, inciso I, do Código Tributário Nacional, deve ser perquirida qual a correta aplicação de sua redação, especialmente a interpretação do vocábulo *"exercício"* para os fins do prazo decadencial.

E, ao fim e ao cabo do presente estudo, a conclusão mais adequada sobre o tema é que este termo *"exercício"* corresponde ao período de apuração do tributo que, aplicado ao ICMS, deve ser entendido como mensal, e não anual, tendo como termo inicial a data da constituição do crédito tributário pela entrega da GIA.

Logo, o prazo para o Fisco constituir crédito tributário em razão da apropriação de créditos indevidos de ICMS deve se iniciar no primeiro dia do segundo mês subsequente ao do fato gerador, porque (i) no mês seguinte ao do fato gerador há a entrega da GIA, (ii) no mês subsequente ao da entrega da GIA o Fisco Estadual já pode iniciar a fiscalização; e (iii) no mês seguinte a este tem início o prazo decadencial.

O ICMS NAS OPERAÇÕES DE LEASING

ADOLPHO BERGAMINI
Advogado. Juiz do Tribunal de Impostos e Taxas de São Paulo. Pós-Graduado em Direito Tributário pela PUC/SP e em Tributação do Setor Industrial pela FGV/SP – GVlaw. Professor de Direito Tributário na APET e na FECAP. Professor convidado na GVlaw, Escola Paulista de Direito (EPD), nos cursos LFG. Autor e coordenador de obras doutrinárias dedicadas ao Direito Tributário. Membro do Conselho Consultivo da APET, do Conselho Editorial da Revista de Direito Tributário da APET e do Comitê Técnico da Revista de Estudos Tributários da IOB.

ADRIANA ESTEVES GUIMARÃES
Advogada. Juíza do TIT/SP. Conselheira do CMT-SP. Mestre e Doutoranda em Direito do Estado pela PUC-SP.

MARCELO MAGALHÃES PEIXOTO
Presidente-fundador da APET. Conselheiro do CARF; Juiz do TIT/SP. Mestre em Direito Tributário pela PUC-SP. Coordenador-Geral e professor dos Cursos de Direito Tributário da APET. Consultor tributário.

1. INTRODUÇÃO

É sabido que, na atual sociedade, a evolução legislativa não acompanha os novos modelos de negócios, porquanto a necessidade de adaptação demandada pelos índices de metas e lucratividades é sempre maior do que os trâmites procedimentais à atualização da legislação, em especial das normas tributárias.

Entre esses modelos está a contratação de *leasing* internacional de bens que, depois de expirado o prazo contratual, podem ser adquiridos, ou não, pelos respectivos contratantes. Do ponto de vista empresarial, o *leasing* representa uma boa oportunidade financeira, afinal, permite que os valores mensais sejam deduzidos da apuração do IRPJ e da CSLL, bem como que o contribuinte aproprie créditos de PIS e COFINS sobre os mesmos valores. A vantagem reside no fato de a base de apuração da dedutibilidade de IRPJ e CSLL, bem como de créditos de PIS e COFINS, consistam nas contraprestações mensais efetivas, o que representa um ganho em relação à aquisição do próprio bem, quando então a dedutibilidade do IRPJ e da CSLL e, ainda, o crédito de PIS e COFINS, seriam sobre os encargos de depreciação (ou alternativamente em 1/48 no que tange ao PIS e à COFINS).

Os inegáveis benefícios tornaram a contratação do *leasing* cada vez mais comum, inclusive tendo como objeto bens importados, e é aí que começaram as divergências entre o Fisco Paulista e os contribuintes. É que, na hipótese de o bem ser importado, o Fisco Paulista exige o ICMS vinculado à importação quando do respectivo desembaraço aduaneiro, entretanto, os contribuintes uniram vozes contra a incidência do imposto nessa ocasião.

A proposta do presente ensaio é, pois, examinar a legitimidade de tal exigência, os argumentos do Fisco e dos contribuintes e, em seguida, expor o entendimento do Tribunal de Impostos e Taxas de São Paulo a respeito ao longo do tempo.

2. O ICMS VINCULADO À IMPORTAÇÃO DE BENS DO EXTERIOR E SUA INEXIGIBILIDADE EM RELAÇÃO AOS BENS OBJETO DE LEASING

Conforme a lição de Luciano Amaro[1], a Constituição Federal não cria tributos, apenas outorga competências tributárias

---

1. AMARO, Luciano. *Direito Tributário Brasileiro*. 10ª ed. São Paulo: Saraiva, 2004.

aos entes políticos para instituí-los. Entretanto, conforme Roque Antonio Carrazza[2], ao conferir tais competências o texto constitucional também delimita certos aspectos da *norma padrão de incidência* de cada exação, *in verbis*:

> "A Constituição, ao discriminar as competências tributárias, estabeleceu – ainda que, por vezes, de modo implícito e com uma certa margem de liberdade para o legislador – a norma-padrão de incidência (o arquétipo, a regra-matriz) de cada exação. Noutros termos, ela apontou a hipótese de incidência possível, o sujeito ativo possível, o sujeito passivo possível, das várias espécies e subespécies de tributos. Em síntese, o legislador, ao exercitar a competência tributária, deverá ser fiel à norma-padrão de incidência do tributo, pré-traçada na Constituição. O legislador (federal, estadual, municipal ou distrital), enquanto cria o tributo, não pode fugir deste arquétipo constitucional."

É natural que assim o seja, afinal, é no texto constitucional que o legislador encontra fundamento de validade, na esfera de sua competência, para instituição dos tributos, de modo que a exigência sobre algo fora deste âmbito configura violação à norma autorizadora (cuja interpretação é restrita), bem como tributação sobre fato não previsto.

Especificamente quanto ao ICMS, o artigo 155, inciso II, c/c §2º, inciso IX, da Constituição Federal, dispõem o seguinte:

> "Art. 155. Compete aos Estados e ao Distrito Federal instituir impostos sobre:
>
> ...
>
> II – operações relativas à circulação de mercadorias e sobre prestações de serviços de transporte interestadual e intermunicipal e de comunicação, ainda que as operações e as prestações se iniciem no exterior;

---

2. CARRAZZA, Roque Antonio. *Curso de Direito Constitucional Tributário*. São Paulo: Malheiros, 2002, p. 442.

> ...
>
> § 2º O imposto previsto no inciso II atenderá ao seguinte:
>
> ...
>
> IX – incidirá também:
>
> a) sobre a entrada de bem ou mercadoria importados do exterior por pessoa física ou jurídica, ainda que não seja contribuinte habitual do imposto, qualquer que seja a sua finalidade, assim como sobre o serviço prestado no exterior, cabendo o imposto ao Estado onde estiver situado o domicílio ou o estabelecimento do destinatário da mercadoria, bem ou serviço;".

O aludido disposto constitucional está regulamentado pela Lei Complementar 87/96, que em seu artigo 2º prevê o seguinte:

> "Art. 2º. O imposto incide sobre:
>
> (...)
>
> §1º O imposto incide também:
>
> I – sobre a entrada de mercadorias ou bem importados do exterior, por pessoa física ou jurídica, ainda que não seja contribuinte habitual do imposto, qualquer que seja a sua finalidade (Redação dada pela LCP 114, de 16.12.2002)".

Mas não é só. O artigo 3º da mesma Lei Complementar prevê as hipóteses de não-incidência do ICMS, abarcando inclusive os contratos de arrendamento mercantil, *in verbis*:

> "Art. 3º. O imposto não incide sobre:
>
> ...
>
> VIII – operações de arrendamento mercantil, não compreendida a venda do bem arrendado ao arrendatário;"

Há uma razão lógica para a legislação excluir as operações de arrendamento mercantil do campo de incidência do ICMS. É que o arrendamento é um contrato típico, celebrado de forma a configurar uma relação jurídica peculiar entre a arrendadora e a arrendatária e, em tal avença, são estipulados prazos e regras ao uso do bem, o que de modo algum implica na transmissão da titularidade da propriedade do bem.

Justamente por se tratar de contrato que pressupõe atividades do arrendador (contratado) e não haver transferência de propriedade sobre o objeto do arrendamento, não é lícito cogitar a tributação sobre as prestações pagas durante a vigência do negócio pelo ICMS.

Mas, os Fiscos Estaduais vem entendendo que há a incidência do imposto sobre as importações de bens do exterior que são objeto de arrendamento mercantil. Amparam-se nas disposições do já citado artigo 155, §2º, inciso IX, alínea *"a"*, da Constituição Federal, segundo o qual o fato gerador do ICMS restará configurado também nas entradas de bens ou mercadorias importados.

Esse é o caso do Estado de São Paulo que, por meio da Decisão Normativa CAT n. 04/01, deixou claro o seu entendimento quanto à exigibilidade do imposto nas importações de bens objeto de arrendamento mercantil, vejamos:

> "O Coordenador da Administração Tributária, tendo em vista o disposto no artigo 522 do Regulamento do ICMS, aprovado pelo Decreto 45.490, de 30 de novembro de 2000;
> considerando que as importações, em caráter temporário, de bens para fins econômicos, mediante contrato de arrendamento, de aluguel, ou de simples empréstimo entre matrizes e filiais, têm se acentuado nos últimos anos;
> considerando que o regime aduaneiro especial de admissão temporária, além das importações de bens para fins científicos, artísticos, culturais, esportivos, turísticos e de destinação equivalente, passou a abrigar, também, a importação de bens para participar diretamente da nossa economia, ainda que em caráter temporário;
> considerando que a incidência do ICMS devido na importação tem a função essencial de submeter os bens importados ao mesmo tributo que onera os bens fabricados no País, sob pena de tratamento privilegiado aos primeiros;

considerando que o fato gerador do ICMS na importação, definido pela Lei Complementar 87/96, de 13-9-96 em harmonia com a Constituição Federal de 1988, ocorre no momento do desembaraço aduaneiro;

considerando que as frequentes dúvidas suscitadas pelos contribuintes apontam para a oportunidade de um posicionamento claro e transparente desta Coordenadoria da Administração Tributária sobre o tema da importação de bens para utilização econômica sob o regime aduaneiro especial de admissão temporária;

considerando, por fim, que os atos normativos expedidos pelas autoridades administrativas e as práticas reiteradamente por elas observadas são normas complementares à legislação tributária, conforme declaram os artigos 96 e 100 do Código Tributário Nacional; decide:

1 – Fica aprovado o entendimento consubstanciado na resposta dada pela Consultoria Tributária, em 13-8-01, à Consulta n. 217/01, cujo texto é reproduzido em anexo a esta decisão;

2 – Consequentemente, com fundamento no inciso II do artigo 521 do RICMS/2000, ficam reformadas todas as demais respostas dadas pela Consultoria Tributária que, versando sobre a mesma matéria, concluíram de modo diverso;

Esta decisão produzirá efeitos a partir de sua publicação, observando-se, relativamente às importações pretéritas da espécie, o disposto no parágrafo único do artigo 100 do Código Tributário Nacional.

"Consulta 217/01, de 13 de agosto de 2.001

1. A Consulente, que tem como atividade a industrialização e comercialização de produtos e subprodutos derivados de doces e alimentos em geral, bem como a importação, exportação, representação, comércio, transportes de bens próprios e de terceiros, pretende importar, sob o regime aduaneiro de admissão temporária, uma máquina a ser utilizada em sua área de produção. Faz as seguintes indagações, relativamente à tributação do ICMS:

1.1. "a modalidade de não-recolhimento pelo fato é caracterizada como: isenção, não-incidência ou suspensão, não constitui fato gerador do ICMS ou imunidade?

1.2. é obrigatória a utilização da Guia para Liberação de Mercadoria Estrangeira sem Comprovação do Recolhimento do ICMS?

1.3. sendo necessário, qual deverá ser o fundamento legal para o preenchimento do campo 44 da referida Guia?

1.4. caso não seja necessária a Guia, qual será o documento que comprovará a não-exigibilidade do ICMS, por exemplo, se houver fiscalização do ICMS?

1.5. seria a resposta dessa Consultoria o fundamento legal para eventuais fiscalizações no estabelecimento do importador, desde que este esteja procedendo em conformidade com os termos da resposta?

1.6. sendo necessário o recolhimento do ICMS, qual seria a base de cálculo, ela também seria proporcional?

2. Para responder às perguntas formuladas, devemos, primeiramente, examinar o fato gerador do ICMS na importação.

2.1. Abstraindo, para maior facilidade, os serviços de transporte e de comunicação, o fato gerador do ICMS, segundo a Constituição Federal de 1988, são as "operações relativas à circulação de mercadorias" (art. 155, inciso II, da Constituição Federal de 1988), incidindo também o imposto sobre a "entrada de mercadoria importada do exterior, ainda quando se tratar de bem destinado a consumo ou ativo fixo do estabelecimento ... (artigo 155, § 2, inciso IX, alínea "a").

2.2. É necessário observar que a doutrina diverge sobre o conceito de importação. Enquanto para uns a importação de mercadorias ou bens pressupõe a sua incorporação ao patrimônio nacional, e nesse caso só ocorreria importação com o despacho para consumo, para outros, quando a mercadoria transpõe a fronteira política (território nacional) já se pode falar em importação. A legislação aduaneira, em geral, e a do Imposto de Importação, em particular, optaram por este último entendimento, tanto assim que para diversos regimes aduaneiros especiais, como a admissão temporária, o entreposto aduaneiro, o entreposto industrial e até o simples trânsito aduaneiro, existe a suspensão do Imposto de Importação e não a sua não-incidência. Segundo José Lence Carlucci, em seu livro Uma Introdução ao Direito Aduaneiro (São Paulo, Ed. Aduaneiras, 1997, p. 38):

"Ouvidas as opiniões dos mestres citados, ficamos com Sebastião de Oliveira Lima. A importação pode implicar na incorporação do produto estrangeiro ao patrimônio nacional e é isso que quase sempre ocorre. Entretanto, pode também implicar na importação de um serviço ou de uma utilidade ou de uma atividade que a trazida do bem pode proporcionar, como é o caso, por exemplo, dos bens admitidos temporariamente no País para satisfazerem uma necessidade ou prestarem um serviço por um período de tempo determinado. O patrimônio nacional foi enriquecido em conseqüência dessa importação. O mesmo se diga dos outros regimes suspensivos em geral: drawback, entreposto aduaneiro e industrial e até mesmo o trânsito aduaneiro. Nestes casos, mesmo que não tenha havido despacho para consumo e nacionalização dos bens, ocorreu o fato físico da importação com a conseqüente geração de todos os serviços que gravitam em torno desse fato, incorporáveis ao patrimônio nacional."

2.3. No que diz respeito ao ICMS, a Constituição Federal de 1988 e a Lei Complementar 87/96 acompanham esse pensamento, na medida em que estabelecem que o fato gerador do ICMS na importação de mercadorias é a "entrada de mercadoria importada do exterior" entendendo-se essa "entrada" como entrada no território nacional.

3. Por outro lado, o artigo 12 da LC 87/96 determina o elemento temporal do fato gerador. Segundo Bernardo Ribeiro de Morais, em seu livro "Compêndio de Direito Tributário" (Rio de Janeiro, Ed. Forense, 1984, p. 552), "esse elemento indica o momento em que se deve considerar concretizado o fato gerador da respectiva obrigação". No tocante ao ICMS, e relativamente à entrada de mercadoria importada do exterior, esse momento é o do desembaraço aduaneiro, conforme inciso IX do referido artigo 12.

4. Compreende-se que assim seja, já que o desembaraço aduaneiro é definido no § 1º do artigo 450 do Regulamento Aduaneiro como " ... o ato final do despacho aduaneiro em virtude do qual é autorizada a entrega da mercadoria ao importador" . É, portanto, a partir da autorização para a entrega da mercadoria ao importador que ocorre a "entrada de mercadoria importada do exterior" .

5. Sendo assim, a identificação do campo de incidência do ICMS deve se pautar unicamente pela Constituição Federal

e pela Lei Complementar 87/96. E, esses dois diplomas deram ampla liberdade aos Estados, na medida em que falam apenas em entrada de mercadoria importada do exterior e em desembaraço aduaneiro, este sem qualificações. Um órgão da hierarquia desta Consultoria Tributária não poderia especificar onde a Constituição e a Lei Complementar silenciaram.

6. Dada a autonomia de esferas de governo, garantida pelo federalismo, a identificação do fato gerador de imposto estadual não pode ficar atrelada à legislação aduaneira federal, mesmo porque a Receita Federal, por razões de oportunidade e conveniência, pode alterar, e de fato tem alterado, seus critérios, possibilitando hoje o desembaraço sob regime aduaneiro especial do que ontem sofria desembaraço para consumo.

7. Finalmente, sabendo-se que nos fluxos internacionais, regra geral, vigora o princípio de tributação no destino, justifica-se a incidência dos impostos internos, no caso, o ICMS, na entrada de mercadorias importadas que de alguma forma trazem uma utilidade para a economia nacional, sob pena de gozarem de tratamento tributário mais favorável do que o dispensado às mercadorias aqui fabricadas.

8. Portanto, interpretando-se a legislação do ICMS quer sob o ponto de vista teleológico, quer sistemático, quer literal, chega-se à conclusão pela incidência do imposto na entrada de bens importados do exterior para utilização econômica no país, admitidos sob o regime aduaneiro especial de admissão temporária.

9. As perguntas 1.2, 1.3, 1.4, e 1.5 restam prejudicadas pois pressupõem o não- pagamento do imposto. Quanto à base de cálculo (questão 1.6), não existe na legislação estadual dispositivo legal que permita o pagamento do ICMS de forma proporcional ao tempo de permanência do bem no país. A base de cálculo é aquela definida pelo artigo 37, inciso IV do RICMS/2000."

Tal posicionamento nos parece ilícito, pois a não incidência do imposto está expressamente prevista no já mencionado artigo 3º, inciso VIII, da Lei Complementar n. 87/96, cujo fundamento é exatamente a inexistência de transmissão de titularidade da propriedade do bem objeto do *leasing* que, consoante já exposto alhures, apenas concede a posse ao arrendatário.

A nosso ver, concluir pela tributação em razão da interpretação isolada do artigo 155, §2º, inciso IX, alínea "*a*", da Constituição Federal que, após a Emenda Constitucional n. 33/01, dá como constituído o fato gerador do ICMS com a mera *entrada* de bem no país, seria caminhar por uma interpretação fria e literal do texto constitucional, porquanto a partir de sua análise sistemática, não é possível escapar à conclusão acerca da não incidência do imposto.

De fato, a nova redação dada pela Emenda Constitucional n. 33/01 ao artigo 155, §2º, inciso IX, alínea "*a*", da Constituição Federal, modificou o vocábulo *mercadoria* pelo termo *bem* e, com isso, permitiu que um bem não sujeito à mercancia fosse tributado pelo ICMS quando de sua importação do exterior. Entretanto, e isto é certo, não quer dizer que o principal elemento da regra-matriz do imposto (a transmissão de propriedade) foi deixado de lado, porque não foi.

Cumpre citar o entendimento de Ives Gandra da Silva Martins[3], em parecer a respeito do tema em debate:

> "Em relação ao ICMS, porque o bem não é importado. Permanece na titulação e propriedade dos arrendadores, conservando seu registro no seu ativo fixo e no exterior. Sem transferência de titularidade não há incidência do ICMS, conforme o STF já decidiu quanto à definição do fato gerador do ICM, ao entender que mera circulação física não é geradora do tributo.
>
> Não se pode falar em importação de um bem, sem transferência de titularidade, principalmente em se tratando de

---

3. Parecer – Constituição Federal. Definição de competências. Locação de bem estrangeiro. Leasing financeiro. Imposição de ICMS na importação de bens e mercadorias. Decisões de Tribunais Superiores. Impossibilidade de incidência de ICMS e ISS. Locação de aeronaves. Publicado na *Revista Tributária n.* 72, Ano 15-72 janeiro-fevereiro de 2007, Editora RT.

equipamento utilizado na navegação aérea, em que os aviões entram e saem do país (navegação internacional) e uma vez objeto de leasing, permanecem na propriedade de seus detentores, no exterior. A mera entrada da mercadoria ou bem "não importado" (como ocorre no caso de turistas estrangeiros, quando entram com seus carros no país) não é fato gerador do ICMS, à falta de transferência de titularidade."

Ao ser instado a se manifestar sobre a (não) incidência do ICMS vinculado à importação de bens objeto de leasing, o Poder Judiciário se posicionou expressa e incontestavelmente a favor da inexistência de fato gerador do imposto, a exemplo do que se verifica das ementas abaixo transcritas, colhidas junto ao Supremo Tribunal Federal e ao Superior Tribunal de Justiça:

RECURSO EXTRAORDINÁRIO. ICMS. NÃO-INCIDÊNCIA. ENTRADA DE MERCADORIA IMPORTADA DO EXTERIOR. ART. 155, II DA CB. LEASING DE AERONAVES E/OU PEÇAS OU EQUIPAMENTOS DE AERONAVES. OPERAÇÃO DE ARRENDAMENTO MERCANTIL. 1. A importação de aeronaves e/ou peças ou equipamentos que as componham em regime de leasing não admite posterior transferência ao domínio do arrendatário. 2. A circulação de mercadoria é pressuposto de incidência do ICMS. O imposto --- diz o artigo 155, II da Constituição do Brasil --- é sobre "operações relativas à circulação de mercadorias e sobre prestações de serviços de transporte interestadual e intermunicipal e de comunicação, ainda que as operações e as prestações se iniciem no exterior". 3. Não há operação relativa à circulação de mercadoria sujeita à incidência do ICMS em operação de arrendamento mercantil contratado pela indústria aeronáutica de grande porte para viabilizar o uso, pelas companhias de navegação aérea, de aeronaves por ela construídas. 4. Recurso Extraordinário do Estado de São Paulo a que se nega provimento e Recurso Extraordinário de TAM – Linhas Aéreas S/A que se julga prejudicado".

(STF, RE 461968, Rel. Min. Eros Grau).

"RECURSO. Extraordinário. Inadmissibilidade. Contrato de arrendamento mercantil. Leasing. Inexistência de opção de compra. Importação de aeronaves. Não incidência do ICMS. Decisão mantida. Agravo regimental improvido. Não incide ICMS sobre as importações, do exterior, de aeronaves, equipamentos e peças realizadas por meio de contrato de arrendamento mercantil quando não haja circulação do bem, caracterizada pela transferência de domínio, ainda que sob a égide da EC n. 33/2001".

(STF, RE-AgR 553663, Rel. Min. Cezar Peluso).

"PROCESSUAL CIVIL E TRIBUTÁRIO. AUSÊNCIA DE OMISSÃO. IMPORTAÇÃO DE AERONAVE POR MEIO DE CONTRATO DE ARRENDAMENTO MERCANTIL. NÃO-INCIDÊNCIA DE ICMS. RECURSO REPETITIVO JULGADO. 1. Não há omissão no julgado que se manifesta sobre todas as questões necessárias ao desate da lide. 2. Entendimento firmado nesta Corte no sentido de que não incide ICMS na importação de aeronave mediante contrato de arrendamento mercantil. Precedente: REsp 1.131.718/SP, Rel. Min. Luiz Fux, Primeira Seção, DJe de 9.4.2010, julgado mediante a sistemática prevista no art. 543-C do CPC (recursos repetitivos). 3. Agravo regimental não provido"

(STJ, AGA 200900272737, Rel. Min. Mauro Campbell Marques, DJe 03/02/2011).

Somente na hipótese de ser vendido o bem ao final do contrato, por força do exercício do eventual direito de compra assegurado ao arrendatário, considera-se ocorrido o fato gerador do imposto estadual, antes da venda não. Caso não seja exercida a dita opção de compra e, tomando as premissas eleitas neste ensaio, também não haverá tal incidência.

Há, ainda, um outro argumento que nos leva a crer que a importação de bens objetos de arrendamento mercantil, deva ser desonerada do ICMS.

Segundo o artigo 152, da Constituição Federal, é vedado aos Estados estabelecer diferenças tributárias entre bens e serviços em razão de sua procedência ou destino. Em sendo assim, as regras tributárias aplicáveis às operações internas devem ser as mesmas aplicáveis às importações de bens do exterior.

Ora, se é assim e, por outro lado, se o artigo 3º, inciso VIII, da Lei Complementar n. 87/96 exclui da incidência do ICMS as operações de arrendamento mercantil realizadas no mercado interno, então as importações desses bens também devem ser desoneradas do imposto.

Por todas essas razões, somos da opinião de que a regra colocada pela Lei Complementar, editada com fundamento no art.146, I e III, "a" da Constituição Federal, tem como destino certo a compatibilização dos arts. 155, § 2º, IX, "a" e 156, III, da Constituição Federal, afastando qualquer dúvida no sentido de que as operações de arrendamento não se sujeitam à incidência do ICMS, inclusive aquelas que tenham origem no exterior.

3. O ENTENDIMENTO DO TRIBUNAL DE IMPOSTOS E TAXAS DE SÃO PAULO

O primeiro caso a ser analisado é a decisão tomada no Processo DRT-8 n. 519026/2007. Ao ser julgado em recurso ordinário, a 6ª Câmara Efetiva do Tribunal entendeu pelo cancelamento do Auto de Infração e, para isso, considerou (i) o artigo 3º, inciso VIII, da Lei Complementar n. 87/96, bem como (ii) não haver operação relativa à circulação de mercadoria sujeita à incidência do ICMS em operação de arrendamento mercantil, salvo se exercida a opção de compra. Segue a transcrição de trecho relevante da decisão:

> "[...] a materialidade da regra-matriz de incidência do ICMS pressupõe, seja na importação ou nas operações internas, a circulação jurídica de mercadoria, representada pela transferência de titularidade do bem [...]"

A Fazenda do Estado, entretanto, alegou na acusação fiscal que o contrato de arrendamento mercantil é negócio subjacente à relação tributária do ICMS e, ainda, que a incidência do ICMS se dá com a entrada da mercadoria importada, quando do desembaraço alfandegário. Foi com esses argumentos que recorreu à Câmara Superior que, por sua vez, entendeu pela manutenção da decisão proferida pela 6ª Câmara Efetiva, nos seguintes termos:

> "ICMS. LEASING INTERNACIONAL.
>
> Apenas a circulação jurídica de mercadoria, ainda que iniciada no exterior, dá ensejo à incidência do ICMS, não bastando o mero ingresso do bem em território nacional.
>
> As operações de leasing ou arrendamento mercantil, salvo quando exercida a opção de compra (e só neste momento), não caracterizam a circulação de mercadoria, por não importar a transferência de titularidade do bem.
>
> A substância deve prevalecer sobre a forma, só podendo ensejar a tributação o negócio jurídico de compra e venda financiada, maquiado pela roupagem do arrendamento mercantil. Neste caso, incumbe ao Fisco provar o desvio de forma, avaliando a inexistência e impossibilidade da opção de compra, a inviabilidade de devolução do bem e, principalmente, a não manutenção dos direitos de propriedade do arrendador.
>
> No caso dos autos há contrato prevendo a manutenção da propriedade, o direito de defendê-la contra terceiros, a devolução ou retomada dos bens caso não exercido o direito de opção ou rescindido o pacto, o que caracteriza o leasing em essência. Ademais, não logrou o Fisco desconstituir a presunção de veracidade das previsões contratuais.
>
> Recurso a que se dá provimento. Autuação declarada insubsistente".
>
> (TIT/SP, Processo n. DRT 8 519026/2007, AIIM 3.076.320).

Outro caso a ser analisado é a autuação debatida no processo DRT-6 n. 386316/2009. Nele, a 16ª Câmara Julgadora reconheceu que o Supremo Tribunal Federal se posicionou pela não incidência do ICMS nas operações de *leasing* internacional, entretanto, entendeu pela manutenção do Auto de Infração lavrado pela fiscalização ao argumento de que, naquele caso específico, ficou demonstrado que não havia a efemeridade da posse decorrente do arrendamento mercantil, especialmente porque o contrato ostentava a opção de compra do bem. Com isso, presumiu que o bem fora efetivamente *adquirido*, isto é, houve a transmissão de sua propriedade. Seguem os trechos relevantes da decisão:

> "[...] 16. Por outro lado, ficou claro que o entendimento do STF é de que a incidência deste tributo é devida quando a importação caracterizar, pelas provas carreadas aos autos, que se trata de bem destinado ao ativo ou ao consumo do importador.
>
> 17. Cabe, portanto, ao intérprete analisar se no caso concreto há elementos suficientes para demonstrar o caráter efêmero do contrato de arrendamento mercantil, o que abre margem para a livre interpretação motivada das provas.
>
> 18. Nesse sentido, entendo que no presente caso não se encontram elementos suficientes de provas que determinem que a titularidade do bem não será transferida ao importador, na medida em que o contrato de leasing celebrado entre as partes possui opção de compra. A existência de tal opção é motivo suficiente para gerar dúvidas sobre a temporariedade da permanência do bem no país, motivo pelo qual não seria defensável a não incidência do ICMS-importação.
>
> 19. Destarte, em vista da verificação no caso concreto da existência de circulação de mercadorias e, com isso, da incidência do ICMS-importação, concluo que a infração deve ser mantida.
>
> 20. Por fim; cumpre ressaltar que resta improcedente a alegação da autuada de que o AIIM não descreve a circunstancia em que ocorreu o fato gerador, na medida em que existem elementos no caso em análise suficiente para verificar com precisão a conduta infracional da autuada [...]"

Irresignado, o contribuinte manejou recurso especial à Câmara Superior que, ao apreciar o mérito da autuação, entendeu que a existência da opção de compra não é suficiente para caracterizar a incidência do ICMS e, em consequência disso, cancelou a autuação. A ementa da decisão do plenário foi vazada nos seguintes termos:

"ICMS. IMPORTAÇÃO. CONTRATO DE ARRENDAMENTO MERCANTIL INTERNACIONAL. CLÁUSULA DE OPÇÃO DE COMPRA. CONDIÇÃO QUE NÃO FOI IMPLEMENTADA. NÃO-INCIDÊNCIA. I – Na importação de bens estrangeiros por meio de contrato de arrendamento mercantil internacional, não é bastante, para que se dê a incidência do ICMS, que exista a opção de compra do bem pelo arrendatário, mas que essa condição seja efetivamente implementada. Lição do STF a respeito da matéria. II – Recurso Provido. Recurso CONHECIDO. PROVIDO. DECISÃO NÃO UNÂNIME."

O entendimento acima manifestado é, atualmente, o que tem se mostrado vitorioso no Tribunal de Impostos e Taxas de São Paulo. Entretanto, nem sem foi assim. Buscando o histórico dos precedentes da Corte, verifica-se que, em tempos passados, a jurisprudência se inclinava pela exigência do ICMS vinculado à importação em operações de *leasing* internacional, a exemplo do que se verifica da decisão contida no Processo DRTC-III n. 486065/2002, julgado em 22/06/2004 pela 6ª Câmara Efetiva:

"ARRENDAMENTO MERCANTIL – FALTA DE RECOLHIMENTO DO IMPOSTO – GUIA DE RECOLHIMENTO ESPECIAL – RECURSO ORDINÁRIO CONHECIDO E NEGADO PROVIMENTO – DECISÃO UNÂNIME. – PROC. DRTC – III N. 486065/2002, JULGADO EM SESSÃO DA SEXTA CÂMARA EFETIVA DE 22/06/2004 – DECISÃO PUBLICADA NO DOE DE 09/07/2004 – RELATOR: Dr. NATAL CÂNDIDO FRANZINI FILHO.

A matéria discutida nos presentes autos, prende-se ao fato de ter o Recorrente importado do exterior, por meio de contrato de arrendamento mercantil, em que o exportador dos Estados Unidos enviou bens diretamente ao contribuinte autuado (nota de entrada) que figura como importador, não tendo recolhido o ICMS por G.R.E.

Apesar do longo e bem fundamentado arrazoado do recorrente, entendo que a operação ocorrida compreendendo arrendamento mercantil não está livre de recolher o imposto estadual, ao contrário do colocado pelo Contribuinte que ora recorre.

CONTENCIOSO ADMINISTRATIVO TRIBUTÁRIO

De fato, pelo que se verifica, as contra-razões apresentadas pela d. Representação Fiscal coincidem com o meu entender, motivo pelo qual venho de adotar e transcrever excerto à fls., exatamente a resposta fornecida à Consulta n. 842/96, que se relaciona a matéria idêntica à tratada neste processo, in verbis:

"o arrendamento mercantil, firmado no exterior, afigura-se como sendo um negócio internacional que implica no ingresso do respectivo bem no território nacional, sujeitando-o ao Imposto de Importação, ao IPI e ao ICMS, tributos que gravam tal operação, respeitadas as normas da legislação aduaneira;

O legislador federal, no artigo 313 do Regulamento Aduaneiro (Decreto n.º 91.030/85), relativamente aos bens nacionalizados em decorrência de contratos de arrendamento mercantil, firmado com empresa sediada no exterior, em nada os distingue de outros importados, que ingressem no País, para fim de sujeitá-los TODOS ao imposto de Importação;

Diz o referido artigo:

Art. 313 – A entrada no território aduaneiro de bens objeto de arrendamento mercantil, contratado com entidades arrendadoras domiciliadas no exterior, não se confunde com o regime de admissão temporária de que trata este Capítulo e se sujeitará a todas as normas legais que regem a importação."

A nacionalização de quaisquer bens arrendados no exterior, resultará na obrigação de recolhimento do Imposto de Importação e do IPI, e, consequentemente, do ICMS, na medida em que, invariavelmente, ocorrerá a materialização da hipótese de incidência do ICMS: o desembaraço aduaneiro;

No arrendamento firmado no mercado interno, o fato gerador do ICMS, acenado pelo artigo 3º, VIII da L.C. 87/96, afigura-se como mera perspectiva a se materializar findo o contrato, caso o arrendatário venha a exercer sua opção pela compra do bem. Em ocorrendo, exige-se o ICMS do arrendante nacional, devidamente cadastrado como contribuinte. No "leasing" internacional tal não se dará, seja porque o arrendante situa-se fora do território nacional, seja porque na eventualidade de que ocorra tal aquisição, o ICMS já teria sido pago quando da nacionalização do bem;

> No arrendamento mercantil firmado com empresa estabelecida no exterior, apresentado-se a arrendatária, ora consulente, como importadora nos documentos de importação do bem arrendado, esta configurar-se-á como sujeito passivo da operação. E a sujeição ao ICMS dependerá tão somente da ocorrência da "entrada da mercadoria importada do exterior" (Constituição Federal, art. 155, § 2º, IX, "a") e da efetivação do seu desembaraço aduaneiro (Lei Complementar n.º 87/96, art. 12, IX).
>
> Na nova sistemática do ICMS, introduzida pela Constituição Federal de 88, o ingresso de todo e qualquer bem proveniente do exterior coloca-o sob a égide desse imposto e dos tributos aduaneiros, bastando, para sua exigência a nacionalização do bem, decorrente do seu desembaraço para consumo;
>
> Pois bem, se, por absurdo a importação, pelo arrendatário, de um bem objeto de contrato de arrendamento mercantil, firmado com empresa estabelecida no exterior, resultar desonerada do ICMS, como quer a consulente, em decorrência da aplicação do disposto na Súmula 575 do STF, seria obsequiar a consulente com um benefício não usufruído pelos arrendatários nos contratos firmados com arrendantes nacionais. Porque, estes últimos, sempre adquirem, no mercado interno ou no exterior, bens já onerados pelo imposto, encargos esses que os arrendatários assumem e suportam nos contratos de arrendamento do bem.
>
> A mantença desse entendimento implicaria em desequilibrar a situação de igualdade econômica no plano interno entre os produtos nacionais e seus similares importados, conforme, colimado pelos supra mencionados tratados. Em outras palavras, seria atribuir ao produto nacional tratamento menos favorável que o dispensado ao importado, em flagrante descumprimento às convenções internacionais que inspiraram a edição da Súmula 575 do STF."
>
> No tocante à capitação da multa e juros aplicados entendo-os de acordo com o contido no Regulamento do ICMS, não se falando também da possibilidade de incoerência entre capitulação e motivação."

Parece-nos que o Tribunal caminhou bem ao abandonar o posicionamento acima para se firmar pela não incidência do

ICMS nas importações de bens que são objeto de arrendamento mercantil, afinal, este é o entendimento que, a nosso ver, melhor se alinha ao artigo 3º, inciso VIII, da Lei Complementar n. 87/96, bem como ao artigo 152 da Constituição Federal.

4. CONCLUSÃO

Ao cabo do presente ensaio, é possível concluir que:

a) Segundo as normas constitucionais e legais que disciplinam o ICMS, o fato gerador do imposto ocorre com a transmissão de titularidade de um bem;

b) Nos contratos de arrendamento mercantil, a transmissão da propriedade ocorre apenas quando do exercício da opção de compra do bem em questão;

c) Por essa razão, o artigo 3º, inciso VIII, da Lei Complementar n. 87/96, expressamente exclui a operação do campo de incidência do imposto;

d) Os *leasings* internacionais são abrangidos pelo aludido dispositivo, porquanto mesmo nesses casos a transmissão de propriedade do bem ocorre apenas no exercício da opção de compra;

e) O fato de a Emenda Constitucional n. 33/01 ter alterado o vocábulo *mercadoria* por *bem*, no artigo 155, §2º, inciso IX, alínea "a", da Constituição Federal, teve o efeito apenas de sujeitar ao imposto as importações de bens que não são destinados à mercancia; não quer dizer, contudo, que o elemento configurador da incidência do ICMS (a transmissão de propriedade) tenha sido deixado de lado;

f) Com base nessas premissas, atualmente o Tribunal de Impostos e Taxas de São Paulo entende que não há ICMS vinculado à importação de bens objetos de *leasings* internacionais, entretanto, no passado sustentava posicionamento diverso;

g) A nosso ver, a modificação do entendimento do Tribunal veio a se harmonizar com a melhor interpretação a ser dada ao artigo 3º, inciso VIII, da Lei Complementar n. 87/96;

h) Mais ainda, tal entendimento está em consonância ao disposto no artigo 152 da Constituição Federal, que veda o tratamento tributário diferenciado em razão da origem e destino de bens e mercadorias. Ora, se as operações internas contam com a não incidência do imposto, então as internacionais devem ter o mesmo tratamento.

A RELAÇÃO DO PROCESSO ADMINISTRATIVO TRIBUTÁRIO E A REPRESENTAÇÃO CRIMINAL

CORIOLANO AURELIO DE ALMEIDA CAMARGO SANTOS

Advogado e Coordenador da Esfera Federal da Comissão do Contencioso Administrativo Tributário da OAB-SP, Juiz do Tribunal de Impostos e Taxas de SP, Professor do Mackenzie, FGV, EPD, FADISP e outras, integra o Conselho Superior de Direito da FECOMÉRCIO e o Conselho Superior de Assuntos Jurídicos e Legislativos da FIESP. Presidente da Comissão de Crimes de Alta Tecnologia da OAB-SP e Diretor Titular da Federação do Comércio de São Paulo.

Resumo: Não pretendemos neste artigo, em absoluto, esgotar o assunto, que é reservado aos estudiosos das normas penais e processuais penais. Nosso intuito é apresentar ao administrado/contribuinte um singelo panorama das normas e jurisprudência envolvidas no debate sobre a necessidade ou não do término do Processo Administrativo Fiscal como condição de procedibilidade para utilização da persecução penal.

Vis a vis, há muito tempo vem sendo discutida a polêmica existente a respeito de ter que se aguardar o término do Processo Administrativo Tributário como condição para abertura de Inquérito Policial, oferecimento da denúncia pelo Ministério Público, o seu recebimento pelo Juiz de Direito e o andamento do processo criminal.

CONTENCIOSO ADMINISTRATIVO TRIBUTÁRIO

Nos anos 90, com a edição da Lei 8.137/90, iniciou-se forte debate a respeito da necessidade ou não do fim do Processo Administrativo Tributário como condição objetiva de procedibilidade para a instauração de Inquérito Policial, oferecimento da denúncia e do andamento da Ação Penal para os crimes contra a ordem tributária.

Naquela época verificavam-se duas correntes: (a) o término do processo fiscal seria condição objetiva de processamento da Ação Penal; e (b) a Ação Fiscal não interferiria na persecução criminal, diante da autonomia do Direito Penal (STJ – HC 3.871-RS. STJ – 5ª Turma, Rel. Min. Edson Vidigal, j. 2.10.95, DJU 1 de 13.11.95, p. 38.584/5).

Diante dessa realidade, não era raro o contribuinte se deparar com situações em que era vencedor em Processo Administrativo Fiscal e via-se constrangido a uma eventual condenação em processo criminal, gerando total incongruência e insegurança do sistema jurídico dos crimes tributários.

Em 1996, com a edição da Lei 9.430/96, a disputa ficou ainda mais acirrada, eis que o art. 83 do referido diploma legal previa expressamente que a representação fiscal para fins penais só seria possível com o encerramento do Processo Administrativo Fiscal.

As interpretações ao aludido art. 83 foram variadas: 1 – seria norma dirigida à Administração Pública; 2- criara questão prejudicial à Ação Penal; 3 – seria condição objetiva de procedibilidade para a Ação Penal e para o Inquérito Policial (STJ – RHC 6953, Rel. Min. José Arnaldo Fonseca, 5ª Turma, j. 18.6.1998, DJ 31.8.1998) ; 4- não seria nem condição nem questão prejudicial (STJ – HC 8208, Rel. Min. Felix Fischer, 5ª Turma, j. 18.2.99 e STF – Medida Cautelar na Ação Direta de Inconstitucionalidade – ADI 1571 MC/DF, Rel. Min. Néri da Silveira, Tribunal Pleno, j. 20.3.97, DJ 25.9.98, p. 11).

O STF, ao analisar e julgar a ADI – 1.571/DF, firmou seu entendimento em relação à matéria no sentido de que o art. 83

era uma norma direcionada para a Administração Pública e não para o Ministério Publico, pois o *Parquet* poderia oferecer a denúncia criminal quando convicto da prova de materialidade e autoria (STF – ADI 1571/DF, Rel. Min. Gilmar Mendes, Tribunal Pleno, j. 10.12.2003, DJ 30.4.2004, p. 27).

Tal entendimento do Pretório Excelso gerou polêmica, deixando uma lacuna para a coexistência de Processos Administrativos Fiscais e Processos Penais em paralelo, abrindo a possibilidade do administrado se deparar com decisões divergentes entre as duas esferas do direito (tributário e penal).

Ou seja, o contribuinte poderia obter êxito no Processo Administrativo Fiscal e ser condenado por crime contra ordem tributária em Ação Penal. Esta situação se afastava totalmente da lógica do sistema de um Estado Democrático de Direito.

Assim, o Supremo Tribunal Federal ao analisar caso concreto, no HC n. 81.611/SP, posicionou-se sobre esta questão no sentido de que os crimes fiscais previstos no art. 1º da Lei 8.137/90 são crimes materiais, que se consumam com a materialização do resultado previsto no tipo penal e por isso dependem da constituição definitiva do crédito tributário em Processo Administrativo Fiscal, sendo a decisão final do processo administrativo o marco inicial para a contagem do prazo prescricional para a Ação Penal (entendimento seguido no julgamento dos HC n. 83.414/RS e n. 84.092/CE, respectivamente 1ª e 2ª Turmas).

Contudo, este posicionamento da Corte Suprema não tratou dos crimes previstos no art. 2º da Lei 8.137/90, bem como os delitos de sonegação previdenciária e os de apropriação indébita previdenciária, crimes estes que são intitulados como formais, que não dependem de resultado para serem consumados, permanecendo a divergência de entendimento referente à necessidade ou não da constituição definitiva do crédito para ensejar a persecução penal.

De fato, naquele momento, as decisões exaradas pelos tribunais superiores nacionais não fizeram tal distinção entre o artigo 1º e 2º da Lei 8.137/90.

Assim, a divergência de posicionamentos e a ausência de distinção entre os artigos 1º e 2º da Lei 8.137/90 na jurisprudência, fizeram com que o STF editasse a Súmula Vinculante de n. 24 *in verbis*:

> "Não se tipifica crime material contra a ordem tributária, previsto no art. 1º, incisos I a IV, da Lei n. 8.137/90, antes do lançamento definitivo do tributo."

Com a edição da Súmula Vinculante n. 24, o STF fez a distinção conceitual entre os crimes materiais previstos no art. 1º da Lei 8.137/90 dos demais crimes, inclusive os previstos no art. 2º do mesmo diploma legal, sedimentando o entendimento de que a representação criminal fundamentada em um dos crimes previstos no artigo 1º da lei acima citada deve aguardar a constituição definitiva do crédito tributário em Processo Administrativo Fiscal para que se instaure qualquer medida no âmbito penal.

Entretanto, mesmo após a edição da Súmula Vinculante n. 24, existem situações em que o próprio STF entendeu não ser necessário se aguardar o término do Processo Administrativo Fiscal como condição para a persecução penal nos crimes previstos no art. 1º da Lei 8.137/90, limitando e relativizando o alcance e a aplicação de sua súmula.

Uma das hipóteses em que a necessidade do término do Processo Administrativo Fiscal foi afastada, mesmo em caso de condutas apontadas nos incisos I a IV do art. 1º da Lei 8.137/90, ocorre quando o inquérito policial se torna meio imprescindível para viabilizar certas provas à fiscalização.

Esta foi exatamente a situação que ocorreu no HC n. 95.443/SC, que afastou a Súmula Vinculante n. 24 do STF, sob o argumento de que se tornou necessária a instauração de Inquérito

CONTENCIOSO ADMINISTRATIVO TRIBUTÁRIO

Policial para formalizar e instrumentalizar o pedido de quebra do sigilo bancário, que, no caso, era diligência imprescindível para a conclusão da fiscalização tributária e, consequentemente, para a apuração de eventual crédito tributário. Ementa abaixo:

> "*HABEAS CORPUS. CRIME CONTRA A ORDEM TRIBUTÁRIA. INSTAURAÇÃO DE INQUÉRITO POLICIAL ANTES DO ENCERRAMENTO DO PROCEDIMENTO ADMINISTRATIVO-FISCAL. POSSIBILIDADE QUANDO SE MOSTRAR IMPRESCINDÍVEL PARA VIABILIZAR A FISCALIZAÇÃO. ORDEM DENEGADA. 1. A questão posta no presente writ diz respeito à possibilidade de instauração de inquérito policial para apuração de crime contra a ordem tributária, antes do encerramento do procedimento administrativo-fiscal. 2. O tema relacionado à necessidade do prévio encerramento do procedimento administrativo-fiscal para configuração dos crimes contra a ordem tributária, previstos no art. 1º, da Lei n. 8.137/90, já foi objeto de aceso debate perante esta Corte, sendo o precedente mais conhecido o HC n. 81.611 (Min. Sepúlveda Pertence, Pleno, julg. 10.12.2003). 3. A orientação que prevaleceu foi exatamente a de considerar a necessidade do exaurimento do processo administrativo-fiscal para a caracterização do crime contra a ordem tributária (Lei n. 8.137/90, art. 1º). No mesmo sentido do precedente referido: HC 85.051/MG, rel. Min. Carlos Velloso, DJ 01.07.2005, HC 90.957/RJ, rel. Min. Celso de Mello, DJ 19.10.2007 e HC 84.423/RJ, rel. Min. Carlos Britto, DJ 24.09.2004. 4. Entretanto, o caso concreto apresenta uma particularidade que afasta a aplicação dos precedentes mencionados. 5.* **Diante da recusa da empresa em fornecer documentos indispensáveis à fiscalização da Fazenda estadual, tornou-se necessária a instauração de inquérito policial para formalizar e instrumentalizar o pedido de quebra do sigilo bancário, diligência imprescindível para a conclusão da fiscalização e, consequentemente, para a apuração de eventual débito tributário. 6. Deste modo, entendo possível a instauração de inquérito policial para apuração de crime contra a ordem tributária, antes do encerramento do processo administrativo-fiscal, quando for imprescindível para viabilizar a fiscalização. 7. Ante o exposto, denego a ordem de habeas corpus.** *(STF – 2ª Turma – HC 95443/SC – Santa Catarina, em 02/02/2010.)*

Note-se que mesmo após a edição da Súmula Vinculante n. 24 do STF, o contribuinte continua a mercê da interpretação da fiscalização tributária que quando se sentir prejudicada ou não conseguir obter certas provas que ela considere imprescindíveis para apuração do crédito tributário, poderá requisitar investigação policial em paralelo ao procedimento de fiscalização, mesmo que tal conduta seja enquadrada em uma das hipóteses previstas nos incisos I a IV do art. 1º da Lei 8.137/90.

E caso o Inquérito Policial por algum motivo não seja trancado, conforme o entendimento apontado no próprio HC n. 95.443/SC, ele ficará suspenso aguardando o julgamento do processo administrativo fiscal.

> *Vale ressaltar, por fim, que o inquérito instaurado está aguardando em cartório o julgamento do recurso pelo Conselho Estadual de Contribuintes (fls. 52) e, portanto, a justa causa para eventual ação penal poderá ser averiguada caso o crédito tributário apurado durante a fiscalização seja confirmado pelo referido Conselho (pag.18 do voto de lavra da Min. Relatora Ellen Gracie – HC n. 95443/SC, publicado 02/02/2010)."*

Assim, restou claramente firmado na jurisprudência acima, que mesmo que haja indícios de conduta de crime contra ordem tributária, previsto entre os incisos I à IV da Lei 8.137/90, em determinadas exceções o contribuinte poderá se deparar com situações em que será investigado pela Polícia e pela fiscalização tributária ao mesmo tempo, devendo o administrado demonstrar a inviabilidade jurídica do Inquérito Policial para trancá-lo. Vide a fundamentação do voto-vista do Min. Cesar Peluso, que acompanhou o voto vencedor da Min. Relatora no HC n. 95443/SC, abaixo:

> *"Não se diga que ulterior paralisação do inquérito policial para aguardar a conclusão do referido procedimento administrativo é suficiente para caracterizar a vinculação intrínseca entre o inquérito e a investigação fiscal. **A concessão do quanto***

CONTENCIOSO ADMINISTRATIVO TRIBUTÁRIO

requerido, como visto, depende exclusivamente da demonstração da inviabilidade jurídica do inquérito policial." [...] (voto-vista do Min. Cezar Peluzo – HC 95443/SC, publicado 02/02/2010)."

Outra situação em que o término do processo administrativo fiscal pode ser afastado é a hipótese em que o contribuinte, após formalmente notificado, nega-se a entregar para a fiscalização os documentos descritos no inciso V do art. 1º da Lei 8.137/90.

A jurisprudência ao analisar esta conduta apontada no inciso V, do art. 1º, da Lei 8.137/90, manifestou-se da seguinte forma:

"CRIME CONTRA A ORDEM TRIBUTÁRIA – NEGATIVA EM FORNECER DOCUMENTO OBRIGATÓRIO – PRESCINDIBILIDADE DE PROCESSO ADMINISTRATIVO. *O crime previsto no inciso V do artigo 1º da Lei n. 8.137/90 –* **"negar ou deixar de fornecer, quando obrigatório, nota fiscal ou documento equivalente, relativa à venda de mercadoria ou prestação de serviço, efetivamente realizada, ou fornecê-la em desacordo com a legislação"** *– prescinde do processo administrativo-fiscal e a instauração deste não afasta a possibilidade de imediata persecução criminal. (STF – 1ª Turma – HC 96200/PR – Paraná – 04/05/2010)." (na mesma linha de entendimento o HC – 90.795-4/PE).*

Na situação do v. acórdão acima, o entendimento do STF foi ainda mais prejudicial ao contribuinte, eis que o Pretório Excelso, ao analisar a matéria, seguiu a linha de entendimento de que na hipótese de crime omissivo, que se caracteriza, por exemplo, na desobediência do contribuinte em entregar documentos solicitados pela fiscalização, a propositura/denúncia da Ação Penal prescinde a constituição definitiva do crédito tributário, pois segundo a Corte Suprema este crime omissivo não terá sua prescrição suspensa como nos demais crimes materiais previstos no art. 1º da Lei 8.137/90.

De fato a Súmula Vinculante n. 24 não tratou especificamente do inciso V do art. 1º da Lei 8.137/90, deixando uma lacuna em relação à possibilidade de abertura de medidas penais, inclusive Inquérito Policial e Ação Penal para as condutas previstas neste inciso acima comentado.

Assim, pode-se concluir que mesmo após a edição da Súmula Vinculante n. 24 do STF, permanece em aberto a possibilidade dos contribuintes serem surpreendidos com a abertura de Inquérito Policial para investigação e coleta de provas que sejam essenciais para fiscalização, ou então, no caso de conduta prevista no inciso V, do art. 1º da Lei 8.137/90, depararem-se com a propositura da Ação Penal antes do início ou do término do Processo Administrativo Fiscal, sob o fundamento de que o contribuinte que se negou a entregar as provas exigidas pela fiscalização praticou conduta de crime omissivo, crime este, que prescinde de constituição definitiva do crédito tributário.

Pois bem, frente à jurisprudência acima, podemos extrair o entendimento de que sempre que o contribuinte se negar a entregar determinadas provas à fiscalização, ou o Agente Fiscal de Rendas não conseguir obter as provas que ele entenda necessárias para apuração do crédito tributário, poderá requisitar auxílio policial (mesmo que seja uma das hipóteses dos incisos I a IV do art. 1º. Da Lei 8.137/90) e o administrado, por sua vez, deverá demonstrar a inviabilidade jurídica do Inquérito Policial, bem como da Ação Penal.

Além das exceções à Súmula Vinculante n. 24 acima apontadas, a jurisprudência entende que as condutas previstas no art. 2º da Lei 8.137/90, prescindem de constituição definitiva do crédito tributário por se caracterizarem crimes formais que não precisam aguardar o término do Processo Administrativo Fiscal para ensejar a persecução penal.

Assim, frente ao panorama da jurisprudência acima apontada, podemos afirmar que a Súmula Vinculante n. 24 pouco alterou o cenário da discussão entre a necessidade do término do Processo Administrativo Fiscal como condição para a persecução criminal, prevalecendo a linha de entendimento de que sempre se deve prover o Estado com aparatos de controle e fiscalização da arrecadação tributária mais eficazes, mesmo que em certos momentos gere a sensação de insegurança jurídica e de vulnerabilidade do administrado.

Por estas razões, deve-se chamar atenção sobre a interpretação e relativização da aplicação da Súmula Vinculante n. 24 do STF pela jurisprudência a respeito da matéria penal tributária, tornando-se importante, por conseguinte, que os operadores do direito que militam na área tributária, tenham ao menos conhecimento dos conceitos, da legislação e da jurisprudência envolvida sobre a matéria ora tratada, para melhor alertar seus clientes quanto às consequências de determinadas condutas que podem ser fortemente questionadas no âmbito penal independentemente da constituição definitiva do crédito tributário.

PROCESSO ADMINISTRATIVO TRIBUTÁRIO PAULISTA O JUÍZO MONOCRÁTICO DE ADMISSIBILIDADE RECURSAL E O DIREITO DE PETIÇÃO

LUIZ FERNANDO MUSSOLINI JÚNIOR

Mestre em Direito Tributário pela PUC/SP. Membro da Câmara Superior do TIT/SP. Professor dos cursos de pós-graduação do IBET, do COGEAE/PUC-SP, EPD e outros.

1. A Lei Paulista n. 13.457, de 18/03/2009, dispondo sobre o processo administrativo tributário decorrente de lançamento *ex officio*, prevê, em seu artigo 40, o quanto segue:

> "Artigo 40 – Da decisão favorável à Fazenda Pública do Estado no julgamento da defesa, em que o débito fiscal exigido na data da lavratura do auto de infração corresponda a até 5.000 (cinco mil) UFESPs, poderá o autuado interpor recurso voluntário, dirigido ao Delegado Tributário de Julgamento.
>
> § 1º – O recurso voluntário será apresentado no prazo de 30 (trinta) dias, por requerimento contendo nome e qualificação do recorrente, a identificação do processo e o pedido de nova decisão, com os respectivos fundamentos de fato e de direito.

CONTENCIOSO ADMINISTRATIVO TRIBUTÁRIO

> § 2º – Admitido o recurso voluntário pelo Delegado Tributário de Julgamento, será o processo encaminhado à Representação Fiscal para contra-razões, no prazo de 60 (sessenta) dias, findo o qual, com ou sem a manifestação, o processo será devolvido à Delegacia Tributária de Julgamento.
>
> § 3º – Exceções à regra do § 2º deste artigo poderão ser estabelecidas por ato normativo do Coordenador da Administração Tributária, tendo em vista a conveniência de colher a manifestação do autuante.
>
> § 4º – O recurso voluntário será decidido por Delegado Tributário de Julgamento, independentemente de qual seja a Unidade de Julgamento que proferiu a decisão recorrida.
>
> § 5º – O recurso voluntário poderá ser interposto por meio eletrônico, conforme dispuser o regulamento." (grifamos)

A mesma lei, em seu artigo 47, tem o seguinte enunciado:

> "Artigo 47 – Da decisão favorável à Fazenda Pública do Estado no julgamento da defesa, em que o débito fiscal exigido na data da lavratura do auto de infração seja superior a 5.000 (cinco mil) UFESPs, poderá o autuado, no prazo de 30 (trinta) dias, interpor recurso ordinário para o Tribunal de Impostos e Taxas.
>
> § 1º – O recurso ordinário será interposto por petição contendo nome e qualificação do recorrente, a identificação do processo e o pedido de nova decisão, com os respectivos fundamentos de fato e de direito.
>
> **§ 2º – O juízo de admissibilidade do recurso ordinário cabe ao Delegado Tributário de Julgamento.**
>
> § 3º – Se admitido, o recurso ordinário interposto pelo autuado será encaminhado, como regra, à Representação Fiscal, para que responda e produza parecer no prazo de 60 (sessenta) dias, findo o qual, com ou sem a manifestação, o processo será encaminhado ao Tribunal de Impostos e Taxas para distribuição a juiz designado relator, que terá 30 (trinta) dias para encaminhá-lo para decisão pela Câmara de Julgamento.
>
> § 4º – Exceções à regra do § 3º deste artigo serão estabelecidas por ato normativo do Coordenador da Administração

Tributária, tendo em vista, inclusive, a conveniência de haver, também, manifestação do autuante.

§ 5º – O recurso ordinário devolverá ao Tribunal de Impostos e Taxas o conhecimento da matéria de fato e de direito impugnada.

§ 6º – O recurso ordinário poderá ser interposto por meio eletrônico, conforme dispuser o regulamento." (grifamos)

Avante temos o artigo 49 do diploma legal em foco com a seguinte dicção:

"Artigo 49 – Cabe recurso especial, interposto tanto pelo autuado como pela Fazenda Pública do Estado, fundado em dissídio entre a interpretação da legislação adotada pelo acórdão recorrido e a adotada em outro acórdão não reformado, proferido por qualquer das Câmaras do Tribunal de Impostos e Taxas.

§ 1º – O recurso especial, dirigido ao Presidente do Tribunal, será interposto por petição contendo o nome e a qualificação do recorrente, a identificação do processo, o pedido de nova decisão, com os respectivos fundamentos, a indicação da decisão paradigmática, bem como a demonstração precisa da divergência, na forma estabelecida em regulamento, sem o que não será admitido o recurso.

§ 2º – Cabe ao recorrente providenciar a instrução do processo com cópias das decisões indicadas, por divergência demonstrada.

§ 3º – O juízo de admissibilidade do recurso especial compete ao Presidente do Tribunal de Impostos e Taxas.

§ 4º – Admitido o recurso especial, será intimada a parte contrária para contrarrazões.

§ 5º – Para contra-arrazoar o recurso especial, o prazo é de 30 (trinta) dias, contados da intimação da interposição do recurso.

§ 6º – Computar-se-á em dobro o prazo para contra-arrazoar, quando a parte recorrida for a Fazenda Pública do Estado.

§ 7º – Na hipótese de ambas as partes terem condições para recorrer, o prazo será deferido primeiramente à Fazenda

Pública do Estado e posteriormente ao autuado, quando, então, poderá contra-arrazoar eventual recurso interposto e, em querendo, interpor recurso especial no mesmo prazo, caso em que o processo retornará à Fazenda Pública para contrarrazões.

§ 8º – Findos os prazos previstos nos §§ 5º e 6º deste artigo, com ou sem apresentação de contrarrazões, o processo será distribuído a juiz designado relator, que terá 30 (trinta) dias para encaminhá-lo para decisão pela Câmara Superior.

§ 9º – O recurso especial poderá ser interposto por meio eletrônico, conforme dispuser o regulamento." (grifamos)

Cabe, finalmente, pontuar o quanto previsto no artigo 15 da lei em foco, *ipsis verbis* (grifo nosso):

Artigo 15 – A decisão de qualquer instância administrativa que contiver erro de fato será passível de retificação, devendo o processo ser submetido à apreciação do respectivo órgão de julgamento.

§ 1º – O pedido de retificação deverá ser interposto no prazo de 30 (trinta) dias contados da intimação da decisão retificanda, com a demonstração precisa do erro de fato apontado, não implicando suspensão ou interrupção de prazo para a interposição dos demais recursos previstos nesta lei.

§ 2º – Compete ao Delegado Tributário de Julgamento e ao Presidente do Tribunal de Impostos e Taxas o exame de admissibilidade do pedido de retificação interposto, respectivamente, em face das decisões proferidas no âmbito das Delegacias Tributárias de Julgamento e das decisões proferidas no âmbito do Tribunal, determinando, se for o caso, o seu processamento.

§ 3º – O pedido de retificação será distribuído para julgamento na forma estabelecida pelo regulamento ou regimento interno do tribunal." (grifamos)

2. Dos dispositivos supratranscritos, retira-se que todos os recursos passíveis de interposição pelos contribuintes, no seio do processo administrativo tributário, terão sua admissibilidade

centrada em juízo monocrático, seja do Delegado Tributário de Julgamento para o recurso voluntário, para o recurso ordinário e para a retificação de julgado, seja do Presidente do Tribunal de Impostos e Taxas para o recurso especial e para a retificação de julgado.

3. Vale lembrar que a Lei n. 13.457/09 contempla, em seu artigo 45, regra que se nos afigura de aplicação geral a todos os recursos, no plano da sua admissibilidade, como segue:

> "**Artigo 45 – Será indeferido o processamento do recurso que:**
>
> I – seja intempestivo;
>
> II – seja apresentado por parte ilegítima ou irregularmente representada;
>
> III – contrarie súmula do Tribunal de Impostos e Taxas;
>
> IV – verse exclusivamente sobre questões não compreendidas na competência do Tribunal de Impostos e Taxas;
>
> V – não preencha os requisitos exigidos nesta lei para o seu processamento." (grifamos)

4. As normas legais acerca da admissibilidade dos recursos atribuídos aos sujeitos passivos dos lançamentos estão praticamente repetidas nos enunciados dos artigos 105, § 1º; 112, § 5º; 114, § 6º; 79, § 2º e 110 do Decreto n. 54.486, de 26/06/09, editado como regulamento da Lei n. 13.457/09.

5. É motivo de séria preocupação para todos que militam no processo administrativo paulista a centralização individual do controle de admissibilidade dos recursos pertinentes no seu desenvolvimento, sem que haja previsão para o reexame da decisão monocrática indeferitória do processamento.

Não desprezando a óbvia necessidade de se tornar mais célere o trâmite dos processos, a experiência que acumulamos ao longo de vinte e seis anos como juiz representante dos contribuintes no Colegiado Administrativo nos autoriza uma reflexão mais detida sobre o desiderato do legislador, que vem romper bruscamente a praxe de longo tempo adotada de se deferir aos órgãos *ad quem* (antes Câmaras Efetivas, Temporárias e Reunidas, e agora Câmaras Julgadoras e Câmara Superior) a decisão, em caráter preliminar, sobre a admissibilidade dos apelos a eles dirigidos.

6. Muito mais agora necessária a ponderação, quando se denunciam cabalmente as causas legais para o indeferimento do processamento recursal, isto sem qualquer menoscabo às autoridades nominadas pela lei como responsáveis por aferir a sua caracterização.

Figuremos alguns exemplos, que podem parecer demais singelos e até teratológicos, mas que servirão para justificar nossa preocupação.

7. Vamos admitir, para argumentar, que um contribuinte, vencido em 1º grau, em processo cujo débito fiscal exigido na data da lavratura do AIIM seja superior a 5.000 UFESPs, maneje Recurso Ordinário para o Tribunal de Impostos e Taxas, com arrimo no que lhe permite o artigo 47 da Lei n. 13.457/09.

O último dia do trintídio legal recai em uma sexta-feira, data que é feriado municipal na pequena cidade do interior o Estado onde está localizado o seu estabelecimento e por consequência não há expediente normal na repartição fiscal onde deve ser registrada a petição recursal. Assim, o Recurso Ordinário é protocolado na segunda-feira subsequente.

O apelo é tempestivo, nos termos do disposto no artigo 6º, § 2º, da Lei n. 13.457/09.

O Delegado Tributário de Julgamento não atenta para o fato do feriado municipal e dá o recurso como serôdio, indeferindo o seu processamento, forte no que preconiza o artigo 45, I, da lei em comento.

8. Imaginemos, de outra banda, que um contribuinte tenha sido autuado por ter deixado de recolher o ICMS incidente sobre a entrada de um bem importado do exterior e

destinado ao seu Ativo Imobilizado, por entender que a operação era objeto de isenção.

Debate o lançamento e é vencido, consumando-se decisão terminativa contrária à sua tese. Resolve, então, recolher o tributo, a multa exigida e o valor aplicado como atualização monetária.

De tanto deriva, então, seu direito ao aproveitamento, como crédito, do ICMS pago e, no seu sentir, da atualização imposta, uma vez que esta não constitui sanção. Faz a escrituração nos quarenta e oito meses seguintes das parcelas correspondentes ao total acima definido, apropriando-se, desta forma, do crédito de que se julga detentor.

A Fiscalização Estadual o autua por ter supostamente aproveitado crédito indevido referente à "correção monetária" do imposto pago ao final do primeiro processo administrativo.

O contribuinte defende-se, sustentando que não fez crédito extemporâneo e que faz jus ao aproveitamento do montante integral pago. É vencido em 1º grau e interpõe Recurso Ordinário dirigido ao Tribunal de Impostos e Taxas.

O Delegado Tributário de Julgamento nega o processamento do Recurso Ordinário, invocando o estipulado no artigo 45, III, da Lei n. 13.487/09, à vista do quanto reza a Súmula 03/2003 da Corte, *verbis*: *"Não é admissível a correção monetária de saldos credores do ICMS, tampouco a correção monetária de créditos extemporâneos do ICMS".*

9. Cogitemos, ainda, de um contribuinte que esteja fazendo sua própria defesa no processo administrativo tributário (e nada obsta que assim seja).

Inconformando-se com decisão de Câmara Julgadora que negou provimento ao seu Recurso Ordinário, resolve ingressar com Recurso Especial à Câmara Superior, apresentando julgados que acredita serem discrepantes e fazendo, na medida em que é leigo, uma demonstração de divergência que não é suficientemente clara e técnica, mas que, a olhos atentos e experientes, conduz à evidência da dissonância jurisprudencial.

CONTENCIOSO ADMINISTRATIVO TRIBUTÁRIO

A D. Presidência da Corte, assoberbada que estará pela análise da admissibilidade dos milhares de casos que lhe serão submetidos, decide por indeferir o processamento do Recurso Especial, à razão de que não preenche os requisitos legais (artigo 45, V, da Lei n. 13.457/09, somado ao § 1º do artigo 49 da mesma lei e ao artigo 114, §§ 1º e 2º do seu regulamento.).

10. Estaremos, nas três situações desenhadas, diante de decisões pela inadmissibilidade de recursos tomadas com *error in iudicando*, as quais serão terminativas do processo administrativo tributário, levando à definitividade da constituição dos créditos tributários, suas inscrições em Dívida Ativa e o consequente ajuizamento das respectivas Execuções Fiscais.

Teremos, entretanto, créditos natimortos que, quase que fatalmente, não resistirão às medidas judiciais que se lhes oponham, dada a flagrância das nulidades e o manifesto cerceio à ampla defesa que os contaminou.

11. Este não foi, com certeza, o intuito do legislador, que se preocupou, sim, com o trâmite mais rápido do processo administrativo tributário estadual, que é lídimo interesse do Erário, para não se afirmar também dos próprios administrados, que muitas vezes atravessam mais de década sob contingências que poderiam ser solucionadas em tempo breve.

Todavia, a inexistência de recurso que permita a reapreciação colegiada e paritária das decisões que neguem admissibilidade aos apelos implica, ao nosso modo de ver, em evidente prejuízo aos que litigam na esfera administrativa, com danos que terminarão por atingir a sociedade como um todo, nas hipóteses prováveis de sucumbência derivada de máculas que contaminem a higidez que dos títulos levados à cobrança forçada pela Fazenda Pública. Este também não foi, certamente, o desejo do elaborador da lei.

12. É possível argumentar com a ideia de que os prejudicados por decisões equivocadas podem buscar a reconsideração das mesmas diante das próprias autoridades que as exararam, mesmo em face de inexistir previsão normativa para essa pretensão.

O fundamento para o pleito de reexame está na garantia fundamental inserta no artigo 5º, XXXIV, "a", da Constituição Federal, que a todos assegura: "*o direito de petição aos Poderes Públicos em defesa de direitos ou contra ilegalidade ou abuso de poder*".

Desde que se confira efeito suspensivo ao *petitum* reconsideratório, isto é, dando-lhe o condão de servir para a não configuração, enquanto pendente, do término do processo administrativo tributário, a medida pode ter, quando menos, eficácia para evitar o imediato encaminhamento do débito à inscrição.

Ressalve-se, entretanto, que o pedido será apreciado pela mesma autoridade que prolatou a decisão guerreada, sendo razoável presumir a sua manutenção pelos mesmos fundamentos que a embasaram.

13. Sobra diante desse quadro – que é o mais plausível – a indesejável provocação do Poder Judiciário.

O contribuinte pode simplesmente, se tiver interesse na continuidade da discussão administrativa do débito, manejar Mandado de Segurança contra o ato da autoridade que indeferiu o processamento de seu recurso, fazendo a demonstração de que não havia causa real para a sua não admissibilidade. Obtendo sucesso, o processo administrativo tributário terá seu curso retomado, não antes de ter prejudicada sua tão almejada celeridade.

14. Mas o dano pode resultar mais grave. Imagine-se que o contribuinte decida aguardar a Execução Fiscal do débito, e, nos Embargos que venha a opor, alegue a nulidade do título exequendo, ao argumento de que teve seu direito de defesa cerceado pela impossibilidade de ver apreciado recurso administrativo cabível. Essa alegação, sobre cuja plausibilidade não resta dúvida, acarretará, se acolhida, a procedência dos Embargos e a extinção da Execução Fiscal, obviamente com a imposição dos ônus sucumbenciais à Fazenda Pública.

15. E não oponha à segunda situação conjeturada a norma do artigo 173, II, do CTN, pois que, a olhos nus, de decisão que tiver anulado por vício formal o lançamento anteriormente efetuado. O que vai suceder, com o trânsito em julgado da decisão proferida nos Embargos à Execução Fiscal é a extinção do crédito tributário, nos termos do artigo 156, X, do Código Tributário Nacional.

16. É notória a dificuldade de se equilibrar a celeridade no processo administrativo tributário com a qualidade e a segurança no seu desenvolvimento, de sorte a gerar créditos tributários dotados de todos os requisitos indispensáveis à sua exequibilidade.

Estamos em que, salvo melhor juízo, a concentração monocrática do exame de admissibilidade dos recursos possíveis dentro do processo administrativo paulista é medida de risco com benefícios questionáveis.

17. O legislador paulista caminhou, em nosso entender, de maneira demais rígida na perseguição de rapidez para o desenrolar do processo administrativo tributário, ao centralizar individualmente o exame da permissibilidade dos recursos e ao não prever o reexame das decisões indeferitórias do processamento.

Em sentido contrário, como ilustração flagrante desse equívoco, estão, para não ir muito longe, as determinações do Regimento Interno do Conselho Municipal de Tributos de São Paulo, que se transcrevem:

Subseção II – Do Exame de Admissibilidade do Recurso Ordinário

"Art. 37. Sendo o Recurso Ordinário intempestivo, a autoridade recorrida o indeferirá de plano.

§ 1º Sem prejuízo do disposto no caput, não serão conhecidos os recursos interpostos fora dos prazos estabelecidos em lei, podendo qualquer autoridade julgadora denegar o seu seguimento.

§ 2º Não cabe qualquer recurso do despacho denegatório de seguimento de recurso interpostos intempestivamente,

> ressalvado um único pedido de reconsideração, no prazo de 15 (quinze) dias, contados da data da intimação da decisão, dirigido à mesma autoridade julgadora e que verse exclusivamente sobre ausência ou inexistência de intimação ou contagem de prazo.".
>
> **Subseção II – Do Exame de Admissibilidade do Recurso de Revisão**
>
> "Art. 55. O Recurso de Revisão será encaminhado à Presidência do Conselho, que fará o exame de admissibilidade.
>
> Art. 56. Sendo o Recurso de Revisão intempestivo, ele será liminarmente rejeitado pelo Presidente do Conselho.
>
> § 1º Não cabe qualquer recurso do despacho denegatório de seguimento de recurso interpostos intempestivamente, **ressalvado um único pedido de reconsideração**, no prazo de 15 (quinze) dias, contados da data da intimação da decisão, dirigido à mesma autoridade julgadora e que verse exclusivamente sobre ausência ou inexistência de intimação ou contagem de prazo." (grifamos)

18. Igualmente em sentido diverso está disciplinado o processo administrativo tributário no âmbito da União.

A começar pelo disposto no artigo 74 do recém-editado Decreto n. 7574/2011 (que tem o *status* de lei *ratione materiae*), dizendo que o recurso (voluntário) mesmo que perempto, será encaminhado ao órgão de segunda instância, que julgará a perempção.

Mais: embora não haja previsão no referido diploma, o Regimento do Conselho Administrativo de Recursos Fiscais (Portaria MF n. 256, de 22/06/2009) admite a revisão, pelo Presidente da CSRF, do despacho que rejeitar, total ou parcialmente, a admissibilidade de Recurso Especial, como se vê das regras abaixo transcritas:

> "Artigo 68. O recurso especial, do Procurador da Fazenda Nacional ou do contribuinte, deverá ser formalizado em petição dirigida ao presidente da câmara à qual esteja vinculada a turma que houver prolatado a decisão recorrida, no

prazo de 15 (quinze) dias contados da data da ciência da decisão.

§ 1º Interposto o recurso especial, compete ao presidente da câmara recorrida, em despacho fundamentado, admiti-lo ou, caso não satisfeitos os pressupostos de sua admissibilidade, negar-lhe seguimento.

§ 2º Se a decisão contiver matérias autônomas, a admissão do recurso especial poderá ser parcial.

Artigo 69. Admitido o recurso especial interposto pelo Procurador da Fazenda Nacional, dele será dada ciência ao sujeito passivo, assegurando-lhe o prazo de 15 (quinze) dias para oferecer contrarrazões e, se for o caso, apresentar recurso especial relativa à parte do acórdão que lhe foi desfavorável.

Artigo 70. Admitido o recurso especial interposto pelo contribuinte, dele será dada ciência ao Procurador da Fazenda Nacional, assegurando-lhe o prazo de 15 (quinze) dias para oferecer contrarrazões.

Artigo 71. O despacho que rejeitar, total ou parcialmente, a admissibilidade do recurso especial será submetido à apreciação do Presidente da CSRF.

§ 1º O Presidente do CARF poderá designar conselheiro da CSRF para se pronunciar sobre a admissibilidade do recurso especial interposto.

§ 2º Na hipótese de o Presidente da CSRF entender presentes os pressupostos de admissibilidade, o recurso especial terá a tramitação prevista nos art. 69 e 70, dependendo do caso.

§ 3º Será definitivo o despacho do Presidente da CSRF que negar ou der seguimento ao recurso especial." (grifamos)

19. As analogias feitas servem para ilustrar a preocupação demonstrada por outros Entes Tributantes no trato da questão.

Embora a análise da admissibilidade recursal, no plano do Município de São Paulo, seja igualmente monocrática, existe, quando menos, a previsão expressa de sua reconsideração, quando denegatória, pela mesma autoridade, limitada ao ponto da tempestividade.

Mais oxigenado foi o tratamento conferido pela legislação federal; em seu âmbito, o recurso voluntário terá sua perempção sempre declarada pelo órgão colegiado de 2º grau; muito além, o despacho negatório de seguimento de Recurso Especial sempre será reexaminado, não representando decisão terminativa do processo administrativo tributário.

20. Acreditamos ter justificado a preocupação que assoma os operadores do direito.

O propósito dessas considerações é despertar a atenção sobre o risco que se corre ao reduzir, peremptoriamente, o exame da admissibilidade recursal a uma autoridade individual, que pode, quando pouco, comprometer a desejada celeridade do processo administrativo tributário paulista, isto sem considerar a possível geração de créditos que soçobrarão nas águas do Poder Judiciário; não sobraram alternativas para resguardar, de um lado, o *due process of law*, e, de outra banda, garantir a constituição de créditos tributários hígidos, sem prejudicar o escopo de tornar mais breve a prestação jurisdicional administrativa.

A QUEBRA DO SIGILO FINANCEIRO DOS CONTRIBUINTES PAULISTAS EM FACE DA EDIÇÃO DO DECRETO ESTADUAL N. 54.240/09

MARA EUGÊNIA BUONANNO CARAMICO
Juíza do Tribunal de Impostos e Taxas de São Paulo, Especialista em Direito Tributário pela USP, Especialista em Direito Tributário pelo CEU, LLM – Mercado de Capitais pelo IBMEC (atual INSPER), Advogada formada pela Faculdade do Lago São Francisco – FADUSP, Membro do Comitê do Contencioso Administrativo Tributário da OAB-SP.

1. INTRODUÇÃO

Muitas autuações fiscais têm sido procedidas pelo fisco estadual paulista com base em informações prévias fornecidas pelas operadoras e administradoras de cartão de crédito, antes mesmo que o contribuinte tenha conhecimento de que está sendo investigado, ou até mesmo antes de qualquer procedimento fiscal instaurado.

Estas informações são fornecidas às autoridades fiscais paulistas pelas operadoras de cartão de crédito com base no inciso X do artigo 75 da Lei 6.374/89 e da Portaria CAT 87/06 que o regulamentou.

Contudo, com o advento do Decreto n. 54.240/09 foram estabelecidas novas condições para que as instituições financeiras e demais empresas a elas assemelhadas prestassem estas informações ao fisco, determinando quando o Estado estaria autorizado a solicitar referidas informações.

Mencionado diploma legal foi regulamentado pela Portaria CAT n. 12/2010, que traz as hipóteses legais de quando e como as informações protegidas pelo sigilo financeiro e bancário dos contribuintes podem e devem ser entregues ao Fisco.

Em razão disso, o escopo deste trabalho é analisar a questão do sigilo bancário frente à Constituição, à Lei Complementar 105/2001 e à recente legislação paulista acima mencionada, a fim de verificar se os dados sigilosos do contribuinte podem ser requisitados pelas autoridades fiscais estaduais paulistas, e em caso positivo, como e em que hipóteses essas informações devem ser fornecidas.

I. OS SIGILOS BANCÁRIO E FISCAL: CONCEITO E FUNDAMENTO

Inicialmente, devemos lembrar que o termo sigilo, conforme consta nos dicionários da língua portuguesa significa segredo, ou seja, aquilo que não se pode revelar, o que é de conhecimento apenas de uns poucos; o que se diz ao ouvido de alguém.

O sigilo pode ser subdividido em diversos tipos ou espécies. Assim, podemos dizer que existe o sigilo profissional, o sigilo telefônico, o sigilo bancário, o sigilo fiscal, o sigilo da comunicação de dados, etc.

No dizer de ROBERTA OLIVEIRA SOARES[1], *"compreende-se como sigilo bancário o dever de as instituições financeiras*

---

1. SOARES, Roberta Oliveira. *Os Sigilos Bancário e Fiscal e o Intercâmbio de Informações Sigilosas* – Monografia sob a orientação do Professor Antonio Santoro – Maio 2005 – Universidade Federal do Rio de Janeiro – Instituto de Economia.

conservarem em segredo suas operações ativas e passivas e serviços prestados, não divulgando informações acerca das movimentações e dados financeiros de seus clientes. Da mesma forma, o agente público possui o dever de sigilo relativo às informações obtidas no exercício de suas funções de fiscalização, configurando, por conseguinte, o sigilo fiscal".

Em nosso ordenamento jurídico, o sigilo como gênero é garantido pela Constituição Federal, e visa proteger a intimidade e a vida privada do cidadão. Encontramos nos incisos X e XII do art. 5º da nossa Carta Magna de 1988, a base e o fundamento dessa proteção, senão vejamos:

> "Art. 5º Todos são iguais perante a lei, sem distinção de qualquer natureza, garantindo-se aos brasileiros e aos estrangeiros residentes no País a inviolabilidade do direito à vida, à liberdade, à igualdade, à segurança e à propriedade, nos termos seguintes:
>
> [...]
>
> X – são invioláveis a intimidade, a vida privada, a honra e a imagem das pessoas, assegurado o direito à indenização pelo dano material ou moral, decorrente de sua violação;
>
> [...]
>
> XII – é inviolável o sigilo da correspondência e das comunicações telegráficas, de dados e das comunicações telefônicas, salvo, no último caso, por ordem judicial, nas hipóteses e na forma que a lei estabelecer para fins de investigação criminal ou instrução processual penal;"

Parte da doutrina entende que os sigilos bancários e fiscais, que são espécies do gênero sigilo, têm o seu fundamento no inciso X, do art. 5º, da Constituição Federal acima transcrito, pois considera que esse tipo de informação refere-se ao foro íntimo do indivíduo, já que dizem respeito desde o cadastro pessoal do indivíduo e o detalhamento de seu patrimônio (sigilo fiscal) até suas economias e investimentos depositados junto às instituições financeiras (sigilo bancário).

CONTENCIOSO ADMINISTRATIVO TRIBUTÁRIO

Miguel Pró de Oliveira Furtado[2], ao proferir o Parecer n. AGU/PRO-04/96, assim se manifesta sobe o assunto:

> "Alguns doutrinadores e mesmo algumas decisões fundam o direito à privacidade ora no inciso X, ora no inciso XII, ora em ambos os incisos do art. 5º da Constituição. A redação ambígua do inciso XII contribui para isso, embora pareça possível (e desejável) que se estremem as hipóteses previstas nos dois incisos.
>
> O inciso X, de forma clara, protege a pessoa, enquanto o inciso XII tem em vista a manifestação de pensamento da pessoa. É certo que ambos resguardam, em última análise, a pessoa, mas um versa sobre a pessoa em si, enquanto o outro diz respeito à manifestação de pensamento dela. Embora pareça sutil a diferença, trata-se de coisas diversas. O direito à proteção da intimidade (senso amplo) da pessoa é diverso do direito à proteção do sigilo às suas manifestações de pensamento. São enfoques vários, embora a pessoa seja o alvo de proteção de todos esses direitos."

No mesmo sentido, TERCIO SAMPAIO FERRAZ JÚNIOR[3], ensina:

> "Obviamente o que se regula é comunicação por correspondência e telegrafia, comunicação de dados e telefônica. O que fere a liberdade de transmitir pensamento é, pois, entrar na comunicação alheia, fazendo com que o que devia ficar entre sujeitos que se comunicam privadamente passe ilegitimamente ao domínio de um terceiro. Se alguém elabora para si um cadastro sobre certas pessoas, com informações marcadas por avaliações negativas, e o torna público, poderá estar cometendo difamação, mas não quebra sigilo de dados. Se estes dados armazenados eletronicamente são transmitidos,

---

2. FURTADO, Miguel Pró de Oliveira. *Sigilo Bancário e Fiscal frente ao TCU*. Parecer n. AGU/PRO-04/96. Diário Oficial da República Federativa do Brasil, Poder Executivo, Brasília, DF, 12 set. 1996.
3. 'Sigilo de Dados: o direito à privacidade e os limites à função fiscalizadora do Estado. *Cadernos de Direito Tributário e Finanças Públicas*, p. 145-146.

privadamente, a um parceiro, em relações mercadológicas, para defesa do mercado, também não estará havendo quebra de sigilo. Mas se alguém entra nesta transmissão, como um terceiro que nada tem a ver com a relação comunicativa, ou por ato próprio ou porque uma das partes lhe cede o acesso indevidamente, estará violando o sigilo de dados."

Portanto, parte da doutrina defende a tese de que o inciso XII do art. 5º visa a proteger a comunicação de informações, não abrangendo, portanto, os sigilos bancário e fiscal[4].

Em que pese os sigilos bancário e fiscal consistirem numa garantia constitucional, tanto doutrina quanto a jurisprudência de nossos Tribunais defendem o entendimento que não são os mesmos revestidos de caráter absoluto.

---

4. "O inciso XII do art. 5º da CF traz em sua redação a expressão 'sigilo de dados', a qual, segundo alguns autores, abrange o sigilo bancário. Ao que parece, tal afirmação não procede, pois, analisando o conteúdo do inciso na sua íntegra, conclui-se que o mesmo trata de sigilo da comunicação. Ou seja, enquanto o inciso X visa à proteção de informações as quais o indivíduo deseja conservar em segredo, não as divulgando a outras pessoas, o inciso XII protege a comunicação das mesmas. Ao proferir seu voto no julgamento do RE 219.780, o ministro Carlos Velloso explica que o dispositivo constitucional em que encontra respaldo o sigilo bancário é somente o inciso X, do art. 5º da CF. Ao apreciar o mesmo recurso extraordinário, o ministro Nelson Jobim diz que 'o inciso XII não está tornando inviolável o dado da correspondência, da comunicação, do telegrama. Ele está proibindo a interceptação da comunicação dos dados, não dos resultados. Essa é a razão pela qual a única interceptação que se permite é a telefônica, pois é a única a não deixar vestígios, ao passo que nas comunicações por correspondências, telegráfica e de dados é proibida a interceptação porque os dados remanescem, eles não são rigorosamente sigilosos, dependem da interpretação infraconstitucional para poderem ser abertos (...)'. Portanto, o legislador ao redigir ambos os dispositivos, o fez de forma a garantir o sigilo das informações no inciso X e o sigilo da comunicação dessas informações no inciso XII. Interpretá-los no sentido de que em ambos estão tutelados os sigilos bancário e fiscal seria ignorar um dos princípios da hermenêutica, segundo o qual todas as palavras no dispositivo legal devem ser interpretadas de forma harmônica e de tal modo que não se deixe de atribuir sentido a qualquer delas." PERUZZO, Renata; SOUZA, Jeiselaure R. de; LEAL, Roger Stiefelmann. *A quebra dos sigilos bancário e fiscal*. [2000]. Disponível em: http://www1.jus.com.br/doutrina/texto.asp?id=201. Acesso em 21 de fevereiro de 2005.

Nesse sentido, dispõe o acórdão da 4ª Turma do Tribunal Regional Federal da 2ª Região[5]:

> "Não resiste a exame o argumento utilizado pelo impetrante no sentido de ser o sigilo bancário garantia constitucional absoluta, decorrente de proteção à intimidade e à vida privada. Ao contrário, não se apresenta a mesma como proteção vocacionada a ocultar fatos, mas como forma de permitir sua revelação, ainda que em caráter excepcional. Por isso tem a mesma a ver com o sigilo profissional do banqueiro, que não pode se superpor ao interesse coletivo, posto que este último lhe impõe determinadas restrições, não sendo admissível pretender-se que dito segredo ou sigilo possa ser utilizado para proteção do investigado. Não há dúvida quanto a que o banco tem de guardar o segredo, a intimidade financeira do cliente, obrigação que há de, contudo, ceder sempre e sempre, diante da necessidade de apuração da verdade, que os Órgãos Públicos devem buscar com vistas a que o bem da sociedade prevaleça sobre o interesse individual. Por isso que o Excelso Pretório já deixou assentado ser débito dos estabelecimentos bancários prestar informações no interesse público a fim de que se apure a verdade real, essencialmente indispensável à solução das questões submetidas ao Poder Judiciário. E aí se considere que a garantia do sigilo se encontra apenas em que as diligências a tanto necessárias deverão se subordinar a requisitos especiais, sem prejuízo da legalidade que deve revestir a eventual quebra do mesmo."

Também o Supremo Tribunal Federal assim já decidiu:

> "Uma das consequências do entendimento de que o direito ao sigilo bancário pertence à categoria maior do direito à privacidade é que, destinado a proteger o indivíduo, não protege operações bancárias praticadas em contas fictícias – que não têm a privacidade a ser juridicamente protegida – nem pode ser invocado para acobertar crimes ou outros

---

5. TRF 2ª Região. 4ª Turma, Apelação em Mandado de Segurança n. 97.02.09505-0/RJ, Rel. Des. Fed. Frederico Gueiros. Disponível em: http://www.trf2.gov.br/jurisprudencia/acordaos.htm. Acesso em 16 de fevereiro de 2005.

ilícitos, sejam administrativos ou civis. Em suma, este direito tutela, apenas, as operações lícitas.

Além disto, deve ser considerado que o direito à privacidade é um direito individual que pode ser oposto *erga omnes* e com mais ênfase ao Estado, mas ele, por outro lado, tem por limite interesses maiores – de natureza política – que dizem respeito ao interesse público. Quando dois direitos ungidos em leis da mesma hierarquia entram em conflito, a prevalência de um sobre o outro é decidida segundo uma escala axiológica; mas este padrão de valores não é fornecido pela Constituição, cabendo ao intérprete da lei, orientado pelas regras da hermenêutica e da exegese e levando em conta o estágio sócio-cultural contemporâneo aos fatos, dizer sobre esta prevalência. Hoje, é aceito pela quase unanimidade que o interesse público prevalece sobre o particular. Esta Corte, em inúmeros julgados vem dizendo reiteradamente e com sabedoria que o direito ao sigilo bancário é um direito limitado, não absoluto, e que pode ceder a interesses públicos em determinadas e restritas situações, sempre orientadas para a busca da verdade no interesse da justiça, seja em causas de natureza penal, administrativa ou civil[6]."

E o Superior Tribunal de Justiça segue a mesma linha de entendimento:

"É certo que a proteção do sigilo bancário constitui espécie do direito à intimidade consagrado no art. 5º, X, da Constituição Federal, direito esse que revela uma das garantias do indivíduo contra o arbítrio do Estado. Todavia, não consubstancia ele direito absoluto, cedendo passo quando presentes circunstâncias que denotem a existência de um interesse público superior. Sua relatividade, no entanto, deve guardar contornos na própria lei, sob pena de se abrir caminho para o descumprimento da garantia à intimidade."[7]

---

6. STF, Mandado de Segurança n. 21.729-4, Rel. Min. Marco Aurélio. Disponível em: http://www.stf.gov.br/jurisprudencia/jurisp.asp?tip=ACO. Acesso em 16 de fevereiro de 2005.

7. STJ, RDA 206/261. In: BARROSO, Luís Roberto. *Constituição da República Federativa do Brasil Anotada*. 2 ed. São Paulo: Saraiva, 1999, p. 21.

Colocada a questão, cumpri-nos fazer uma breve digressão histórica sobre o tema, para podermos entender como surge em nosso sistema jurídico a proteção ao sigilo bancário.

II. HISTÓRICO

A Lei n. 4.595 de 31 de dezembro de 1964, considerada como sendo a Lei do Sistema Financeiro Nacional, e que foi recepcionada como lei complementar em face do disposto no art. 192 da Constituição Federal de 1988[8], trouxe a ideia de que as instituições financeiras tinham o dever de manter sigilo sobre as operações ativas e passivas de seus correntistas, estabelecendo os casos em que tal sigilo poderia ser quebrado[9].

---

8. "Art. 192. O sistema Financeiro Nacional, estruturado de forma a promover o desenvolvimento equilibrado do País e a servir aos interesses da coletividade, será regulado em lei complementar, que disporá, inclusive, sobre...".

9. "Art. 38. As instituições financeiras conservarão sigilo em suas operações ativas e passivas e serviços prestados. § 1º As informações e esclarecimentos ordenados pelo Poder Judiciário, prestados pelo Banco Central da República do Brasil ou pelas instituições financeiras, e a exibição de livros e documentos em Juízo, se revestirão sempre do mesmo caráter sigiloso, só podendo a eles ter acesso as partes legítimas na causa, que deles não poderão servir-se para fins estranhos à mesma.§ 2º O Banco Central da República do Brasil e as instituições financeiras públicas prestarão informações ao Poder Legislativo, podendo, havendo relevantes motivos, solicitar sejam mantidas em reserva ou sigilo.§ 3º As Comissões Parlamentares de Inquérito, no exercício da competência constitucional e legal de ampla investigação (art. 53 da Constituição Federal e Lei n. 1579, de 18 de março de 1952), obterão as informações que necessitarem das instituições financeiras, inclusive através do Banco Central da República do Brasil.§ 4º Os pedidos de informações a que se referem os §§ 2º e 3º, deste artigo, deverão ser aprovados pelo Plenário da Câmara dos Deputados ou do Senado Federal e, quando se tratar de Comissão Parlamentar de Inquérito, pela maioria absoluta de seus membros.§ 5º Os agentes fiscais tributários do Ministério da Fazenda e dos Estados somente poderão proceder a exames de documentos, livros e registros de contas de depósitos, quando houver processo instaurado e os mesmos forem considerados indispensáveis pela autoridade competente.§ 6º O disposto no parágrafo anterior se aplica igualmente à prestação de esclarecimentos e informes pelas instituições financeiras às autoridades fiscais, devendo sempre estas e os exames ser conservados em sigilo, não podendo ser utilizados senão reservadamente."

Assim, àquele tempo, tinha-se, portanto, como regra geral o dever de sigilo, que poderia ceder, somente e excepcionalmente, diante de solicitações efetuadas pelo Poder Judiciário, pelo Poder Legislativo[10], e por agentes fiscais tributários do Ministério da Fazenda e dos Estados, quando houvesse processo instaurado e os dados fossem considerados indispensáveis pela autoridade competente.

Em 25 de outubro de 1966 com a edição da Lei n. º 5.172 (Código Tributário Nacional), também recepcionada como lei complementar pela Constituição Federal de 1988 (art. 146), a matéria passou a ser disciplinada pelos artigos 197 a 199, nos seguintes termos:

> "Art. 197. Mediante intimação escrita, são obrigados a prestar à autoridade administrativa todas as informações de que disponham com relação aos bens, negócios ou atividades de terceiros:
>
> I – os tabeliães, escrivães e demais serventuários de ofício;
>
> II – os bancos, casas bancárias, Caixas Econômicas e demais instituições financeiras;
>
> III – as empresas de administração de bens;
>
> IV – os corretores, leiloeiros e despachantes oficiais;
>
> V – os inventariantes;
>
> VI – os síndicos, comissários e liquidatários;
>
> VII – quaisquer outras entidades ou pessoas que a lei designe, em razão de seu cargo, ofício, função, ministério, atividade ou profissão.
>
> Parágrafo único. A obrigação prevista neste artigo não abrange a prestação de informações quanto a fatos sobre os quais o informante esteja legalmente obrigado a observar segredo em razão de cargo, ofício, função, ministério, atividade ou profissão.

---

10. Consoante decisão do STF, as Comissões Parlamentares de Inquérito são tidas como longa manus do próprio Congresso Nacional ou das Casas que o compõem.

Art. 198. Sem prejuízo do disposto na legislação criminal, é vedada a divulgação, para qualquer fim, por parte da Fazenda Pública ou de seus funcionários, de qualquer informação, obtida em razão do ofício, sobre a situação econômica ou financeira dos sujeitos passivos ou de terceiros e sobre a natureza e o estado dos seus negócios ou atividades.

Parágrafo único. Excetuam-se do disposto neste artigo, unicamente, os casos previstos no artigo seguinte e os de requisição regular da autoridade judiciária no interesse da justiça.

Art. 199. A Fazenda Pública da União e as dos Estados, do Distrito Federal e dos Municípios prestar-se-ão mutuamente assistência para a fiscalização dos tributos respectivos e permuta de informações, na forma estabelecida, em caráter geral ou específico, por lei ou convênio."

Sobre o que diz o Código Tributário Nacional, é importante reproduzir o que escreve Miguel Pró de Oliveira Furtado:

"Durante longo tempo, houve entendimento doutrinário de que o parágrafo único do art. 197 do Código Tributário harmonizava-se com os parágrafos do art. 38 da Lei n. 4.595. A única exceção prevista no Código dizia respeito – entendia-se – à proteção do segredo profissional de advogados, médicos, etc. e não ao sigilo bancário, uma vez que os bancos eram expressamente citados no art. 197, dentre os que deviam prestar informações ao fisco.

[...]

É verdade que o parágrafo único do art. 197 também se referia a manutenção de sigilo sobre fatos conhecidos em razão de 'atividade', o que seria suficiente para excepcionar a atividade bancária. Mas como admitir tal interpretação, se os bancos vinham expressamente mencionados, no caput do mesmo artigo como obrigados à prestação de informações? Se excluíssemos as 'operações ativas e passivas e serviços prestados' (art. 38 da Lei n. 4.595, de 31.12.1965 [sic]), que são as que se sujeitam ao sigilo, o que sobraria para justificar a inclusão dos bancos no art. 197 do Código Tributário?

Editada a Constituição de 1988, a interpretação conjugada de dois dispositivos provocou uma guinada de cento e oitenta graus: o primeiro, o art. 5º, X (se quiser, acrescente-se também o inciso XII) 3, e o outro, o art. 145, verbis:

'Art. 145. (...)

§1º. Sempre que possível, os impostos terão caráter pessoal e serão graduados segundo a capacidade econômica do contribuinte, facultando à administração tributária, especialmente para conferir efetividade a esses objetivos, identificar, respeitados os direitos individuais e nos termos da lei, o patrimônio, os rendimentos e as atividades econômicas do contribuinte'.

Embora o texto pudesse ser interpretado como autorização específica ao fisco para ter acesso às informações sigilosas dos bancos, desde que 'nos termos da lei', i.é, o acesso só se daria quando previsto em lei, como era o caso dos parágrafos 5º e 6º do art. 38 da Lei n. 4.595, de 31.12.1964, houve quem entendesse, numa interpretação restritiva, que a referência a 'direitos individuais' aí feita, de fato, fechava-lhe a porta. No Supremo Tribunal alguns Ministros aderiram a esse último entendimento. Essa é a visão do Min. Marco Aurélio que, embora sem mencionar o art. 145, só admite o acesso do fisco às operações e serviços bancários em ordem judicial. Na mesma linha, figuram os Ministros Maurício Corrêa (com invocação expressa ao art. 145, §1º), Celso de Mello, e Ilmar Galvão, todos em votos, no MS n. 21.729-4."[11]

Mais recentemente, em 10 de janeiro de 2001, foram editadas duas Leis Complementares: a de número 104 e a de número 105, que introduziram no ordenamento jurídico brasileiro a possibilidade de serem requisitadas diretamente pelas autoridades fiscais informações sigilosas às instituições financeiras, bem como também se estabeleceu o intercâmbio de informações sigilosas no âmbito da Administração Pública e ainda com Estados estrangeiros, para fins de fiscalização e investigação de atividades relacionadas com a prática de ilícitos e a fiscalização

---

11. FURTADO, Miguel Pró de Oliveira. *Sigilo Bancário e Fiscal frente ao TCU.* Parecer n. AGU/PRO-04/96. Diário Oficial da República Federativa do Brasil, Poder Executivo, Brasília, DF, 12 set. 1996.

das atividades dos contribuintes, sem, que tais requisições fossem caracterizadas como quebra do dever de sigilo.

Assim, temos que a Lei Complementar n. 104 alterou a redação dos artigos 198 e 199 do Código Tributário Nacional, conforme a seguir:

> "Art. 198. Sem prejuízo do disposto na legislação criminal, é vedada a divulgação, por parte da Fazenda Pública ou de seus servidores, de informação obtida em razão do ofício sobre a situação econômica ou financeira do sujeito passivo ou de terceiros e sobre a natureza e o estado de seus negócios ou atividades. (Redação dada pela LC n. 104, de 10.1.2001)
>
> § 1º Excetuam-se do disposto neste artigo, além dos casos previstos no art. 199, os seguintes: (Redação dada pela LC n. 104, de 10.1.2001)
>
> I – requisição de autoridade judiciária no interesse da justiça; (Incluído pela LC n. 104, de 10.1.2001)
>
> II – solicitações de autoridade administrativa no interesse da Administração Pública, desde que seja comprovada a instauração regular de processo administrativo, no órgão ou na entidade respectiva, com o objetivo de investigar o sujeito passivo a que se refere a informação, por prática de infração administrativa. (Incluído pela LC n. 104, de 10.1.2001)
>
> § 2º O intercâmbio de informação sigilosa, no âmbito da Administração Pública, será realizado mediante processo regularmente instaurado, e a entrega será feita pessoalmente à autoridade solicitante, mediante recibo, que formalize a transferência e assegure a preservação do sigilo. (Incluído pela LC n. 104, de 10.1.2001)
>
> § 3º Não é vedada a divulgação de informações relativas a: (Incluído pela LC n. 104, de 10.1.2001)
>
> I – representações fiscais para fins penais; (Incluído pela LC n. 104, de 10.1.2001)
>
> II – inscrições na Dívida Ativa da Fazenda Pública; (Incluído pela LC n. 104, de 10.1.2001)
>
> III – parcelamento ou moratória. (Incluído pela LC n. 104, de 10.1.2001)

> Art. 199. A Fazenda Pública da União e as dos Estados, do Distrito Federal e dos Municípios prestar-se-ão mutuamente assistência para a fiscalização dos tributos respectivos e permuta de informações, na forma estabelecida, em caráter geral ou específico, por lei ou convênio.
>
> Parágrafo único. A Fazenda Pública da União, na forma estabelecida em tratados, acordos ou convênios, poderá permutar informações com Estados estrangeiros no interesse da arrecadação e da fiscalização de tributos. (Incluído pela LC n. 104, de 10.1.2001)."

Já a Lei Complementar n. 105/01 dispôs sobre o sigilo das operações de instituições financeiras, e manteve a regra geral insculpida no caput do art. 38 da Lei n. 4.595/64, isto é, o dever de sigilo pelas instituições financeiras quanto às suas operações ativas e passivas e serviços prestados (art. 1º), criando, no entanto, exceções ao dever de sigilo como se verá a seguir.

Assim, dentre as exceções à regra geral que para este trabalho nos interessa está a possibilidade e a obrigação das instituições financeiras revelarem e comunicarem às autoridades competentes a prática de ilícitos penais ou administrativos, abrangendo o fornecimento de informações sobre operações que envolvam recursos provenientes de qualquer prática criminosa, bem como a prestação de informações nos termos e condições estabelecidos nos artigos 2º a 7º e 9º da referida lei.

III – ANÁLISE DOS ARTIGOS 75, X DO RICMS/00 (ESTADO DE SÃO PAULO), DO DECRETO ESTADUAL N. 54.240/09 E DA PORTARIA CAT 12/10 EM FACE DO QUE DIZEM OS ARTIGOS 5º E 6º DA LEI COMPLEMENTAR N. 105/01

Não perquiriremos neste trabalho, por não ser este o seu escopo, se são ou não constitucionais os artigos 5º e 6º da Lei Complementar 105/2011, muito embora exista pendente de julgamento pelo Supremo Tribunal Federal, Ação Direta de Inconstitucionalidade questionando tais dispositivos.

Nosso objetivo principal é analisar os artigos 5º e 6º da Lei Complementar 105/01 à luz do que dispõe o artigo 75, X da Lei Paulista n. 6.374/89, com a redação que lhe foi dada pela Lei n. 12.294/06, cujos efeitos se iniciaram a partir de 07/03/06, para assim verificar a possibilidade ou não da Fazenda Pública Estadual requisitar e obrigar diretamente às instituições financeiras a fornecerem os dados das operações financeiras dos contribuintes paulistas antes mesmo do início de qualquer procedimento fiscal e sem que estes sejam instados a fazê-lo ou mesmo tenham conhecimento dessa requisição e/ou procedimento.

O assunto torna-se ainda mais importante em face da promulgação do Decreto Estadual n. 54.240/09 editado pelo Governo do Estado de São Paulo, e que foi regulamentado pela Portaria CAT n. 12/2010.

A primeira observação que se faz é que para efeitos da referida legislação complementar, consideram-se instituições financeiras, de acordo com o artigo 1º, § 1º inciso VI da LC n. 105/01, as administradoras de cartão de crédito.

É mister lembrar, também, que a Constituição Federal de 1988 deu competência apenas para a União legislar sobre matérias atinentes ao Sistema Financeiro Nacional, isto é, cabe à União e à lei federal disciplinar sobre questões que envolvam as instituições financeiras e o sistema financeiro nacional como um todo.

Aberto este parêntese, passemos à análise dos artigos 5º e 6º da Lei Complementar n. 105/01.

Reza o artigo 5º que:

> "Art. 5º O Poder Executivo disciplinará, inclusive quanto à periodicidade e aos limites de valor, os critérios segundo os quais as instituições financeiras informarão à administração tributária da União, as operações financeiras efetuadas pelos usuários de seus serviços".

E logo a seguir, disciplina o artigo 6º do mesmo diploma legal que:

"Art. 6º As autoridades e os agentes fiscais tributários da União, dos Estados, do Distrito Federal e dos Municípios somente poderão examinar documentos, livros e registros de instituições financeiras, inclusive os referentes a contas de depósitos e aplicações financeiras, quando houver processo administrativo instaurado ou procedimento fiscal em curso e tais exames sejam considerados indispensáveis pela autoridade administrativa competente".

Da leitura dos artigos acima podemos extrair as seguintes conclusões: (i) o artigo 5º menciona que as informações a serem prestadas pelas instituições financeiras o serão apenas e tão somente à União, conforme regulamentação a ser promulgada pelo Poder Executivo; (ii) o artigo 6º permite às autoridades e aos agentes fiscais tributários sejam da União, dos Estados e dos Municípios terem acesso aos livros e registros das instituições financeiras, inclusive em relação a contas de depósitos e aplicações financeiras *"quando houver processo administrativo instaurado ou procedimento fiscal em curso e tais exames sejam considerados indispensáveis pela autoridade administrativa competente"*.

Assim, podemos afirmar que: apenas a União, e só ela, é que pode ter acesso a dados financeiros dos contribuintes sem que haja necessidade de procedimento fiscal instaurado; por sua vez, os Estados e Municípios só poderão ter acesso a tais informações na medida em que houver procedimento fiscal ou processo administrativo em curso e já instaurado contra o contribuinte, e desde que tais informações sejam consideradas indispensáveis pela autoridade administrativa competente para a averiguação de suspeitas de ato ilícito e de sonegação fiscal.

Portanto, pelo que se depreende da leitura dos artigos 5º e 6º supra, apenas a União pode ter acesso aos dados sigilosos dos contribuintes, mediante requisição às instituições financeiras diretamente, sem que haja procedimento administrativo instaurado. E mesmo assim, os dados a que a União pode ter prévio acesso são apenas aqueles estabelecidos pela própria Lei Complementar nos artigos precedentes, ou seja, dados genéricos do contribuinte e que não discriminem as operações, mas tragam os seus montantes totais gerais. Somente em caso de suspeita de ilícitos e de sonegação fiscal é que a União poderá, depois de instaurado procedimento fiscal próprio, requisitar as informações constantes do artigo 6º que são mais específicas e discriminadas do que aquelas estabelecidas no artigo 5º.

Note-se que até a própria União tem restrições para obter as informações detalhadas das operações financeiras dos contribuintes, somente podendo obtê-las quando houver forte suspeita de ilícito fiscal, e mesmo assim, dentro de um procedimento fiscal e administrativo devidamente instaurado.

Dito isto, passemos à análise do que dispõe o artigo 75, X da Lei Paulista n. 6.374/89, que foi acrescentado pelo artigo 2º da Lei 12.294/06, em face do que até aqui se discutiu sobre os artigos 5º e 6º.

Inicialmente cabe lembrar que, além da própria Lei Complementar 105/01 já estabelecer que, para todos os seus efeitos, as operadoras de cartão de crédito se equiparam às instituições financeiras, a própria jurisprudência do Superior Tribunal de Justiça já se consolidou nesse sentido, ou seja, de que as administradoras de cartões de crédito são instituições financeiras em razão do disposto no artigo 17 da Lei n. 4.595, de 1964, e no artigo 1º da Lei Complementar n. 105, de 2001 (STJ – Súmula n. 283). (STJ, AgRg nos EREsp 773.792/RS, 2ª Seção, Rel. Min. Ari Pargendler, v.u., j. 14.3.07, DJ 16.4.07).

Vejamos o que diz o artigo 75, inciso X da Lei 6374/89:

> "Art. 75 – Não podem embaraçar a ação fiscalizadora e, mediante notificação escrita, <u>são obrigados a exibir os impressos, os documentos, os livros, os programas e os arquivos magnéticos relacionados com o imposto e a prestar informações solicitadas pelo Fisco</u>:
>
> I – as pessoas inscritas ou obrigadas à inscrição no cadastro de contribuintes ou que tomem parte nas operações ou prestações sujeitas ao imposto;

II – os que, embora não contribuintes, prestem serviços a pessoas sujeitas à inscrição no cadastro de contribuintes do imposto;

III – os serventuários da Justiça;

IV – os funcionários públicos e os servidores do Estado os servidores de empresas públicas, de sociedades em que o Estado seja acionista majoritário, de sociedades de economia mista ou de fundações;

V – as empresas de transporte de âmbito municipal e os proprietários de veículos que façam do transporte profissão lucrativa e que não sejam contribuintes do imposto;

VI – os bancos, as instituições financeiras, os estabelecimentos de crédito em geral, as empresas seguradoras e as empresas de "leasing" ou arrendamento mercantil;

VII – os síndicos, os comissários e os inventariantes;

VIII – os leiloeiros, os corretores, os despachantes e os liquidantes;

IX – as empresas de administração de bens;

X – as empresas administradoras de cartões de crédito ou débito, relativamente às operações ou prestações de serviço realizadas por contribuinte do imposto"; (grifamos)

Pelo que se depreende da leitura do inciso X do artigo 75 da Lei 6.374/89, acrescentado pelo artigo 2º da Lei 12.294/06, verifica-se que o mesmo está formalmente contrário ao que foi determinado pelo próprio artigo 6º da Lei Complementar 105/01, já que as Fazendas Estaduais não estão autorizadas a fazer tal procedimento, o qual só foi autorizado à Receita Federal do Brasil, conforme disciplinado no mesmo diploma legal, em seu artigo 5º. Tal poder apenas foi conferido, como acima já demonstrado, à União, não tendo este sido estendido aos Estados e Municípios.

Assim, para que o Estado de São Paulo pudesse ter acesso aos dados financeiros dos contribuintes deveria respeitar o que menciona o artigo 6º da referida Lei Complementar n. 105/01, conforme já transcrito.

Da mesma forma, a Portaria CAT 87/06 que disciplinou e regulamentou os procedimentos atinentes ao cumprimento do artigo 75, X da Lei 6.374/06 pelas operadoras de cartão de crédito está também formalmente contrária ao que disciplinou a Lei Complementar n. 105/01.

Portanto, salvo melhor juízo, a Fazenda Estadual, através de seus agentes fiscais, não poderia, com base na Portaria CAT n. 87/06 requisitar unilateralmente, e sem procedimento fiscal instaurado, informações pormenorizadas dos contribuintes às operadoras e administradoras de cartão de crédito, bem como a qualquer tipo de instituição financeira.

Tal entendimento veio a se consolidar com a promulgação do Decreto Estadual n. 54.240/2009, regulamentado pela Portaria CAT 12/2010, que criou e determinou nova disciplina sobre o assunto.

Tais diplomas legais expressamente estabelecem como deve ser o procedimento a ser observado pela administração tributária paulista para a requisição e fornecimento de dados e informações referentes às operações de usuários de serviços das instituições financeiras **e das entidades a ela equiparadas.**

Prescreve a Portaria CAT n. 12/10, que regulamentou os procedimentos a serem observados nas hipóteses previstas no Decreto 54.240, de 14 de abril de 2009, o quanto segue:

> "Art. 1º – A Secretaria da Fazenda, ao requisitar o acesso e o uso de dados e informações referentes a operações de usuários de serviços das instituições financeiras e das entidades a elas equiparadas, além do disposto no Decreto 54.240, de 14 de abril de 2009, deverá observar o disposto nesta portaria.
>
> Art. 2º – **A requisição** de informações **somente será proposta** se presentes, cumulativamente, os seguintes requisitos:
>
> I – **existência de processo administrativo instaurado ou procedimento de fiscalização em curso;**
>
> II – **ter sido constatada hipótese de indispensabilidade prevista no artigo 3º do Decreto n. 54.240, de 14 de abril de 2009.**

Parágrafo único – Na hipótese do inciso I, o procedimento de fiscalização deverá ter sido instaurado a partir da emissão de Ordem de Fiscalização, de notificação ou de ato administrativo que autorize a execução de qualquer procedimento fiscal, conforme previsto no artigo 9º da Lei Complementar Estadual 939, de 3 de abril de 2003". (grifos nossos)

Além disso, complementa dita Portaria:

"Art. 3º – Compete ao Agente Fiscal de Rendas – AFR responsável pelo processo administrativo ou pela execução do procedimento de fiscalização em curso elaborar proposta de requisição de informações, conforme modelo constante do Anexo I, que deverá conter:

I – a identificação:

a) do sujeito passivo submetido a procedimento de fiscalização e, quando for o caso, de seus sócios, administradores e terceiros vinculados aos fatos;

b) do processo administrativo, da Ordem de Fiscalização, notificação ou do ato administrativo que autorizou a execução do procedimento de fiscalização ou do procedimento administrativo a que estiver vinculada a análise do comportamento fiscal do contribuinte;

c) da hipótese de indispensabilidade que motivou a proposta da requisição das informações;

d) da instituição financeira ou entidade a ela equiparada destinatária da requisição de informações;

e) das informações requisitadas e do período abrangido pela requisição;

f) da forma de apresentação e prazo para o seu atendimento;

II – relatório circunstanciado, devidamente instruído, contendo, no mínimo:

a) descrição, com precisão e clareza, dos fatos que motivaram o enquadramento na hipótese de indispensabilidade, bem como de condutas pessoais constatadas ou indicadas;

b) identificação de eventual notificação anterior, feita ao sujeito passivo, para fins de obtenção das informações sobre movimentação financeira, bem assim, se for o caso, dos correspondentes atendimentos;

III – identificação do AFR responsável pela execução do procedimento fiscal.

Parágrafo único – a proposta de requisição de informações mencionada no "caput" formará novo processo administrativo, desvinculado dos procedimentos anteriores referentes ao sujeito passivo.

Art. 4º – Compete ao Delegado Regional Tributário ou ao Diretor Executivo da Administração Tributária exarar decisão, em despacho fundamentado, sobre a proposta de requisição de informações.

Art. 5º – Aprovada a requisição de informações será expedido o documento denominado Requisição de Informações Financeiras – RIF, conforme modelo constante no Anexo II, que conterá no mínimo:

I – a identificação:

a) da instituição financeira ou entidade a ela equiparada destinatária da requisição de informações;

b) do sujeito passivo submetido a procedimento de fiscalização e de seus sócios, administradores e terceiros vinculados aos fatos, quando o pedido envolver estes;

c) do processo administrativo instaurado nos termos do parágrafo único do artigo 3º e, se for o caso, da Ordem de Fiscalização, notificação ou do ato administrativo que autorizou a execução do procedimento de fiscalização;

II – as informações requisitadas e o período abrangido pela requisição;

III – a forma de apresentação, prazo e local de entrega;

IV – a identificação da autoridade que a expediu;

V – identificação do AFR responsável pela execução do procedimento fiscal.

§ 1º – A requisição terá numeração sequencial e código de acesso ao portal da Secretaria da Fazenda na Internet, de modo a possibilitar, ao destinatário da requisição, a confirmação da procedência da RIF.

§ 2º – Os dados serão requisitados em mídia ótica não regravável, no formato discriminado na RIF, de forma a possibilitar a imediata análise e tratamento das informações recebidas.

§ 3º – A depender da natureza da apuração levada a efeito no curso do procedimento de fiscalização, os dados poderão ser requisitados em papel, no todo ou em parte, na forma de planilhas, cópias impressas ou, ainda, em documentos originais.

§ 4º – A requisição poderá compreender os dados cadastrais e os valores individualizados dos débitos e créditos efetuados no período objeto de verificação, relativos a operações financeiras de qualquer natureza.

§ 5º – A prestação de informações individualizadas dos documentos relativos aos dados cadastrais e aos débitos e créditos, nos termos do § 4º, poderá ser complementada por pedido de esclarecimento a respeito de detalhes das fichas de abertura, identificação de rubricas e assinaturas apostas e, ainda, das operações efetuadas, inclusive quanto à nomenclatura, codificação ou classificação utilizadas pelas pessoas requisitadas.

§ 6º – A cópia da RIF contendo a ciência da instituição financeira ou da entidade a ela equiparada formará processo administrativo autônomo e apartado, que seguirá apensado ao processo administrativo instaurado nos termos do parágrafo único do artigo 3º, sendo mantido sob sigilo, em face do disposto no artigo 198 do Código Tributário Nacional e no inciso XVIII do artigo 4º da Lei Complementar Estadual n.º 939, de 3 de abril de 2003.

Art. 6º – A Requisição de Informações Financeiras – RIF será dirigida, conforme o caso, às pessoas adiante indicadas ou a seus prepostos:

I – o presidente do Banco Central do Brasil;

II – o presidente da Comissão de Valores Mobiliários;

III – presidente de instituição financeira ou de entidade a ela equiparada;

IV – gerente de agência de instituição financeira ou de entidade a ela equiparada.

§ 1º – O prazo máximo para atendimento da requisição de informações será de 20 (vinte) dias, admitida uma única prorrogação em virtude de justificação fundamentada, a critério da autoridade que expediu a requisição.

§ 2º – Na hipótese de não estarem identificadas as instituições financeiras vinculadas ao sujeito passivo, a RIF poderá ser inicialmente dirigida à autoridade descrita no inciso I para prévia coleta de dados cadastrais."

Procedimento muito importante e que caracteriza a dialética do processo administrativo, está determinado no **artigo 7º** da referida Portaria, que determina **que o Contribuinte seja notificado antes de serem requisitadas as informações a fim de que as entregue, espontaneamente, caso deseje, e somente depois de sua negativa estaria o fisco autorizado a requisitá-las diretamente à instituição financeira**[12].

Assim sendo, verifica-se que a própria Fazenda Estadual deverá respeitar um procedimento claro, específico e inafastável para que o sigilo do contribuinte possa ser quebrado.

Nem se alegue que o referido Decreto e a Portaria CAT 12/10 somente se aplicariam às instituições financeiras e não às administradoras de cartão de crédito. Tal entendimento não se sustenta não só pelo posicionamento da jurisprudência que equiparou as administradoras de cartão às instituições financeiras como acima demonstrado, como também não se sustenta porque a própria Portaria e o Decreto em questão mencionam expressamente que estes se aplicam às instituições financeiras e **às entidades a ela equiparadas, ou seja, incluem-se em sua disciplina as entidades equiparadas às instituições financeiras. E neste caso, a própria Lei Complementar 105/01 equipara para os fins ali tratados as administradoras de cartão de crédito às instituições financeiras.**

Assim sendo, a legislação acima mencionada, qual seja, o Decreto 54.240/09 bem como a Portaria CAT 12/10 se aplicam sim às operadoras e administradoras de cartão de crédito. E tal legislação veio a dar nova disciplina à Portaria CAT 87/06 que com esta se tornou incompatível.

---

12. "Art. 7º – Desde que não haja prejuízo ao processo administrativo ou ao procedimento de fiscalização em curso, deferida a expedição da requisição de informações pela autoridade competente, a pessoa cujos dados e informações foram requisitados será, antes do encaminhamento da requisição às pessoas referidas no artigo 6º, formalmente notificada a apresentá-los espontaneamente no prazo de até 15 (quinze) dias, prorrogável uma única vez a critério da autoridade competente".

IV – CONCLUSÃO

Segundo vimos acima, pelo entendimento já consolidado na doutrina e jurisprudência, os direitos, as garantias e os princípios constitucionais não são absolutos, e quando há situações de divergência e, há a necessidade de ponderação em cada caso concreto, podem eles ceder em face do interesse público envolvido.

É o que ocorre com os sigilos bancário e fiscal enquanto garantias individuais de cada cidadão, e o interesse público consubstanciado na apuração da ocorrência de ilícitos, na medida em que as referidas garantias não podem ser invocadas para impedir a apuração da verdade, protegendo o investigado e acobertando operações ilícitas. Por outro lado, a atuação dos órgãos públicos também deve estar conforme com os ditames e os limites estabelecidos na legislação, para que não possa se caracterizar a violação do sigilo tutelado constitucionalmente.

Nesse sentido, a legislação infraconstitucional impõe como regra geral o dever de sigilo, excepcionando situações em que o mesmo possa ser suplantado. Portanto, não se pode dizer que se está quebrando ou violando o sigilo ou o dever de mantê-lo, mas apenas mitigando os seus efeitos, sendo que se pode dizer que o legislador apenas demonstrou o caráter relativo dessas garantias constitucionais face ao interesse público, o interesse da justiça e o interesse social.

Diante disso, não se justificaria asseverar a inconstitucionalidade de dispositivos das Leis Complementares n. 104/01 e 105/01, apenas porque alargaram o rol de exceções estabelecido na legislação anterior.

Contudo, por não ser este o escopo do nosso trabalho – análise da constitucionalidade ou não dos referidos diplomas legais, limitamo-nos a deixar consignadas as posições doutrinárias e jurisprudenciais sobre o tema.

Portanto, ainda que se reconheça não ser absoluto o sigilo dos dados no campo das operações realizadas através de instituições financeiras, operadoras e administradoras de cartão de crédito, a sua "quebra" deve estar submetida ao devido processo (ou procedimento, se o caso) legal. Assim vem decidindo o Supremo Tribunal Federal: *"o sigilo bancário, espécie de direito à privacidade protegido pela Constituição de 1988, não é absoluto, pois deve ceder diante dos interesses público, social e da Justiça. Assim, deve ceder também na forma e com observância de procedimento legal e com respeito ao princípio da razoabilidade"* (AI 655.298 AgR/SP, 2ª T., Rel. Min. Eros Grau, v.u., j. 4.9.07, DJe 112 de 27.9.07)[13].

Em relação especificamente ao tema deste trabalho, atinente à legalidade e ao alcance da Portaria CAT 87/06 e do artigo 75, inciso X da Lei 6.374/89, nossos Tribunais tem assim se manifestado:

> "ICMS – AIIM – Anulatória – Quebra de sigilo – Operadoras de cartão de crédito – Instituições financeiras – Levantamento fiscal – Tutela antecipada – Possibilidade: Somente no curso do procedimento administrativo a lei federal hierarquicamente superior autoriza a quebra do sigilo das informações contidas nos registros das instituições financeiras, sem prévia autorização Judicial. Patente a verossimilhança das alegações, o perigo da demora e a reversibilidade da tutela, sua antecipação não pode ser negada. (...) A Portaria CAT n. 87. de 18.10.06, tendo em vista o disposto no inciso X do artigo 494 do RICMS, aprovado pelo Decreto 45.490/00 (Artigo 494 – Não podem embaraçar a ação fiscalizadora e, mediante notificação escrita, são obrigados a exibir impressos,

---

13. Ou como em outro precedente, também do STF: "Se é certo que o sigilo bancário, que é espécie de direito à privacidade, que a Constituição protege, o art. 5º, X não é um direito absoluto, que deve ceder diante do interesse público, do interesse social e do interesse da Justiça, certo é, também, que ele há de ceder na forma e com observância de procedimento estabelecido em lei e com respeito ao princípio da razoabilidade. No caso, a questão foi posta, pela recorrente, sob o ponto de vista puramente constitucional, certo, entretanto, que a disposição constitucional é garantidora do direito, estando as exceções na norma infraconstitucional" (RE 219.780/PE, 2ª T., Rel. Min. Carlos Velloso, v.u., j. 13.4.99, DJ 10.9.99, p. 23).

documentos, livros, programas e arquivos magnéticos relacionados com o imposto e a prestar informações solicitadas pelo fisco. Lei 6.374/89, art 75, X – a empresa de administração de bens) disciplina a entrega de arquivo eletrônico pela empresa administradora de cartões de crédito ou débito, relativamente às operações ou prestações realizadas por contribuinte. Já o art. 509, 'caput' e seu par. 1º, do Regulamento, têm o seguinte teor: 'Artigo 509 – O movimento real tributável realizado pelo estabelecimento em determinado período poderá ser apurado por meio de levantamento fiscal, em que deverão ser considerados os valores das mercadorias entradas, das mercadorias saídas, dos estoques inicial e final, dos serviços recebidos e dos prestados, das despesas, dos outros encargos, do lucro do estabelecimento e de outros elementos informativos (Lei 6.374/89, art. 74). § 1º – No levantamento fiscal poderá ser utilizado qualquer meio indiciário, bem como aplicado coeficiente médio de lucro bruto, de valor acrescido ou de preço unitário, consideradas a atividade econômica, a localização e a categoria do estabelecimento'. Evidente, portanto, que **a utilização de dados constantes dos arquivos das operadoras de cartão de crédito não se deu no curso do procedimento administrativo, tendo sido o ponto de partida do próprio levantamento fiscal, no qual foi constatada a infração. O parágrafo primeiro do art. 509 do Regulamento realmente autoriza a utilização de qualquer meio indiciário no levantamento fiscal, o que deu ensejo à apuração mediante as declarações das operadoras de cartão de crédito, colhidas antes de iniciado o procedimento administrativo**. 2. Forte assim a verossimilhança da alegação de violação da **Lei Complementar Federal 105/2001 que, no seu art. 6º, somente autoriza o exame de registros de instituições financeiras, sem autorização judicial, 'quando houver processo administrativo instaurado ou procedimento fiscal em curso e tais exames sejam considerados indispensáveis'**. Útil lembrar, ainda, que, no seu art. 1 º, par. 1º, inciso VI, **a mesma Lei Complementar 105/2001 considera as operadoras de cartão de crédito instituições financeiras**. Nessa análise provisória, portanto, realizada apenas para efeito de antecipação de tutela, evidencia-se que **o Decreto 45.490/00 e a Portaria CAT 87/2006, não respeitaram os limites da Lei Complementar 105/2001, norma hierarquicamente superior, no que se refere à quebra de sigilo de informações contidas nos registros** de instituições financeiras. Assim já decidiu esse Tribunal de Justiça por sua Quinta Câmara, por maioria, *in verbis*: DIREITO TRIBUTÁRIO E PROCESSUAL CIVIL – EXCLUSÃO DO SIMPLES PAULISTA – PROCESSO ADMINISTRATIVO – **INÍCIO E FUNDAMENTO EM INFORMAÇÕES REPASSADAS POR ADMINISTRADORA DE CARTÃO DE CRÉDITO E DÉBITO – LEI ESTADUAL – ILEGALIDADE** – AÇÃO ORDINÁRIA – ANTECIPAÇÃO DE TUTELA – REENQUADFL4MENTO E SUSPENSÃO DA EXIGIBILIDADE DO DÉBITO TRIBUTÁRIO – ADMISSIBILIDADE – O processo administrativo que desenquadrou o contribuinte do Simples paulista, com efeitos retroativos desde 1º de abril de 2006, **baseou-se unicamente em relações de valores sobre pagamentos com cartões de crédito e débito realizados pela microempresa passados à Secretaria da Fazenda do Estado com base no art. 1º, III, da Lei Paulista 12 186, de 5 de janeiro de 2006 que introduziu dentre os requisitos de adesão ao programa a declaração de que 'autoriza a empresa administradora de cartão de crédito ou de débito a fornecer, à Secretaria da Fazenda, relação dos valores referentes às suas operações e prestações de serviços'** (art. 3º , II, "e", da Lei Estadual 10 086, de 19 de novembro de 1998). Por sua vez, a Lei Complementar 105 de 10 de janeiro de 2001, que dispõe sobre o sigilo das operações das instituições financeiras, determina: Art. 6º – As autoridades e os agentes fiscais tributários da União, dos Estados, do Distrito Federal e dos Municípios somente poderão exigir livros e registros de instituições financeiras, inclusive os referentes a contas de depósitos e aplicações financeiras, **quando houver processo administrativo instaurado ou procedimento fiscal em curso** e tais exames sejam considerados indispensáveis pela autoridade administrativa competente. **A Lei Estadual 12.186/2006 simplesmente inverteu a lógica do levantamento do sigilo das operações financeiras o contribuinte renuncia obrigatoriamente, desde logo, ao segredo de suas operações de cartão de crédito e débito, e, então, a Fazenda busca indícios de irregularidades – Ilegalidade dessa Lei em confronto com o art. 6º, caput, da Lei Complementar 105/2001** – Presença da verossimilhança das alegações – Presença do perigo na demora consistente no dano de difícil reparação que o contribuinte suportará caso não deferida a antecipação da tutela, haja vista que estará sujeito ao pagamento do ICMS, multa e juros desde 1º de abril de 2006. Reenquadramento no Simples Paulista e suspensão da exigibilidade dos débitos tributários relativos a ele, limitado ao período em questão. Dá-se provimento ao recurso, confirmando-se a liminar anteriormente concedida (Agravo de Instrumento 814.522.5/0-00, relatado pelo Desembargador Xavier de Aquino, julgado em 13.11.08)." (TJSP, AI 911.181-5/0-00, 10ª Câm. de Dir. Público, Rel. Des. Tereza Ramos Marques, v.u., j. 25.5.09).

E, conforme outro precedente:

"TRIBUTÁRIO E ADMINISTRATIVO – QUEBRA DE SIGILO BANCÁRIO PELA ADMINISTRAÇÃO – POSSIBILIDADE, DESDE QUE COMPROVADA A PRÉVIA ABERTURA DE PROCEDIMENTO ADMINISTRATIVO E SEJA A MEDIDA RAZOÁVEL E PROPORCIONAL (...) Não se nega que a Administração, após a LC 105/01, pode ter acesso às informações bancárias do contribuinte, na forma instituída pela Lei n. 10.174/01, sem a intervenção judicial, mas isto se dá apenas quando existente procedimento administrativo." (STJ, AgRg no REsp 1.063.610/SP, 2ª T., Rel. Min. Humberto Martins, v.u., j. 18.8.09, DJe 31.8.09).

Concluindo, tendo em vista as considerações acima elencadas e a farta jurisprudência colacionada, e ainda, em face da edição do Decreto n. 54.240, de 14 de abril de 2009, e da Portaria CAT n. 12/10 que o regulamentou, entendemos que o artigo 75, X, da Lei 6.374/89 cuja nova redação lhe foi dada pela Lei n. 12.294/06, deve ser aplicado em consonância e nos limites e moldes procedimentais estabelecidos não só pela nova legislação em vigor, como pelos próprios ditames da Lei Complementar 105/01, posto que do contrário estar-se-ia expondo o contribuinte à violação de seus direitos e garantias constitucionais como neste trabalho se demonstrou.

V – BIBLIOGRAFIA E REFERÊNCIAS

BRASIL. Lei n. 4.595, de 31 de dezembro de 1964. Dispõe sobre a política e as instituições monetárias, bancárias e creditícias, cria o Conselho Monetário Nacional e dá outras providências. Diário Oficial da República Federativa do Brasil, Brasília, DF, 31 dez. 1964. Disponível em: http://www.planalto.gov.br. Acesso em: 10.10.2011.

BRASIL. Lei n. 5.172, de 25 de outubro de 1966. Dispõe sobre o Sistema Tributário Nacional e institui normas gerais de direito tributário aplicável à União, Estados e Municípios. Diário Oficial da República Federativa do Brasil, Brasília, DF, 25 out. 1966. Disponível em: http://www.planalto.gov.br. Acesso em: 10.10.2011.

CASTILHO, Manoel Lauro Volkmer. *Acesso a informações resguardadas por sigilo*. Nota n. AGU/MC-08/04, 12 mar. 2004.

DUBEUX, Julio Ramalho. *Intercâmbio de Informações sigilosas entre a Comissão de Valores Mobiliários (CVM) e o Banco Central do Brasil (BACEN)*. Legalidade. PARECER/PFE-CVM/N. 001/2005.

FERREIRA, Aurélio B. de Holanda. *Dicionário Aurélio Eletrônico Século XXI*. Rio de Janeiro: Nova Fronteira, 1999.

FURTADO, Miguel Pró de Oliveira. *Sigilo Bancário e Fiscal frente ao TCU*. Parecer n. AGU/PRO-04/96. Diário Oficial da República Federativa do Brasil, Poder Executivo, Brasília, DF, 12 set. 1996.

MACHADO, Hugo de Brito. *Curso de Direito Tributário*. 19 ed. São Paulo: Malheiros, 2001.

MICHAELIS. *Michaelis Dicionário Escolar Língua Portuguesa*. São Paulo: Melhoramentos, 2002.

PERUZZO, Renata; SOUZA, Jeiselaure R. de; LEAL, Roger Stiefelmann. *A quebra dos sigilos bancário e fiscal*. [2000]. Disponível em: http://www1.jus.com.br/doutrina/texto.asp?id=201. Acesso em 10.10.2011.

SOARES, Roberta Oliveira. *Os Sigilos Bancário e Fiscal e o Intercâmbio de Informações Sigilosas*. Monografia sob a orientação do Professor Antonio Santoro – Maio 2005 – Universidade Federal do Rio de Janeiro – Instituto de Economia.

STF, Mandado de Segurança n. 21.729-4, Rel. Min. Marco Aurélio. Disponível em: http://www.stf.gov.br/jurisprudencia/jurisp.asp?tip=ACO. Acesso em 10.10.2011.

TRF 2ª Região. 4ª Turma, Apelação em Mandado de Segurança n. 97.02.09505-0/RJ, Rel. Des. Fed. Frederico Gueiros. Disponível em: http://www.trf2.gov.br/jurisprudencia/acordaos.htm. Acesso em 10.10.2011.

PRAZOS NO PROCESSO ADMINISTRATIVO TRIBUTÁRIO ESTADUAL – QUESTÕES PRÁTICAS

EDUARDO PEREZ SALUSSE
Advogado em São Paulo. Juiz do Tribunal de Impostos e Taxas.

1. INTRODUÇÃO

A temática a ser explorada neste trabalho constitui uma das principais bases de sustentação das garantias individuais previstas nos incisos LIV e LV, do artigo 5º da Constituição Federal de 1988, segundo as quais, respectivamente, ninguém será privado da liberdade ou de seus bens sem o devido processo legal e, ainda, aos litigantes, em processo judicial ou administrativo, e aos acusados em geral, são assegurados o contraditório e a ampla defesa, com os meios e recursos a ela inerentes.

Pode-se afirmar que o devido processo legal, assim como o princípio do contraditório e da ampla defesa, transcende o *status* de garantia individual, representando uma garantia do próprio processo e da jurisdição, atendendo-se o interesse público de prestação de tutela jurisdicional aos interesses em disputa.

CONTENCIOSO ADMINISTRATIVO TRIBUTÁRIO

O processo administrativo tributário, foco do presente trabalho, é precedido de **procedimento administrativo fiscal** que, por sua vez, é instaurado com a finalidade de fiscalizar e de apurar a ocorrência do fato gerador da obrigação correspondente, determinar a matéria tributável, calcular o montante do tributo devido, identificar o sujeito passivo e, sendo caso, propor a aplicação da penalidade cabível (art. 142 do Código Tributário Nacional – CTN).

Finalizado o procedimento fiscalizatório, tem-se o **ato de lançamento** de tributos e/ou aplicação de penalidades administrativas, entendido como

> ato jurídico administrativo, da categoria dos simples, modificativos, assecuratórios e vinculados, mediante o qual se declara o acontecimento do fato jurídico tributário, se identifica o sujeito passivo da obrigação correspondente, se determina a base de cálculo e a alíquota aplicável, formalizando o crédito e estipulando os termos de sua exigibilidade. (CARVALHO, 1995, p. 260).

A notificação deste lançamento materializa a pretensão do sujeito ativo sobre o patrimônio do contribuinte, a ele facultando efetuar o pagamento ou apresentar impugnação no prazo de 30 (trinta) dias. Com o exercício da opção por ofertar resistência à pretensão deduzida pelo sujeito ativo, mediante apresentação da impugnação, tem-se caracterizada a lide e, assim, instaurado o **processo administrativo tributário**.

Neste aspecto, vale destacar que a Lei Estadual Paulista n. 13.457/2009 não mais permite a imprópria instauração de processo administrativo sem apresentação de impugnação, tal como era admitido na vigência da Lei n. 10.941/2001, quando submetia-se à apreciação dos órgãos do contencioso administrativo todos os processos, inclusive aqueles em que a acusação fiscal inicial materializada no auto de infração não era impugnada pelo contribuinte.

A repercussão da pretensão fiscal sobre os bens dos contribuintes impõe o respeito a princípios claramente definidos, com vistas à segurança jurídica das relações processuais e materiais envolvidas. Submete-se à observância de princípios processuais próprios e gerais que orientam a condução do processo rumo ao fim (término) e aos fins (objetivos), por meio de regras e de procedimentos organizados em atos, formas e prazos estabelecidos em lei.

Os atos das partes envolvidas no processo são organizados de modo a regular seu andamento, buscando evitar a desordem processual e preservar o equilíbrio das relações jurídicas em disputa entre as partes. Deste modo, definem-se os momentos de manifestação, os respectivos aspectos temporais, sempre balizados por forma e por formalismos.

2. ATOS PROCESSUAIS – LUGAR, FORMA E PRAZO

Os atos processuais estão sujeitos a forma, lugar e prazos. Os atos praticados pela parte em lugar distinto daquele estabelecido pela legislação, não gera sua **inadmissibilidade**, mas sua **inexistência jurídica** como ato do processo (SANTOS; GIMENEZ; TORRES, p. 331 *apud* SICA, 2006).

No processo administrativo tributário do Estado de São Paulo, regulado pela Lei Estadual Paulista n. 13.457/2009, os atos processuais devem ser praticados, em regra, na sede da repartição pública competente, durante o expediente normal, podendo ser facultada a prática de atos processuais em local e horário distintos, nos termos de ato administrativo próprio, ou, ainda, por meio eletrônico (art. 4º da Lei Estadual Paulista n. 13.457/2009).

De outra parte, a forma ou a expressão dos atos processuais, em sentido estrito[1], são **irrelevantes** para fins do processo administrativo tributário, não dependendo de forma determinada, considerando-se válidos os atos que, realizados de outro

---

1. Sentido estrito, vez que a doutrina a distingue da forma em sentido amplo, incluindo, nesta acepção, também as concepções de lugar e tempo em que se leva a efeito o ato processual.

modo, alcancem sua finalidade (art. 3º da Lei Estadual Paulista n. 13.457/2009). É o reconhecimento expresso do primado do formalismo moderado (ou **princípio do informalismo a favor do administrado**) que rege o processo administrativo tributário, privilegiando o conteúdo à forma, apaziguando a antinomia entre **formalismo** e **justiça**, poupando a repulsa social de ver o bom direito sucumbir diante de uma exigência de caráter meramente formal (BENTHAM, p. 13 *apud* OLIVEIRA, 2003, p. 202).

Quanto aos prazos, já adentrando na temática principal deste trabalho, tem-se que os atos processuais das partes e do juiz estão sujeitos a prazos[2], fixados por lei ou pelo juiz (art. 177 do Código de Processo Civil – CPC), podendo, em determinadas situações, serem convencionados pelas partes (art. 265, inciso II e seu § 3º, do CPC) ou, ainda, restarem de prazo misto (fixado pelo juiz dentro de limites legais), (art. 232 inciso IV do CPC).

Podem ser próprios, quando destinados às partes, ou impróprios, quando destinados ao juiz, cuja distinção repousa substancialmente quanto aos seus efeitos. Enquanto o prazo próprio impõe à parte uma consequência processual ante o seu descumprimento, o prazo impróprio impõe ao juiz e demais serventuários públicos sanções de cunho meramente disciplinar, em ambiente extraprocessual.

Quanto à disponibilidade, há os prazos dilatórios – alteráveis por vontade das partes e consentimento do juiz – e também os peremptórios, preclusivos ou fatais – indisponíveis e insuscetíveis de alteração.

Segundo de Heitor Vitor Mendonça Sica (2006, p. 127), o decurso do tempo é geralmente apontado como fato jurídico

---

[2]. Prazo é a distância temporal entre dois fatos ou atos (Carnelutti), ou a quantidade de tempo medida entre eles. Na maioria dos casos, a lei estabelece que determinado ato do processo seja realizado antes de decorrido certo tempo a partir do momento em que o ato antecedente foi realizado; outras vezes, que ele não seja realizado antes que certa quantidade de tempo já tenha se passado" (DINAMARCO, p. 546).

processual: trata-se de acontecimento natural, cuja existência importa em diversas consequências jurídicas dentro do processo, todas elas orientadas no (nobre) propósito de fazê-lo avançar. Remo Caponi (1996, p. 15 *apud* SICA, 2006, p. 47) ensina que a progressão do procedimento exige três requisitos: que sejam fixados limites temporais para que os sujeitos do processo cumpram os atos que lhes cabem, que o sistema incentive os sujeitos a realizarem tais atos, seja pela estipulação de uma vantagem decorrente da sua prática, seja pela determinação de uma desvantagem decorrente da omissão e, finalmente, que o processo possa prosseguir, tenha o ato sido cumprido ou não.

Se o ato processual é praticado a destempo, o ato é ineficaz, estando inapto a produzir efeitos jurídicos, equivalendo a sua não prática. Este fenômeno é denominado **preclusão temporal**, efeito jurídico que também mereceu expressa referência no artigo 7º da Lei Estadual Paulista n. 13.457/2009.

A prática de atos processuais preclusos pode acarretar no fim do processo, especialmente nos casos de impugnação e de recursos. A prática de outros atos também a destempo que não impliquem no fim do processo, especialmente consideradas a apresentação de contrarrazões recursais ou as manifestações sobre resultados de diligências, pode gerar consequências a serem aplicadas pelo juiz no caso concreto, como a confissão tácita em relação a aspectos de fato porventura arguidos ou, ainda, assunção de tais fatos como incontroversos, *ex vi* do artigo 20 da Lei n. 13.457/2009 e do art. 84 do Decreto que regulamentou a referida lei, de n. 54.486/2009.

Outras formas de extinção do direito à prática de determinados atos processuais são previstas em nosso ordenamento, mormente a preclusão lógica e a preclusão consumativa.

A **preclusão lógica** é verificada quando são praticados atos excludentes entre si, qualificada como **aceitação tácita** no parágrafo 2º, do artigo 42, da Lei Estadual Paulista n. 13.457/2009 e no parágrafo 2º, do artigo 107 do Decreto n. 54.486/2009, ao disporem que se considera aceitação tácita a prática de ato incompatível com a intenção de recorrer. A **preclusão consumativa** se dá quando o ato processual já foi praticado, o que impede a repetição ou a complementação do expediente processual (MARINS, 2005, p. 270).

3. FLEXIBILIZAÇÃO DO PRAZO POR EQUIDADE

No regime jurídico anterior, o recurso apresentado fora do prazo poderia, a critério do julgador e por equidade, ser conhecido. A interpretação e a aplicação do direito pela equidade tinha sua autorização no artigo 24 da Lei Estadual Paulista n. 10.941/2001, segundo o qual *"o órgão de julgamento poderá aplicar o princípio da equidade, desde que limitado a prazos e requisitos processuais"*.

A equidade, referida por Aristóteles como "a Justiça do caso concreto", é medida excepcional, e apenas pode ser utilizada nos casos expressamente previstos em lei (artigo 127 do CPC) ou, ainda, por convenção entre as partes (artigo 181 do CPC).

Permitia-se ao julgador, considerando as particularidades do caso, contrapor-se à letra fria da lei atinente aos prazos, atribuindo-lhe certa flexibilidade para atenuar-lhe o rigor, conhecendo recursos intempestivos. O instituto tem função eminentemente interpretativa (AMARAL NETO, 2004), no sentido de adequar a regra ao caso concreto, recorrendo-se aos critérios da igualdade e da proporcionalidade, de modo a realizar não a Justiça do caso concreto (REALE, 1998, p. 300), mas o Direito do caso concreto.

Deve-se notar que esse critério de julgamento não deixava de atribuir um sentimento ambíguo aos julgadores, deixando-os no mais das vezes, nas palavras de Pontes de Miranda (1977, p. 350), "mais embaraçados do que auxiliados".

Embora a equidade seja instituto originalmente atrelado ao direito material ou à forma de sua interpretação/aplicação, o Tribunal de Impostos e Taxas do Estado de São Paulo, em inúmeros julgados, e com suporte na lei paulista, aplicou a equidade no conhecimento de recursos protocolados a destempo.

Podem ser mencionados, em caráter exemplificativo, casos em que não se aplicou a equidade quanto ao prazo processual, por tratar-se de "contribuinte de expressivo porte econômico, estando representado por advogado"[3] (Tribunal de Impostos e Taxas, 2006a), ou ainda, por simplesmente "não justificada a intempestividade para se aplicar a equidade"[4] (Tribunal de Impostos e Taxas, 2007a).

Em outras situações, aplicou-se a equidade e superou-se a questão da intempestividade em "recurso interposto fora de prazo, porém, na fase de transição da legislação anterior para a atual"[5]-[6] (Tribunal de Impostos e Taxas, 2006b, 2007b) e, ainda, em situação de intempestividade com a "peça defensiva não subscrita por advogado"[7] (Tribunal de Impostos e Taxas, 2006c).

Como já dito anteriormente, e em sinal de prestígio ao próprio conceito de equidade – vinculado exclusivamente ao direito material e não às regras de rito -, esta possibilidade foi

---

3. SÃO PAULO (Estado). Tribunal de Impostos e Taxas. *Recurso de Revisão* n. DRT-2-2335-1996. Câmaras Reunidas. São Paulo. J. em 03/10/2006a. DOE. 28 out. 2006.

4. SÃO PAULO (Estado). Tribunal de Impostos e Taxas. *Recurso Especial* n. DRT-1B-325863-2002. Câmaras Reunidas. São Paulo. J. em 16/01/2007a. DOE. 6 fev. 2007.

5. SÃO PAULO (Estado) Tribunal de Impostos e Taxas. *Recurso de Revisão* n. DRT-5-5501-1999. Câmaras Reunidas. São Paulo. J. em 24/10/2006b. DOE. 10 nov. 2006.

6. SÃO PAULO (Estado). Tribunal de Impostos e Taxas. *Recurso de Revisão* n. DRT-1B-546956-1999. Câmaras Reunidas. São Paulo. J. em 24/05/2007b. DOE. 23 jun. 2007.

7. SÃO PAULO (Estado). Tribunal de Impostos e Taxas. *Recurso de Revisão* n. DRT-16-1082-1994. Câmaras Reunidas. São Paulo. J. em 19/10/2006c. DOE. 28 out. 2006.

eliminada pela Lei Estadual Paulista n. 13.457/2009, tornando mais rígida a aplicação da norma relativa aos prazos processuais.

4. CONTAGEM DOS PRAZOS E INDEFERIMENTO SUMÁRIO

Segundo sistemática de contagem dos prazos no âmbito do processo administrativo estadual, os prazos serão contínuos, excluindo-se, na sua contagem, o dia de início, e incluindo-se o de vencimento (art. 6º da Lei Estadual Paulista n. 13.457/2009).

Os prazos fluem a partir do primeiro dia útil após a intimação, salvo disposição em contrário (art. 6º, § 1º, da Lei Estadual Paulista n. 13.457/2009).

Sempre que o vencimento ocorrer em dia em que não houver expediente normal na repartição em que tramite o processo ou deva ser praticado o ato, os prazos serão prorrogados até o primeiro dia útil subsequente.

O prazo para atendimento dos atos processuais deve constar no corpo da respectiva intimação, sob pena de nulidade (art. 8º da Lei Estadual Paulista n. 13.457/2009).

A Fazenda Pública tem o privilégio, estabelecido por lei, de ter computado em dobro o prazo para recorrer, quando for a parte vencida (art. 43, § único, da Lei Estadual Paulista n. 13.457/2009).

A nova legislação trouxe, ainda, a possibilidade da prática de atos por meio eletrônico, inclusive no que diz respeito às publicações de atos administrativos e às intimações por meio de Diário Eletrônico, podendo o administrado assinar referidos serviços, com base em certificados próprios emitidos na forma de lei própria (art. 74 da Lei Estadual Paulista n. 13.457/2009).

As intimações eletrônicas produzem eficácia quanto à ciência das partes, exceto nos casos em que a legislação exige intimação ou vista pessoal. Para efeitos de prazos processuais cuja intimação dá-se por via eletrônica, considera-se como data da publicação o primeiro dia útil seguinte ao da disponibilização da informação no Diário eletrônico (art. 77, §§ 3º e 4º, da Lei Estadual Paulista n. 13.457/2009).

Decorrido o prazo, extingue-se automaticamente o direito de praticar o ato, salvo se o interessado provar que não o realizou por justa causa (art. 7ª da Lei Estadual Paulista n. 13.457/2009). Pelas mesmas razões e no âmbito recursal, define a lei que será indeferido o processamento do recurso que seja intempestivo (art. 45, inciso I, da Lei Estadual Paulista n. 13.457/2009).

Inovação importante e delicada trazida pela Lei Estadual Paulista n. 13.457/2009, diz respeito à possibilidade de indeferimento do processamento do recurso que seja intempestivo, cuja competência foi outorgada ao Delegado Tributário de Julgamento quanto ao recurso ordinário, e ao Presidente do Tribunal quanto ao recurso especial[8].

Este juízo de admissibilidade sumário quanto à tempestividade não é passível de recurso e, exatamente por esta razão, a apresentação de alegações de justa causa ou de outros argumentos excludentes da intempestividade deverá ser cautelosamente analisada por tais autoridades, submetendo-os necessariamente, ante a presença de sinais de plausibilidade do argumento, à apreciação do órgão de julgamento.

5. DEVOLUÇÃO E SUSPENSÃO DO PRAZO

Traz a Lei Estadual Paulista n. 13.457/2009, no parágrafo único de seu artigo 7º, critérios mais absolutos quanto aos prazos, importando a rigidez do sistema processual civil – se em comparação com o regime do artigo 183, parágrafo único, do

---

8. Neste aspecto e a despeito de a lei referir-se a recurso, entendemos aplicável a mesma regra aos institutos que não possuem natureza de recurso *stricto sensu*, tal como a retificação de julgado.

CPC –, segundo o qual decorrido o prazo extingue-se, independentemente da declaração judicial, o direito de praticar o ato, "ficando salvo, porém, à parte provar que o não realizou por justa causa. [...] Reputa-se justa causa o evento imprevisto alheio à vontade da parte e que a impediu de praticar o ato, por si ou por mandatário."

A legislação paulista, na esteira da interpretação dada pelo Poder Judiciário ao instituto equivalente constante no ordenamento processual civil (Superior Tribunal de Justiça, 2005)[9], refere-se à restituição de prazo e não à suspensão ou à interrupção de prazo.

A comprovação da justa causa deve ser realizada durante a vigência do prazo, ou em até cinco dias após cessado o impedimento (regra geral do parágrafo único, do art. 5º, da Lei Estadual Paulista n. 13.457/2009). Neste caso, sendo acolhido o argumento, deve o Juiz devolver o prazo, fixando-lhe outro para a realização do ato processual. Na ausência de fixação do prazo restituído pelo juiz, também se aplica o prazo geral de 5 (cinco) dias previsto na legislação.

Logo, deverá a parte que se submeter a causas justas, na acepção da lei, que a impediram de praticar o ato processual, arguir fundamentadamente e provar os fatos caracterizadores da justa causa, requerendo ao juiz a devolução do prazo ou, ainda, arguindo tal matéria em preliminar na apresentação da peça processual correspondente.

Os prazos processuais suspendem-se por motivo de força maior, *ex vi* dos cotidianos casos de greve dos serventuários públicos nas diversas esferas governamentais, podendo ainda ser suspensos por força de atos administrativos expedidos pelas

---

9. BRASIL. Superior Tribunal de Justiça. *Agravo Regimental no Recurso Extraordinário* n. 533.853/RJ. Terceira Turma. Relatora: Ministra Nancy Andrighi. Brasília. J. em 20/06/2005. Disponível em: <http://www.stj.jus.br/SCON/jurisprudencia/toc.jsp?tipo_visualizacao=RESUMO&processo=200300542275&b=ACOR>. Acesso em: 21 out. 2009.

autoridades competentes. Esta é a hipótese definida na Portaria CAT n. 67/84, que dispôs sobre a suspensão de prazo quando apresentado pedido de vista dentro do prazo para a interposição de recurso, recomeçando a contagem a partir do 5º dia útil seguinte à data da entrega direta da notificação para tomada de vista ou de seu registro postal. Esta regra deverá ser revista e adaptada às novas normas do processo administrativo tributário estadual.

A devolução de prazo ocorrerá não apenas na hipótese de ocorrência de justa causa, mas também:

(a) **antes da apresentação de defesa**, quando o agente autuante corrigir erros no auto de infração com anuência de seu superior imediato, ou por este, enquanto não apresentada defesa, cientificando-se o autuado, devolvendo-lhe o prazo para apresentação da defesa ou pagamento do débito fiscal com o desconto previsto em lei (artigo 12 da Lei Estadual Paulista n. 13.457/2009);

(b) **após apresentação de defesa**, estando o processo em fase de julgamento, quando os erros de fato e de capitulação da infração ou da penalidade forem corrigidos pelo órgão de julgamento, de ofício ou em razão de defesa ou recurso, não sendo causa de decretação de nulidade.

Neste caso, quando da correção resultar penalidade de valor equivalente ou menos gravoso, será ressalvada ao interessado, expressamente, a possibilidade de efetuar o pagamento do débito fiscal no prazo de 30 (trinta) dias, contados da intimação, com desconto igual ao que poderia ter usufruído no decurso do prazo previsto para a apresentação da defesa (artigo 13 da Lei Estadual Paulista n. 13.457/2009).

Ainda no que diz respeito à suspensão de prazos, vale relembrar que a apresentação de pedido de retificação de julgado em face de eventual erro de fato não suspende o prazo para a apresentação do recurso cabível (artigo 15, §1º, da Lei Estadual Paulista n. 13.457/2009).

Por tal razão, à luz da Lei Estadual Paulista n. 13.457/2009, a parte prejudicada deve ofertar o recurso cabível sem prejuízo de eventual retificação de julgado, pois, se rejeitada for, o recurso já interposto terá regular prosseguimento. De outro lado, se acolhida a retificação de julgado, novo recurso deve ser interposto ratificando, complementando, ou simplesmente substituindo o recurso anterior em face deste novo acórdão.

6. PRAZO PARA JUNTADA DE DOCUMENTOS

Não é diferente o tratamento dado pela legislação ao momento processual para a produção de provas, que devem a rigor, ser apresentadas juntamente com o auto de infração e com a defesa.

No entanto, a Lei n. 13.457/09 também admite, em seu artigo 19, a produção de provas em momento excepcional, nos casos de motivo de força maior ou ocorrência de fato superveniente, hipótese na qual se deve sempre ouvir a parte contrária, em evidente prestígio do contraditório (artigo 19 da Lei Estadual Paulista n. 13.457/2009).

Este mesmo fato é o que embasa o disposto no artigo 462 do CPC, ao determinar que "se, depois da propositura da ação, algum *fato* constitutivo, modificativo ou extintivo do direito influir no julgamento da lide, caberá ao juiz tomá-lo em consideração, de ofício ou a requerimento da parte, no momento de proferir a sentença."

Tem o Tribunal de Impostos e Taxas enfrentando algum debate sobre o procedimento a ser adotado nas hipóteses em que se apresenta, na fase de recurso especial, documentos novos ou que digam respeito a fatos supervenientes.

A lei anterior admitia expressamente a apresentação extemporânea de provas, mas admitia o exame das novas provas apenas em fase de recurso, voluntário ou ordinário (artigo 20, §2º, da Lei Estadual Paulista n. 10.941/01).

Tanto o artigo 19 da Lei 13.457/09, quanto o artigo 462 do Código de Processo Civil, admitem efetivamente a juntada de documentos novos e que digam respeito a fatos supervenientes. Neste sentido posiciona-se o Superior Tribunal de Justiça, conforme se depreende do julgamento do Recurso Especial n. 1.070.395 / RJ, quando decidiu que:

> PROCESSUAL CIVIL. FASE RECURSAL. DOCUMENTOS QUE NÃO PODEM SER QUALIFICADOS COMO NOVOS OU RELACIONADOS A FATO SUPERVENIENTE. JUNTADA APÓS A SENTENÇA. POSSIBILIDADE. INTELIGÊNCIA DO ART. 397 DO CPC. ALÍNEA "C". NÃO-DEMONSTRAÇÃO DA DIVERGÊNCIA.
>
> 1. Controverte-se nos autos a possibilidade de juntada, em fase recursal, de documentos que não ostentam condição de novos ou se refiram a fatos supervenientes.
>
> 2. O STJ possui entendimento de que a interpretação do art. 397 do CPC não deve ser feita restritivamente. Dessa forma, à exceção dos documentos indispensáveis à propositura da ação, a mencionada regra deve ser flexibilizada.
>
> 3. O grau de relevância do conteúdo dos documentos que se pretende juntar após a sentença do juízo de 1º grau influi na formação do convencimento do órgão julgador, relacionando-se ao mérito do pedido. Por essa razão, não pode ser utilizado para justificar, de forma autônoma e independente, a decisão a respeito de sua inclusão nos autos.
>
> 4. De todo modo, mantém-se obrigatória, após a juntada dos documentos nesse contexto, a observância ao princípio do contraditório.
>
> 5. A divergência jurisprudencial deve ser comprovada, cabendo a quem recorre demonstrar as circunstâncias que identificam ou assemelham os casos confrontados, com indicação da similitude fática e jurídica entre eles. Indispensável a transcrição de trechos do relatório e do voto dos acórdãos recorrido e paradigma, realizando-se o cotejo analítico entre ambos, com o intuito de bem caracterizar a interpretação legal divergente. O desrespeito a esses requisitos legais e regimentais (art. 541, parágrafo único, do CPC e art. 255 do RI/STJ) impede o conhecimento do Recurso

Especial, com base na alínea "c" do inciso III do art. 105 da Constituição Federal.

6. Recurso Especial parcialmente conhecido e, nessa parte, provido. (DJe 27/09/2010; Rel. Ministro Herman Benjamin, 2ª Turma).

De outro lado, quando tais documentos novos ou fatos supervenientes são trazidos em sede de recurso especial à Câmara Superior, órgão julgador com função precípua de uniformizar jurisprudência, sua análise por aquele órgão não encontra abrigo nas regras processuais que regem o processo administrativo tributário. Silenciou-se a nova lei, ao contrário da sua antecessora, sobre a fase recursal em que poderiam ser admitidas.

Assim ocorre junto ao Poder Judiciário, não se admitindo a análise da prova, antiga ou superveniente, no bojo de recurso especial. A este respeito, observe-se o quanto decidido pelo Superior Tribunal de Justiça no julgamento no Recurso Especial n. 389.372 / SC:

> RECURSO ESPECIAL. DIREITO DAS COISAS. AÇÃO DECLARATÓRIA DE DOMÍNIO PLENO. ILHA COSTEIRA. NÃO-DEMONSTRAÇÃO DO CUMPRIMENTO DAS CONDIÇÕES IMPOSTAS PELA LEI N. 601 DE 1850 (LEI DE TERRAS). SÚMULA 07/STJ. REGISTRO PAROQUIAL. DOCUMENTO IMPRESTÁVEL À COMPROVAÇÃO DE PROPRIEDADE. JUNTADA DE "DOCUMENTO NOVO" EM SEDE DE RECURSO ESPECIAL. IMPOSSIBILIDADE. RECURSO ESPECIAL NÃO CONHECIDO.
>
> 1. A análise de prova, antiga ou superveniente, é vedada em sede de recurso especial, nos termos da Súmula n. 07.
>
> 2. Em sede de recurso especial, não cabe a esta Corte Superior, uniformizadora do direito infraconstitucional que é, analisar supostas violações a artigos da Constituição Federal. Ademais, o próprio acórdão recorrido consigna explicitamente não vislumbrar, no caso, óbice constitucional à pretensão do autor.
>
> (...) DJe 15/06/2009; Ministro Luis Felipe Salomão, T4 – Quarta Turma.

Do voto do relator pode-se extrair:

> "Primeiro, porque o art. 397 do CPC permite a juntada de documentos novos quando "destinados a fazer prova de fatos ocorridos depois dos articulados", não de fatos supostamente ocorridos há mais de 200 anos, como é caso dos autos. Em realidade, a consecução dos documentos é que ocorreu tardiamente, e não os fatos dos quais o recorrente pretende fazer prova.
>
> Por outro lado, ainda que por isso não fosse, a análise de prova, antiga ou superveniente, é vedada em sede de recurso especial, nos termos da Súmula n. 07.
>
> Nesse sentido, são os seguintes precedentes: REsp 636.358/SP, Rel. Ministra Nancy Andrighi, Terceira Turma, julgado em 25/03/2008, DJe 11/04/2008; REsp 37.295/SP, Rel. Ministro Sálvio de Figueiredo Teixeira, Quarta Turma, julgado em 29/03/1994, DJ 09/05/1994 p. 10875."

No julgamento do recurso especial DRT 2-829300/2008, no qual anexou-se provas tardiamente sob o manto da força maior, a Câmara Superior firmou entendimento no sentido de que tais documentos somente poderiam ser apreciados nas instâncias recursais ordinárias.

Logo, prestigiou-se, de um lado, o interesse público consubstanciado na observância rigorosa das normas processuais, notadamente das regras que definem o tempo para a prática de determinados atos (*in casu*, a produção de provas) pelas partes litigantes.

De outro lado, o interesse público pela verdade material na constituição do crédito tributário, que seria preterido pelo próprio instrumento (processo) instituído para a sua consecução.

Buscou-se no ordenamento processual uma aplicação de tais normas sem romper a harmonia sistêmica do ordenamento, atendendo-se todos os interesses envolvidos, seja pela estrita observância das regras processuais, seja pela busca da verdade material na constituição do crédito tributário.

Desta feita e atendendo para o primado do formalismo moderado, sem deixar que a Câmara Superior assumisse inadmissível função revisora de provas, determina-se, em casos da espécie, a remessa dos autos à Câmara *a quo*, para que analise e se manifeste sobre o documento novo trazido apenas em sede de recurso especial.

7. PRAZO "PARA O PROCESSO" – PRINCÍPIO DO PRAZO RAZOÁVEL

Deve-se lembrar o ensinamento de Rui Barbosa, em sua Oração aos Moços elaborada a partir de seu discurso perante a turma de 1920 da Faculdade de Direito de São Paulo, de que: *"justiça atrasada não é justiça, senão injustiça qualificada e manifesta. Porque a dilação ilegal nas mãos do julgador contraria o direito escrito das partes, e, assim, as lesa no patrimônio, honra e liberdade [...]."*

A celeridade e a eficiência na prestação jurisdicional estão asseguradas pelo artigo 5º, inciso LXXVIII, da Constituição Federal de 1988, com a redação que lhe foi atribuída pela Emenda Constitucional n. 45/2004. Segundo esta garantia, elevada ao *status* de princípio fundamental "a todos, no âmbito judicial e administrativo, são assegurados a *razoável* duração do processo e os meios que garantam a celeridade de sua tramitação".

O primado da duração razoável do processo expõe um dos traços essenciais do direito de ação e do devido processo legal, reforçando a garantia constitucional à prestação jurisdicional célere e eficiente pelo Estado. Nas palavras de Cleide Previtalli Cais (2009, p. 128):

> na medida em que as normas constitucionais garantem o direito de ação, e, consequentemente, o direito ao processo, asseguram às partes não somente a resposta do Estado, mas, também, o direito de apresentar as razões, o direito ao contraditório, o direito de influir sobre a formação do convencimento do juiz, mediante o devido processo legal, sempre em prazo

> razoável, com meios que assegurem o célere andamento do feito, na medida em que a prestação jurisdicional, a fim de assegurar a paz social, não pode perdurar demasiadamente no tempo.

Muitas são as razões que fazem com que os processos extrapolem os limites da razoabilidade no prazo de sua tramitação, partindo da falta de investimentos e da inadequação de estrutura administrativa dos órgãos judicantes, passando pelo excesso de recursos previstos em nosso ordenamento – que privilegiam condutas por vezes protelatórias -, até a ausência de sanções legais e administrativas aos responsáveis pelo retardamento do feito.

Lembra Cleide Previtalli Cais que a prestação jurisdicional efetiva – entenda-se, célere e eficiente – recebe amparo na própria Declaração Universal dos Direitos Humanos, que, em seu artigo 8º, proclama que *"Todo homem tem direito a receber dos tribunais nacionais competentes remédio efetivo para os atos que violem os direitos fundamentais que lhe sejam reconhecidos pela constituição ou pela lei."*

Neste diapasão, cuidou a lei paulista de definir os prazos para as práticas dos atos processuais, buscando, assim, aprimorar a efetividade na prestação jurisdicional aos administrados. Neste sentido declarou o I. Secretário da Fazenda do Estado, no Ofício GS-CAT n. 346/2009 (Secretaria da Fazenda do Estado de São Paulo, 2009, p. 1), por meio do qual encaminhou proposta do Decreto regulamentador da Lei n. 13.457/2009 ao Governador do Estado, justificando que

> as alterações ora regulamentadas visam, em primeiro lugar, tornar mais célere o julgamento dos processos administrativos submetidos ao Tribunal de Impostos e Taxas, sem abrir mão da qualidade da prestação jurisdicional e da observância ao devido processo legal, contraditório e à ampla defesa.

Tratou de impor e disciplinar prazos para a prática de atos processuais às partes, penalizando o litigante pela não prática do ato no prazo legal (art. 7º da Lei Estadual Paulista n. 13.457/2009), bem como, da mesma forma, impondo penalidades às autoridades julgadoras pelo não atendimento dos prazos a que estão submetidas, segundo a previsão do art. 69, inciso II, da Lei Estadual Paulista n. 13.457/2009, *in verbis*: "Perderá o mandato o juiz que [...] retiver processos em seu poder além dos prazos estabelecidos para relatar, proferir voto ou para vista, sem motivo justificável".

O processo administrativo não impõe, como faz o Código de Processo Civil, sanções às partes por deduzir pretensão ou defesa contra texto expresso de lei ou contra fato incontroverso, por alterar a verdade dos fatos, por usar do processo para conseguir objetivo ilegal, tampouco aos que opuserem resistência injustificada ao andamento do processo, que procederem de modo temerário em qualquer incidente ou ato do processo, que provocarem incidentes manifestamente infundados, que interpuserem recurso com intuito manifestamente protelatório (art. 17 do CPC).

Neste aspecto, deixou o legislador escapar a oportunidade para coibir práticas que contrariam e que impedem a efetividade da célere prestação jurisdicional no âmbito administrativo.

Também atuam em desfavor da celeridade institutos polêmicos que foram mantidos na nova legislação, como o recurso de ofício e o prazo em dobro para a Fazenda Pública recorrer que, a despeito de representarem privilégios da Fazenda Pública que rompem o princípio da isonomia processual, tem como justificativa a preservação do interesse público envolvido na constituição do crédito tributário.

No entanto, não se pode negar ter havido avanços legislativos na busca pela eficiência ou pela efetividade, que deve ser entendida não apenas à luz dos princípios da celeridade ou da razoável duração do processo, mas também de acordo com a garantia de segurança de o jurisdicionado ter uma solução justa da lide. É a baliza dada pelo princípio da proporcionalidade, evitando, de um lado, que o trâmite do processo ultrapasse o limite do razoável ou, de outro lado, que se abrevie de forma a prejudicar a plenitude do direito à ampla defesa e ao contraditório do contribuinte, alcançando a segurança jurídica na formação do justo crédito tributário e no recebimento do dinheiro público.

A despeito da imposição de prazos para a prática de atos processuais pelas partes, pelo Julgador e pela Representação Fiscal, deve-se notar que o conceito de prazo razoável do processo – o interregno de tempo total do início ao fim – não foi objeto de definição pelo legislador. Os resultados já constatados atestam que, atribuindo-se prazos às fatias, contribuiu-se para uma redução absoluta no tempo de duração do processo.

No âmbito da administração tributária federal, a Lei n. 11.457/2007 pretendeu positivar o prazo razoável ao definir, em seu artigo 24, *in verbis*, que "é obrigatório que seja proferida decisão administrativa no prazo máximo de 360 (trezentos e sessenta) dias a contar do protocolo de petições, defesas ou recursos administrativos do contribuinte."

Assim como ocorre no processo administrativo estadual, o descumprimento deste prazo pela autoridade julgadora poderá, quando muito, implicar na já mencionada preclusão *pro judicato*, prazo de natureza imprópria, apto a gerar apenas sanções administrativas à autoridade julgadora, que sempre disporá das justificativas atreladas à falta de estrutura, ao acúmulo de processos, entre outros.

Tentou-se impor na mencionada lei federal a presunção de resultado favorável ao contribuinte na hipótese de diligência não realizada no prazo legal, mas o parágrafo 2º do artigo 24 da Lei n. 11.457/2007 foi vetado pelo Presidente da República (Presidência da República, 2007) sob o fundamento de que

> a esfera administrativa tem se constituído em via de solução de conflitos de interesse, desafogando o Poder Judiciário, e nela também são observados os princípios do contraditório e da ampla defesa, razão pela qual a análise do processo requer

tempo razoável de duração em virtude do alto grau de complexidade das matérias analisadas, especialmente as de natureza tributária.

Ademais, observa-se que o dispositivo não dispõe somente sobre os processos que se encontram no âmbito do contencioso administrativo, e sim sobre todos os procedimentos administrativos, o que, sem dúvida, comprometerá sua solução por parte da administração, obrigada a justificativas, fundamentações e despachos motivadores da necessidade de dilação de prazo para sua apreciação.

Por seu lado, deve-se lembrar que, no julgamento de processo administrativo, a diligência pode ser solicitada tanto pelo contribuinte como pelo julgador para firmar sua convicção. Assim, a determinação de que os resultados de diligência serão presumidos favoráveis ao contribuinte em não sendo essa realizada no prazo de cento e vinte dias é passível de induzir comportamento não desejável por parte do contribuinte, o que poderá fazer com que o órgão julgador deixe de deferir ou até de solicitar diligência, em razão das consequências de sua não realização. Ao final, o prejudicado poderá ser o próprio contribuinte, pois o julgamento poderá ser levado a efeito sem os esclarecimentos necessários à adequada apreciação da matéria.

Enfim, restará ao contribuinte, nesta hipótese, e extrapolado o prazo razoável previsto na legislação estadual, socorrer-se do Poder Judiciário para compelir o Estado a respeitar, no mínimo, os prazos já previstos no ordenamento paulista.

8. PRAZOS POLÊMICOS

Dentre alguns prazos que sempre geraram acirrados debates no âmbito do Tribunal de Impostos e Taxas, tem-se o prazo para pedido de sustentação oral.

O prazo para a parte requerer a produção de sustentação oral, tanto na atual legislação como na legislação paulista anterior, encerra-se no momento da apresentação do recurso. No entanto, o Tribunal tem enfrentado, cotidianamente, questões particulares, cuja solução tem sido dada à luz das particularidades do caso concreto.

Tem-se, como exemplo, casos nos quais o contribuinte manifestou-se, em sua primeira defesa apresentada no processo, pela produção de sustentação oral em todas as fases recursais, não renovando tal pedido nos recursos subsequentes e possibilitando eventuais e futuras alegações e reconhecimentos de nulidade. Neste sentido, as Câmaras Reunidas anularam acórdão proferido em sede de recurso especial, cuja oportunidade de sustentação oral não foi dada à parte por não ter sido requerida no próprio recurso especial, aceitando, talvez sob a influência flexível da equidade, o protesto genérico e amplo que fora feito anteriormente. O Tribunal deve ater-se, diante da nova redação da lei, à efetiva manifestação no prazo previsto para a interposição de recurso – e de cada um deles – ou de contrarrazões.

Há casos, ainda, em que o pedido de sustentação oral é aduzido após a interposição do recurso, cujo deferimento era também flexibilizado pela Câmara Julgadora em algumas situações particulares, ancorados na já tratada equidade, mas que, mais recentemente, tem recebido tratamento mais rigoroso, a despeito do fundamento sempre sensibilizador do direito à ampla defesa e ao contraditório.

Não menos polêmico é debate em torno do direito à sustentação oral requerido por novo advogado que ingressa nos autos após interposição da peça recursal, e que faz protestar, ainda que a destempo, pela produção de sustentação oral. Via de regra, e sem que houvesse motivos justos, tem se aplicado com mais rigor a lei, vez que a mera mudança de procurador não tem o condão de reabrir prazo para a prática de ato processual já precluso.

Também mereceu muita discussão a renovação do direito à sustentação oral, cuja desistência fora apresentada pela parte em mandato anterior, e com composição distinta. Tem-se a ponderar que a referida desistência pode ter ocorrido à luz de determinada composição, tendo sido renovada a oportunidade à parte diante de novo contexto e de novo quadro de juízes.

A nova legislação, bem como o seu Decreto regulamentador, não trataram de solucionar a controvérsia, fazendo com que o Tribunal editasse a Questão de Ordem n. 17, definindo-se que nos casos em que o particular desistiu, implícita, ou explicitamente, de proceder a sustentação oral, não é de se lhe conceder nova oportunidade para fazê-lo, tenha a composição do Colegiado permanecido intacta, tenha sofrido alteração.

Outro prazo gerador de elevada polêmica sob a égide da legislação anterior era o prazo para a apresentação de pedido de retificação de julgado, que foi objeto de relevante alteração.

Na Lei Estadual Paulista n. 10.941/2001, o termo final para a apresentação deste pedido era a inscrição do débito em dívida ativa. Vale dizer, se o auto de infração fosse mantido, poderiam as partes ofertar pedido de retificação de julgado enquanto não fosse o débito inscrito em dívida ativa.

De outro lado, se o auto de infração fosse desconstituído ou declarado insubsistente por qualquer razão, evidentemente inexistiria a inscrição do débito na dívida ativa, permitindo a eternização do prazo para a apresentação deste pedido de retificação de julgado por parte da Fazenda do Estado de São Paulo.

Havia uma situação inadmissível, mas intransponível, em que se congelavam indefinidamente as relações jurídicas em disputa, contrariando a segurança jurídica e o interesse público na consolidação da situação. Não se poderia falar em decadência, vez que o lançamento já se materializara por ocasião da lavratura do auto de infração, ainda que tivesse sido desconstituído por decisão potencialmente viciada. Essa decisão poderia ter sua nulidade reconhecida a qualquer momento, tendo outra proferida em seu lugar, implicando a reabertura do processo administrativo de constituição do crédito tributário.

Para tentar remediar flagrante distorção, algumas decisões de Câmaras tentaram atribuir à retificação de julgado o mesmo prazo para interposição de recurso ordinário ou especial, ou seja, 30 (trinta) dias contados da intimação da decisão retificanda (Processo n. DRT-1B-9051178/2002) ou, em outras situações, fixando-lhe prazo de 2 (dois) anos equivalente ao da ação rescisória (Processo n. DRT-9-0499/93), invocando a analogia e restabelecendo o equilíbrio entre o Estado e o cidadão. A despeito de louvável a tentativa de corrigir o rumo da norma, as Câmaras Reunidas então existentes não acolheram e reformaram tais decisões, pronunciando-se no sentido de aplicar o prazo processual previsto na norma vigente.

Com a edição da Lei n. 13.457/2009, tal distorção legislativa foi realinhada, atribuindo-se prazos claros e definidos, mencionados em tópicos precedentes do presente trabalho.

9. PRAZOS – REGRA DE TRANSIÇÃO

Com o advento da Lei Estadual Paulista n. 13.457/2009, e considerando-se a introdução de determinadas alterações, notadamente no que diz respeito a alguns prazos, foi preciso estabelecer uma regra de transição a ser aplicada nos processos em andamento.

A regra está definida no artigo 91 da Lei, o qual dispõe que os atos processuais terão sua forma, seu prazo e seu exercício regidos pela legislação processual em vigor na data em que se tenha iniciado a fluência do prazo para sua prática.

As regras processuais estabelecidas pela Lei Estadual Paulista n. 13.457/2009 foram regulamentadas pelo Decreto Estadual Paulista n. 54.486/2009, publicado no Diário Oficial do Estado de 27 de junho de 2009.

Logo, para definição das regras aplicáveis, notadamente quanto aos prazos, deve-se identificar se o início da contagem do prazo para a prática de determinado processual iniciou-se antes ou depois de 27 de junho de 2009. Se antes, aplicam-se as regras da Lei Estadual Paulista n. 10.941/2001 e do Decreto

Estadual Paulista n. 46.674/2002; se posterior a tal data, aplicam-se a regras da Lei Estadual Paulista n. 13.457/2009 e do Decreto Estadual Paulista n. 54.486/2009.

10. CONCLUSÃO

As disposições introduzidas pela Lei Estadual Paulista n. 13.457/2009 representaram, no que diz respeito aos prazos, importante evolução no processo administrativo tributário do Estado de São Paulo, por meio do realinhamento de distorções existentes na legislação revogada e, sobretudo, pela atribuição de prazos à quase totalidade dos atos processuais atribuíveis às partes e ao julgador.

Impôs mais rigor na aplicação norma de caráter processual, *ex vi* o fim da permissão para aplicação da norma por equidade na contagem dos prazos e a previsão de consequências pela prática ou pela não prática de atos processuais, a par da própria reorganização estrutural do órgão judicante administrativo.

Com isto, permitir-se-á a realização da eficiente e efetiva prestação jurisdicional, asseguradas pelo desfecho da demanda em prazo razoável, com a plena garantia da ampla defesa e do contraditório, sob a mais rígida observância do devido processo legal, na exata acepção atribuída pela Constituição Federal de 1988.

Deste modo, tais disposições reafirmam, ao final, o papel fundamental que o Tribunal de Impostos e Taxas do Estado de São Paulo exerce no aperfeiçoamento da constituição do crédito tributário.

11. REFERÊNCIAS

Doutrina:

AMARAL NETO, Francisco dos Santos. A Equidade no Código Civil Brasileiro, **Revista CEJ**, Brasília, v. 8, n. 25, p. 16-23, abr./jun. 2004.

ARISTÓTELES. **A Retórica**, site *http://www.obrasdearistoteles.net*

BARBOSA, Rui. **Oração aos Moços**. Edição popular anotada por Adriano da Gama Kury, Edições Casa de Rui Barbosa, 5ª. ed., Rio de Janeiro, p. 40, 1999

BENTHAM, Jeremias. **Tratado de las Pruebas Judiciales.** v. 1, *apud* OLIVEIRA, Carlos Alberto Álvaro de. **Formalismo no Processo Civil.** São Paulo: Saraiva, 2003.

CAIS, Cleide Previtalli. **O Processo Tributário.** 6 ed. São Paulo: Revista dos Tribunais, 2009.

CAPONI, Remo. **La Rimessione in Termini nel Processo Civile.** Milano: Giuffrè, 1996.

CARVALHO, Paulo de Barros. **Curso de Direito Tributário.** 7 ed. São Paulo: Saraiva, 1995.

DINAMARCO, Candido Rangel. **Instituições de Direito Processual Civil.** v. 2. São Paulo: Malheiros.

MARINS, James. **Direito Processual Tributário Brasileiro.** 4 ed. São Paulo: Dialética, 2005.

OLIVEIRA, Carlos Alberto Álvaro de. **Formalismo no Processo Civil.** São Paulo: Saraiva, 2003.

PONTES DE MIRANDA, Francisco Cavalcanti. **Comentários ao Código de Processo Civil.** v . 2. Rio de Janeiro: Forense, 1977.

REALE, MIGUEL. **Lições Preliminares de Direito**. 24 ed. São Paulo: Saraiva, 1998.

SANTOS, Oliva; GIMENEZ, Andre de la Diez-Picazo; TORRES, Ignacio Vegas. **Derecho Procesal: Introducción.** Madrid: Universitaria Ramon Areces, *apud* SICA, Heitor Vitor Mendonça. **Preclusão Processual Civil.** São Paulo: Atlas, 2006. (Col. Atlas de Processo Civil).

SICA, Heitor Vitor Mendonça. **Preclusão Processual Civil.** São Paulo: Atlas, 2006. (Col. Atlas de Processo Civil).

Legislação:

BRASIL. Constituição (1988). **Constituição da República Federativa do Brasil**. Brasília, DF: Senado Federal, 1988.

BRASIL. **Lei de Introdução ao Código Civil Brasileiro**. Decreto-Lei n. 4.657, de 4 de setembro de 1942. Disponível em: <http://www.planalto.gov.br/ccivil_03/Decreto-Lei/Del4657.htm>. Acesso em: 20.10.2009.

BRASIL. **Consolidação das Leis do Trabalho.** Decreto-Lei n. 5.452, de 1º de maio de 1943. Disponível em: <http://www.planalto.gov.br/ccivil_03/Decreto-Lei/Del5452compilado.htm>. Acesso em: 20.10.2009.

BRASIL. **Código Tributário Nacional.** Lei n. 5.172, de 25 de outubro de 1966. Disponível em: <http://www.planalto.gov.br/ccivil_03/Leis/L5172.htm>. Acesso em: 20.10.2009.

BRASIL. **Código de Processo Civil.** Lei n. 5.869, de 11 de janeiro de 1973. Disponível em: <http://www.planalto.gov.br/ccivil_03/LEIS/L5869compilada.htm>. Acesso em: 20.10.2009.

BRASIL. Lei n. 11.457, de 16 de março de 2007. Disponível em: <http://www6.senado.gov.br/legislacao/ListaPublicacoes.action?id=255426>. Acesso em: 20.10.2009.

BRASIL. Presidência da República. Mensagem de Veto n. 140, de 16 de março de 2007. Disponível em: <http://www.planalto.gov.br/ccivil_03/_Ato2007-2010/2007/Msg/VEP-140-07.htm>. Acesso em: 26.10.2009.

SÃO PAULO (Estado). Lei n. 10.941, de 25 de outubro de 2001. Disponível em: <http://www.al.sp.gov.br/repositorio/legislacao/lei/2001/lei%20n.10.941,%20de%2025.10.2001.htm>. Acesso em: 26.8.2009.

SÃO PAULO (Estado). Lei n. 13.457, de 18 de março de 2009. Disponível em: <http://www.al.sp.gov.br/repositorio/legislacao/lei/2009/lei%20n.13.457,%20de%2018.03.2009.htm>. Acesso em: 20.10.2009.

SÃO PAULO (Estado). Decreto n. 46.674, de 9 de abril de 2002. Disponível em: <http://www.al.sp.gov.br/repositorio/legislacao/decreto/2002/decreto%20n. 46.674,%20de%2009.04.2002.htm>. Acesso em: 20.10.2009.

SÃO PAULO (Estado). Decreto n. 54.486, de 26 de junho de 2009. Disponível em: <http://www.al.sp.gov.br/repositorio/legislacao/decreto/2009/decreto%20n. 54.486,%20de%2026.06.2009.htm>. Acesso em: 20.10.2009.

Jurisprudência:

BRASIL. Superior Tribunal de Justiça. *Agravo Regimental no Recurso Extraordinário* n. 533.853/RJ. Terceira Turma. Relatora: Ministra Nancy Andrighi. Brasília. J. em 20/06/2005. Disponível em: <http://www.stj.jus.br/SCON/jurisprudencia/toc.jsp?tipo_visualizacao=RESUMO&processo=200300542275&b=ACOR>. Acesso em: 21 out. 2009.

SÃO PAULO (Estado). Tribunal de Impostos e Taxas. *Recurso de Revisão* n. DRT-2-2335-1996. Câmaras Reunidas. São Paulo. J. em 03/10/2006a. DOE. 28 out. 2006.

SÃO PAULO (Estado). Tribunal de Impostos e Taxas. *Recurso de Revisão* n. DRT-5-5501-1999. Câmaras Reunidas. São Paulo. J. em 24/10/2006b. DOE. 10 nov. 2006.

SÃO PAULO (Estado). Tribunal de Impostos e Taxas. *Recurso de Revisão* n. DRT-16-1082-1994. Câmaras Reunidas. São Paulo. J. em 19/10/2006c. DOE. 28 out. 2006.

SÃO PAULO (Estado). Tribunal de Impostos e Taxas. *Recurso Especial* n. DRT-1B-325863-2002. Câmaras Reunidas. São Paulo. J. em 16/01/2007a. DOE. 6 fev. 2007.

SÃO PAULO (Estado). Tribunal de Impostos e Taxas. *Recurso de Revisão* n. DRT-1B-546956-1999. Câmaras Reunidas. São Paulo. J. em 24/05/2007b. DOE. 23 jun. 2007.

OS PROCESSOS ADMINISTRATIVO E JUDICIAL E A MATÉRIA TRIBUTÁRIA NA GEOGRAFIA DO SISTEMA JURÍDICO

JONATHAN BARROS VITA

Advogado, Consultor Jurídico e Contador. Especialista em Direito Tributário pelo Instituto Brasileiro de Estudos Tributários – IBET-SP, Mestre e Doutor em Direito do Tributário pela Pontifícia Universidade Católica de São Paulo – PUC-SP e Mestre em Segundo Nível em Direito Tributário da Empresa pela Universidade Comercial Luigi Bocconi – Milão – Itália. Professor do Mestrado em Segundo nível em Direito Tributário da Empresa na Universidade Comercial Luigi Bocconi e das especializações em Direito Tributário da PUC-SP/COGEAE, IBET, FAAP e EPD e em Direito Internacional da EPD. Juiz substituto do Conselho Municipal de Tributos de São Paulo. Membro da Comissão Especial de Direito Tributário do Conselho Federal da OAB e da Comissão de Contencioso Administrativo Tributário da OAB-SP. Sócio do IBDT, da ABDF, IFA e IASP.

1. INTRODUÇÃO

Antes de iniciar a introdução deste artigo, importante é deixar claro que o objetivo deste é estabelecer constatações teóricas sobre um tema eminentemente prático, mas com pouca doutrina disponível, qual seja, a comparação entre a posição (geográfica) das cortes administrativas e judiciais no campo tributário.

O estabelecimento destas posições geográficas permite compreender as diferenças entre cada um destes corpos judicantes e certas dificuldades enfrentadas pelos atores destes sistemas, abrindo as portas para (re)conhecer as vantagens e desvantagens de cada um deles, sob um ponto de vista (quase) evolutivo.

Mais ainda, com tal relatório, pode-se visualizar onde cada um deles pode evoluir e encontrar estratégias jurídicas para um uso mais adequado dos mesmos, inclusive permitindo alinhamentos/convergências entre eles.

Para tanto, introduz-se, aqui, o sistema de referência empregado que agrega vários desenvolvimentos de teorias já estabelecidas e, especialmente, muda constantemente de posição de observação, assim como a física clássica, física quântica e física gravitacional operam, respectivamente, com objetos comuns, microestruturas e macroestruturas[1].

Simétrica e respectivamente, utiliza-se do *Law and Economics* de Posner[2] e [3], que detém influência majoritária no plano da doutrina internacional, das Teorias da Linguagem, representadas pelo Constructivismo Lógico-Semântico de Barros Carvalho[4], e da Teoria dos Sistemas de Niklas Luhmann[5].

---

1. Para a visão mais atual deste sistema de referência proposto: VITA, Jonathan Barros. **Teoria Geral do Direito e Direito Internacional aplicados à matéria tributária.** São Paulo: Quartier Latin, 2011 (no prelo).
2. Para um apanhado geral sobre *Law and Economics*: ROEMER, Andrés. **Derecho y economía: uma revisión de la literatura.** Cidade do México: ITAM, 2000.
3. Já na doutrina brasileira, como autores que trabalham com este sistema de referência, mais especificamente voltado ao direito tributário, entre outros: CARVALHO, Cristiano Rosa de. **Teoria do sistema jurídico: direito, economia, tributação.** São Paulo: Ed. Quartier Latin, 2005; CALIENDO, Paulo. **Direito tributário e análise econômica do direito: uma visão crítica.** Rio de Janeiro: Elsevier, 2009; e SCHOUERI, Luís Eduardo. **Direito Tributário.** São Paulo: Saraiva, 2011.
4. CARVALHO, Paulo de Barros. **Direito Tributário: linguagem e método.** 2ª edição. São Paulo: Noeses, 2008.
5. LUHMANN, Niklas. **Law as a social system.** Oxford: Oxford University Press, 2004.

No caso concreto, as teorias da linguagem são úteis para compreender os limites semânticos das expressões da língua do direito, suas regras de construção e como esta se propaga.

Já a Teoria dos Sistemas opera para verificar como os sistemas sociais se comportam (funcionalmente) em relação as irritações provocadas por cada um dos subsistemas sociais e demonstram as estratégias de evolução e os fundamentos para a diferenciação na sociedade pós-moderna.

Mais ainda, esta teoria é muito utilizada para compreender os processos de decisão e como os seus produtos são reconhecidos pelos outros sistemas sociais[6 e 7].

Finalmente, o *Law and Economics* é estudado para verificar a racionalidade do sistema jurídico utilizando-se de ferramentas da ciência econômica, algo que é contemporâneo e mais difundido que as teorias supracitadas, mas que, precisa de algumas ressalvas para se adequar aos outros sistemas estudados.

2. NOTAS SOBRE A TEORIA DOS SISTEMAS

Sendo o presente texto uma análise da geografia dos sistemas jurídicos a partir da distinção entre as cortes administrativas e judiciais, é importante delimitar alguns fundamentos da Teoria dos Sistemas de Luhmann para permitir

---

6. Para outras obras que tenham este sistema de referência aplicado às decisões: CAMPILONGO, Celso Fernandes. **Política, sistema jurídico e decisão judicial.** São Paulo: Max Limonad, 2002; DERZI, Mizabel Abreu Machado. **Modificações da Jurisprudência no Direito Tributário.** São Paulo: Noeses, 2009; NEVES, Marcelo. **Entre Têmis e Leviatã: uma relação difícil.** São Paulo, Martins Fontes, 2006; e VALVERDE, Gustavo Sampaio. **Coisa julgada em matéria tributária.** São Paulo: Quartier Latin, 2004.

7. VITA, Jonathan Barros. Repercussão geral: um novo caminho entre *Civil Law* e *Common Law* através da Semiótica e da Teoria dos Sistemas. **In: Revista Tributária das Américas.** São Paulo: Revista dos Tribunais, número 2, jul/dez, 2010, p. 207-239.

uma adequada compreensão do repertório (vocabulário) utilizado neste trabalho.

A Teoria dos Sistemas, como concebida por Niklas Luhmann[8], é considerada como uma forma de Sociologia do Direito que utiliza ferramentas de outras ciências para mostrar similitudes/analogias operativas entre o funcionamento da sociedade e o funcionamento do mundo, como a biologia, a matemática e a física, a exemplos.

Esta sociedade pós-moderna é diferenciada em vários subsistemas sociais que realizam operações comunicativas de maneira isolada/fechada operativamente, mas que pressupõem os demais, abrindo-se cognitivamente.

Importante é mencionar que a versão desta teoria utilizada aqui permite sua aplicação de forma dogmática, algo que não é consenso entre os autores que estudam Luhmann[9].

Mais ainda, temas como complexidade, contingência e tempo são extremamente importantes, no plano da diferenciação funcional e na formação de estruturas acopladas para permitir o desenvolvimento da sociedade, que sempre está aberta a esta decepção que surge da diferenciação entre o futuro presente e estados alcançados.

O sistema social é comunicação e se diferencia do ambiente (não-comunicação), que está ligado ao mundo fenomênico, dos acontecimentos naturais, o caos, impossível de ser apreendido completamente pelos sentidos.

Obviamente, o termo comunicação (nitidamente ambíguo) é fundamental para Luhmann, podendo ser definido como o de

---

8. LUHMANN, Niklas. **Law as a social system.** Oxford: Oxford University Press, 2004.

9. Em sentido contrário a este uso, a exemplo: NEVES, Marcelo. **Entre Têmis e Leviatã: uma relação difícil.** São Paulo, Martins Fontes, 2006; e CAMPILONGO, Celso Fernandes. **Direito e democracia.** São Paulo: Max Limonad, 1997.

interações sociais através da linguagem sob a unidade mínima chamada mensagens, ou seja, processo de intercâmbio de uma mensagem entre um emissor e um receptor, com características próximas àquelas mencionadas por Jakobson[10] e (re)propostos por Barros Carvalho[11].

Neste sentido, as comunicações são operações que têm como fim um código binário, vetorizadas através de programas, que permitem o tratamento (redução) das complexidades do mundo.

Mais especificamente, a comunicação, para o direito, é estruturada sob a forma de um programa que visa atingir um código próprio, o lícito/ilícito, que diferencia o sistema jurídico dos outros sistemas sociais.

Neste sentido, a comunicação/programação jurídica (norma jurídica) é o meio e o produto, viabilizando a *autopoiesis*[12] do sistema jurídico, sendo contingente (portanto, sujeita a falibilidade) e composta por um antecedente que se vincula a um consequente, fato e relação jurídica.

Este antecedente normativo pressupõe a abertura cognitiva, ou seja, a possibilidade de internalização de irritações e permite o seu fechamento operativo, ou seja, com este processo, o sistema opera sempre a partir de suas próprias estruturas.

Logo, a percepção sistêmica é, sempre, indireta, assimétrica, uma forma de simulacro de uma realidade inexistente, intocável, é dizer, um sistema de objetos mediatos que não tocam os objetos dinâmicos de Peirce[13], produzidos, apenas, por meio

---

10. JAKOBSON, Roman. **Linguística e comunicação.** São Paulo: Cultrix, 1991.

11. CARVALHO, Paulo de Barros. **Direito Tributário: linguagem e método.** 2ª edição. São Paulo: Noeses, 2008.

12. MATURANA, Humberto. **Cognição, ciência e vida cotidiana.** Belo Horizonte: UFMG, 2001.

13. Este exemplo é multicitado em FIORIN, José Luiz (org.). **Introdução à linguística – I. Objetos teóricos.** São Paulo: Editora Contexto, 2007.

de estruturas internas a cada um dos sistemas ou de seus subsistemas, que não se comunicam os demais.

Em outro giro, a abertura cognitiva é a forma que permite um não autismo dos sistemas, já que a percepção da irritação é algo interno, mas que revela uma pressuposição de realidades distintas.

Obviamente, através desta reprodução de comunicações os (sub)sistemas sociais evoluem de forma neo-darwiniana[14], já que esta forma permite uma variação que viabilizará os processos consecutivos de seleção e (re)estabilização.

Contextualmente, não se olvida que a contingência é forma de preservação do sistema, produzindo a necessidade de revoluções/recombinações constantes para uma melhor adaptação futura a problemas presentes e futuros, muitas vezes imprevistos, incluindo a tentativa de eliminação de atavismos[15].

Sob outro aspecto, como forma de tentar manter uma precária estabilidade, diminuindo as incertezas, o sistema utiliza o mecanismo da redundância, ou seja, uma série de comunicações expressas em uma determinada direção como forma de auxílio da diminuição de complexidades e contingências no sistema.

Como exemplo desta redundância, no sistema jurídico, é a ideia escalonada de tribunais, fundamento do sistema recursal judicial, em que uma comunicação evoluída, reforçada, redundante, gera a satisfação das expectativas normativas do sistema.

Paralelamente, no processo de operação inter/intrassistemas, tem-se que há possibilidade de estruturas em dois sistemas distintos que operarem com irritações/pressuposições recíprocas (analogicamente) através dos acoplamentos estruturais.

---

14. DARWIN, Charles. **A origem das espécies.** São Paulo: Martin Claret, 2005; e LUHMANN, Niklas. **Law as a social system.** Oxford: Oxford University Press, 2004.
15. Atavismo é o mecanismo biológico de retorno a uma forma genética ou de comportamento que já havia sido excluída no processo de seleção anterior.

Estes acoplamentos não realizam uma abertura do sistema em si, mas uma forma de reação externamente idêntica (analógica) e internamente diferenciada (digital), do ponto de vista material e temporal.

Esta diferenciação temporal é dada, no caso do direito, através dos procedimentos, que permitem a manutenção das expectativas normativas, que seriam o fato que sempre o direito irá decidir no caso concreto (emulando o princípio do *non liquet*).

Interessantemente, com o estudo de tais acoplamentos estruturais, um dos mais importantes se dá entre a política e o direito, através da Constituição, o que permite que os programas (decisões) jurídicos sejam cumpridos coercitivamente (enquanto programas de propósito específico) através da política com seu código maioria/minoria.

A Constituição pode ser definida como estrutura/programa jurídico diferenciado de meros textos legais, já que disciplina as influências entre direito e política e vice-versa, mas sem impedir, ao contrário, facilitando as possibilidades de tais acoplamentos entre os sistemas.

O direito é o fim e início da política, pois condiciona sua produção e controla o produto desta operação através da validade e, paralelamente, a política é o fim e início do direito, pois ela condiciona a existência do direito, determina a forma da tomada de decisão e operacionaliza sua execução.

Outrossim, a Constituição regula as formas de relação entre direito e política, pois a forma de produção política é dada pelo direito, mas o conteúdo e a tomada de decisão deste conteúdo, dentro dos limites materiais, é condicionada pela decisão política.

Sob o ângulo semiótico, as ambiguidades no texto constitucional surgem como forma de permitir a mudança, aberturas semânticas para permitir a internalização de novas irritações não previstas no futuro presente.

Mais ainda, a separação de poderes é o fundamento deste respeito recíproco que permite tomadas de decisão em cada sistema de maneira a colocar os sujeitos deste processo no seu centro e não na periferia.

Entretanto, esta centralidade surge com problemas, pois estas decisões são muito desvinculadas das expectativas cognitivas, ou seja, das expectativas dos outros sistemas sociais (ambiente).

Para resolver estes problemas, a exemplo, o judiciário tenta buscar os anais das produções legislativas, faz audiências públicas e permite ingresso de *amicus curiae* em seus processos decisórios como forma de legitimar, materialmente, suas decisões, alinhando as expectativas normativas às expectativas do sistema político e àquelas cognitivas.

Entretanto, como dito, com as audiências públicas e os *amicus curiae* o sistema jurídico tem tentado produzir uma potencialização da sua abertura cognitiva e, ainda, (re)produzir um alinhamento/convergência (mínimos) entre as expectativas normativas e cognitivas (além das internas de cada um dos sistemas sociais) permitindo uma legitimação material pelo procedimento[16] de produção normativa típico do judiciário.

De qualquer maneira, esta postura, entretanto, pode criar outros (novos) problemas, gerando corrupção sistêmica, com os chamados processos de politização e "legislatização" do judiciário, e o processo de juridicização e "legislatização" do poder executivo, ambos em contraposição ao papel típico destas estruturas no sistema social.

Abre-se parêntese para deixar claro que a corrupção pode ser dada no campo do código, dos programas e das estruturas[17].

---

16. Com mais detalhes e em sentido semelhante: LUHMANN, Niklas. **Legitimação pelo procedimento.** Brasilia, Ed. UnB, 1980.

17. Sobre a corrupção no sistema luhmaniano, ainda que seja uma visão distinta da adotada: NEVES, Marcelo. **Entre Têmis e Leviatã: uma relação difícil.** São Paulo, Martins Fontes, 2006.

Neste contexto, pode haver a alteração e corrupção de códigos dos procedimentos de produção normativos, especialmente criando um engrandecimento do papel do Supremo Tribunal Federal, que passa a atuar, corruptamente, como criador de normas gerais e abstratas e condutor de política legislativa enquanto tomador de decisão que afeta a todos.

Neste sentido, o STF tem tomado a primazia legislativa, quase suplantando às medidas provisórias neste papel, lembrando que estas também são formas de corrupção do sistema por parte do executivo, pois este comanda/condiciona o processo de política legislativa de maneira forte.

Sinteticamente, o STF e o executivo estão suprindo certas funções do legislativo, alterando seus posicionamentos (geográficos) no sistema político e jurídico, já que se apropriam de irritações em posições não compatíveis com as suas dentro de cada um destes sistemas (corrupção estrutural no sistema jurídico e corrupção programática no sistema político).

Logo, o Supremo em sua posição (geográfica) central do sistema jurídico está produzindo normas gerais e abstratas que seriam derivantes do acoplamento estrutural entre direito e política, ou seja, posicionadas em um local diverso.

É dizer, a democracia é forma de irritação no sistema jurídico e sistema político, de maneira análoga e recíproca, tendendo maior ou menor democracia a um maior ou menor isolamento/hierarquia da norma produzida[18].

3. GEOGRAFIA DO SISTEMA JURÍDICO: ONDA DE CHOQUE E DISTINÇÃO CENTRO/PERIFERIA

Como pode ser intuído, a geografia do sistema luhmaniano permite com que se visualizem, a partir da dicotomia centro/

---

18. Similarmente em: Mcnaughton, Charles William. **Hierarquia e sistema tributário.** Dissertação (mestrado em direito) – Faculdade de Direito, PUC-SP. São Paulo, 2008.

periferia, como se dá a relação entre uma estrutura e seu sistema e, ainda, como ela absorve as irritações do ambiente (e aquelas internamente produzidas no próprio sistema).

No caso do sistema do direito, a geografia está baseada no posicionamento das cortes judiciais, partindo de uma distinção entre centro e periferia, em que o centro do sistema é o seu estabilizador, como em um átomo, em que os prótons e nêutrons concentram a maior massa, dando estabilidade ao mesmo.

A partir desta afirmação duas podem ser as conclusões: as cortes judiciais são menos permeáveis às irritações do sistema social; e a irritação da periferia acaba sendo diminuída quando se aproxima do centro do sistema, em uma operação semelhante à onda de choque de um terremoto ou ao efeito Doppler.

Elucidando a primeira assertiva, a localização das cortes no sistema jurídico serve para dar maior estabilidade aos programas emitidos por estas estruturas, já que são menos próximas da periferia do sistema e menos semanticamente abertos, pois visam (re)estabilizar um núcleo de algo já decidido (redundantemente), reduzindo o seu campo e margem de decisão e capacidade de revolução nos casos concretos, o que justifica a atuação pontual do STF nas Repercussões Gerais, ADIs, entre outros processos com pequeno escopo e grande difusão comunicativa.

Escalonadamente, em um exemplo tributário:

- Primeiramente dois sujeitos realizam um contrato, programa individual e concreto, obviamente, sendo localizada esta comunicação (individual e concreta) próxima às irritações do ambiente, permeáveis a uma abertura cognitiva com experiência mais próxima do ambiente;

- O lançamento tributário correspondente já está mais isolado das irritações, pois somente pode verificar certos dados de mundo na chamada (incorretamente) verdade material[19];

- O processo administrativo correspondente também atua com tais princípios, mas se subsomem a discussão do que foi alegado neste recurso administrativo;

- Na esfera judicial de primeiro grau, a chamada (incorretamente) verdade processual/formal é que prevalece, ou seja, discute-se apenas o que está no processo;

- Da mesma forma o recurso de apelação é circunscrito à análise de provas produzidas e discutidas no primeiro grau;

- Nos tribunais superiores não existe análise probatória, mas apenas de direito federal, e que cuja decisão pode refletir verticalmente na redução de variabilidade de comunicações no sistema através do mecanismo da repercussão geral; e

- Por fim, no STF, este direito passível de discussão é apenas na relação entre a legislação aplicada no repertório do ato de decidir atacado em relação à Constituição e que possua repercussão geral, apesar de, no caso de aceitação de *amicus curiae* se tende (re)produzir uma nova abertura cognitiva e aproximação com o ambiente para melhor alinhamento entre as expectativas normativas e cognitivas no processo de decisão, fazendo com que os outros sistemas recebam a decisão de maneira mais tranquila, sem sobressaltos.

Verificando os elementos decididos e a estabilização das comunicações, simples é verificar que cada estrutura contém um marco espacial de atuação, uma zona de atuação sensível.

---

19. Com crítica em sentido semelhante, apesar das diferentes premissas: TOMÉ, Fabiana Del Padre. **A prova do direito tributário.** 1ª Ed. São Paulo: Noeses, 2006.

Reitera-se a ideia de que as cortes estão no centro do sistema acaba por permitir que um tratamento adequado, mais próximo do isolamento de irritações/imparcialidade necessários à independência das cortes, seja possível.

Isto ocorre, pois, estruturalmente, as cortes decidem qual o código aplicável através de seus programas e dão acesso ao uso do sistema político (para execução da sua decisão, coercibilidade exercida por este sistema) através das irritações recíprocas produzidas.

Ainda, recorda-se que a estrutura hierarquizada das cortes judiciais (que seguem as comunicações mais periféricas (normalmente NICs) ou aquele possível julgamento administrativo, mais externo que as cortes judiciais) faz com que a redundância na comunicação jurídica sirva para maior estabilização das expectativas normativas do sistema através da diferenciação temporal procedimento, sendo a decisão de uma corte superior substitutiva da inferior.

Com relação à segunda assertiva, a dos efeitos de uma irritação no sistema e a variabilidade de estruturas que possam recepcionar/qualificar uma irritação, quando surge uma irritação, ela aparece próxima à periferia ou em um local determinado pela estrutura primária receptora/criadora daquela irritação (interna ou externa).

Esta estrutura receptora/criadora da irritação dá o tratamento jurídico aquele problema, porém, outras estruturas aguardam a sua oportunidade de tratar aquela irritação, de maneira secundária.

Este é o caso, a exemplo, de uma irritação que gera um contrato e este é avaliado/(re)qualificado pelo direito tributário no seu ato administrativo de lançamento (e seu subsequente com seu processo administrativo e posterior CDA), em que uma estrutura serve como forma de tradução para o sistema jurídico da irritação e uma segunda verifica outras consequências jurídicas desta irritação e assim sucessivamente, o mesmo ocorrendo com a judicialização.

Obviamente, a irritação não é vista, nunca por nenhuma estrutura, mas o primeiro simulacro/programa produzido é pela estrutura primária, sendo, portanto atenuado o efeito da irritação em sua versão pela segunda estrutura e, assim, sucessivamente, até chegar ao centro do sistema com os cortes em sua quase imersão autista.

Logo, as cortes judiciais de maior hierarquia (e, portanto, mais ao centro do sistema jurídico) visualizam apenas as formas atenuadas das irritações processadas por outras estruturas do sistema.

Como conclusão parcial, tem-se que as estruturas interagem entre si quando uma irritação interna ao sistema é qualificada primariamente por uma estrutura próxima desta irritação, que serve como filtro para que uma outra estrutura redundante, às vezes, a requalifique, até chegar em um ponto máximo de estabilização que (re)criará uma nova comunicação que será recolocada na periferia, fora do campo de nova variabilidade, em um movimento de eco/reflexão destas comunicações originárias estabilizadas.

Finalmente, o sistema jurídico possui vários atores e correspondentes focos (geográficos) ejetores de normas, mas tem poucos representantes da categoria processo em sentido estrito, que seria aquele que possui um conjunto de princípios específicos como contraditório, ampla defesa e devido processo legal, uma forma qualificada de produção de programação jurídica.

Sob outro angulo, decisão é (re)positivação de norma primária dispositiva[20], após o uso de mecanismos que reabrem expectativas normativas não efetivadas.

As decisões judiciais ou decisões em sentido estrito (que são o termo final das expectativas normativas) somente ocorrem com o acesso à jurisdição estatal que permite o uso do sistema

---

[20]. Para a classificação entre normas primárias dispositivas e sancionadoras e normas secundárias: CARVALHO, Paulo de Barros. **Direito Tributário: linguagem e método**. 2ª edição. São Paulo: Noeses, 2008.

político para sua efetivação (coerção), sendo a forma de cumprir a certeza do direito (de decisão) que é permitida pela forma de fechamento operativo do direito, o citado princípio do *non liquet* (sempre existirá decisão quando o sistema for provocado), previsto no artigo 5º, XXXV da CF[21].

Esta produção normativa específica possui três espécies distintas: judicial, administrativa e arbitral[22], sendo as duas últimas formas de emulação da decisão judicial, vez que são ativados através de normas primárias sancionadoras e não normas secundárias.

Por conta disto, muitos autores determinam (incorretamente) que o processo administrativo não seria processo em sentido estrito, mas mero procedimento, pois vinculado a produção de um ato administrativo e, portanto, não deveria seguir os citados princípios constitucionais previstos no artigo 5º, LIV e LV, da CF [23].

Esta distinção entre processo e procedimento não é aceita[24], dado o fato que qualquer processo decisório realizado por terceira pessoa para produção de uma NIC é realizado seguindo uma série de passos ordenados para este fim, sendo processo nada mais que um conjunto de procedimentos.

---

21. XXXV – a lei não excluirá da apreciação do Poder Judiciário lesão ou ameaça a direito;

22. Para uma visão da arbitragem como estrutura decisional e adaptativa dentro do conjunto de premissas teóricas apresentadas: VITA, Jonathan Barros. Os conflitos entre as estruturas normativas nas arbitragens internacionais: uma análise sintática e sistêmica. **In Arbitragem internacional: UNIDROIT, CISG e direito brasileiro.** São Paulo: Quartier Latin, p. 51-78, 2010.

23. LIV – ninguém será privado da liberdade ou de seus bens sem o devido processo legal;

LV – aos litigantes, em processo judicial ou administrativo, e aos acusados em geral são assegurados o contraditório e ampla defesa, com os meios e recursos a ela inerentes;

24. De maneira mais aprofundada por este autor: VITA, Jonathan Barros. Análise normativa da retroatividade da lei mais favorável: uma análise do artigo 5, XL da Carta de 1988 e do artigo 106, II, c do CTN. **In O Processo na Constituição.** São Paulo: Ed. Quartier Latin, 2008, p. 344-361.

4. AS CONSEQUÊNCIAS DAS DIFERENÇAS ENTRE O POSICIONAMENTO DAS CORTES ADMINISTRATIVAS E JUDICIAIS NO SISTEMA JURÍDICO

Após a demonstração do posicionamento geográfico e da relação entre as comunicações judiciais e administrativas, este ponto servirá para elucidar as decorrências/impactos destes fatores na função e finalidade de cada um destes procedimentos e, ainda, quais convergências e aprendizados recíprocos podem existir entre estas esferas.

Iniciando o ponto, importante é dizer que o judiciário possui uma baixa sensibilidade a certos assuntos ou argumentos, pois é menos técnico do que a esfera administrativa, como no CADE e nos tribunais administrativos tributários.

Interessantemente, esta menor profundidade do judiciário pode ser comprovada (pragmaticamente) através da tendência do uso de *Law and Economics*, direito comparado e maior influência da contabilidade nos julgamentos fiscais.

Esta incapacidade de resposta técnica do judiciário vem, obviamente, de sua formação que não é voltada para estas disciplinas do conhecimento e faz com que, cada vez mais, os magistrados dependam de experts ou provas periciais no seu ato de decidir.

Secundariamente, é óbvio que as cortes administrativas, por estarem mais próximas à periferia, acabam possuindo uma maior potência na abertura cognitiva, com o uso de várias etapas de produção probatória ou, mesmo, com a possibilidade de baixar o processo para diligências.

Esta flexibilidade probatória existe, a exemplo, no artigo 83 do Regimento do TIT-SP (Decreto 54.486/2009)[25], que permite

---

25. Artigo 83 – As provas deverão ser apresentadas juntamente com o auto de infração e com a defesa, salvo por motivo de força maior ou fato superveniente (art. 19, *caput*, da Lei n. 13.457/2009).

várias etapas de produção de provas.

Diversamente, os processos judiciais pressupõem provas pré-constituídas (Mandado de Segurança) ou momentos mais ou menos rígidos para sua produção, proibindo sua produção em grau de apelação ou, mesmo, a análise de provas nos recursos especiais e extraordinários, como demonstrado.

A partir desta ideia, paralelamente, existe uma maior adaptabilidade dos procedimentos (regimentos internos) administrativos que estão sendo submetidos a alterações mais constantes e, pragmaticamente, tem sido mais flexibilizados (menor formalismo) em sua aplicação pelas cortes administrativas, o que vem permitindo uma melhor adaptação dos seus julgados ao caso concreto.

Mais ainda, a esfera administrativa tem tido, historicamente, uma maior capacidade (temporal) de resposta aos problemas tributários, inclusive pelo fato que exige-se um menor tempo no julgamento destes processos.

Esta constatação positiva em relação à esfera administrativa, entretanto, vem sendo acompanhada de um problema, o fato que as cortes administrativas utilizam-se da estrutura da administração pública e perdem objetividade no julgamento, estando mais próximas da periferia e abrindo-se para corrupção sistêmica.

Sob certo ângulo, o fato de que estas cortes são paritárias deveria torná-las mais imparciais, o que, entretanto, não vem ocorrendo, criando um abismo entre as posições dos julgadores indicados pela administração pública e aqueles indicados pelos contribuintes.

Abre-se parêntese para dizer que não se crê que a existência do voto de qualidade quebraria a isonomia dos julgamentos

---

Parágrafo único – Nas situações excepcionadas no "caput" deste artigo, que devem ser cabalmente demonstradas, será ouvida a parte contrária (art. 19, parágrafo único, da Lei n. 13.457/2009).

administrativos, pois, além do fato que os julgadores têm o dever de imparcialidade, ainda, este voto de desempate seria desnecessário.

Isto ocorreria, vez que, assim como no caso da declaração de constitucionalidade, o princípio seria o da presunção de constitucionalidade e, no caso concreto, da presunção de validade do ato administrativo, que não poderia ser afastada a não ser por maioria de votos, prevalecendo, portanto, no caso de empate, a validade/constitucionalidade do ato administrativo.

Retomando, de outro lado, teoricamente o judiciário estaria mais isolado das pressões do sistema político (administração pública), e teria mais independência no ato de decidir em relação à esfera administrativa, até mesmo pelo fato que os seus julgadores terem mais prerrogativas funcionais (inamovibilidade, irredutibilidade de vencimentos, entre outros) que o daquelas cortes.

Entretanto, isto não vem ocorrendo, provavelmente por que a lógica do sistema vem sendo alterada através de mecanismos como a repercussão geral, que incluíram novas argumentações (como relevância econômica – artigo 543-A, § 1º do CPC[26]) no repertório destes julgadores, permitindo esta forma de ponderação do ato de decidir.

Com isto, tem ocorrido uma convergência das cortes administrativas e judiciais para esta forma de argumentação como razão (quase não jurídica) de decidir especialmente em casos tributários.

---

26. Art. 543-A. O Supremo Tribunal Federal, em decisão irrecorrível, não conhecerá do recurso extraordinário, quando a questão constitucional nele versada não oferecer repercussão geral, nos termos deste artigo (Incluído pela Lei n. 11.418, de 2006).
§ 1º Para efeito da repercussão geral, será considerada a existência, ou não, de questões relevantes do ponto de vista econômico, político, social ou jurídico, que ultrapassem os interesses subjetivos da causa (Incluído pela Lei n. 11.418, de 2006).

Interessantemente, vários são os atuais casos de convergência (material) existentes entre a esfera administrativa e aquela judicial, pois existe uma tendência de implementação de mecanismos para permitir que a primeira absorva os entendimentos consolidados na segunda.

Com isto, as cortes administrativas estão implementando (juridicamente) mecanismos de tração estrutural entre as decisões judiciais e aquelas administrativas, utilizando-se da porta aberta pelo princípio da eficiência administrativa do artigo 37, *caput* da CF[27].

Mais ainda, com este alinhamento interpretativo entre estas instâncias, permite-se uma dupla (re)estabilização do sistema jurídico, evitando maiores custos para a administração pública, judiciário e para as partes.

Exemplo disto é a suspensão dos processos ainda em fase de julgamento definitivo pelo STJ e STF, e a obrigatoriedade de que o CARF siga tais entendimentos conforme o artigo 62-A – Regimento Interno do CARF (Portaria 256, de 22/06/2009, alterada especificamente pela Portaria 586, de 21/12/2010)[28].

Como exemplo oposto, em algumas cortes administrativas como o CMT-SP, não há previsão para aplicação (compulsória)

---

27. Art. 37. A administração pública direta e indireta de qualquer dos Poderes da União, dos Estados, do Distrito Federal e dos Municípios obedecerá aos princípios de legalidade, impessoalidade, moralidade, publicidade e eficiência e, também, ao seguinte: (...) (Redação dada pela Emenda Constitucional n. 19, de 1998).

28. Art. 62-A. As decisões definitivas de mérito, proferidas pelo Supremo Tribunal Federal e pelo Superior Tribunal de Justiça em matéria infraconstitucional, na sistemática prevista pelos artigos 543-B e 543-C da Lei n. 5.869, de 11 de janeiro de 1973, Código de Processo Civil, deverão ser reproduzidas pelos conselheiros no julgamento dos recursos no âmbito do CARF.

§ 1º Ficarão sobrestados os julgamentos dos recursos sempre que o STF também sobrestar o julgamento dos recursos extraordinários da mesma matéria, até que seja proferida decisão nos termos do art. 543-B.

§ 2º O sobrestamento de que trata o § 1º será feito de ofício pelo relator ou por provocação das partes.

de entendimentos solidificados nos tribunais superiores ou, mesmo, dos julgamentos em repercussão geral, recursos repetitivos e súmulas vinculantes.

Como interessante caso que se relaciona com a matéria mencionada, cita-se que, nos debates do julgamento pelo STJ do Resp 1.148.820, este tribunal indiretamente reconheceu a tendência de julgamentos pró-fisco nas cortes administrativas e utilizou isto como razão de decidir.

É dizer, no caso concreto, não houve uma análise aprofundada do caso, pois houve a menção de que vários eram os precedentes do CARF favoráveis aos contribuintes e que aqueles que se socorreram do judiciário não poderiam ser prejudicados em detrimento daqueles que seguiram apenas a esfera administrativa.

Em um terceiro ângulo de interação/diálogo entre a esfera administrativa e judicial, não se olvida que há previsão, em vários dos regimentos internos das cortes administrativas como no artigo 523 do Decreto 52.703/2011 (Consolidação da Legislação Tributária Municipal de São Paulo)[29], que o acesso ao judiciário faria preclusão em relação à esfera administrativa, impedindo a discussão paralela nas duas vias.

Prosseguindo, esta interação, apesar de ser muito benéfica, poderia ser mais bem implementada, pois se tem a inexistência atual de regimento de corte administrativa que permita a discussão sobre a constitucionalidade de leis, exceto quando já houver decisão do STF em ADIN ou com o dispensável (após o julgamento do HC 82.949 e da criação dos mecanismos já citados de generalização/verticalização de julgados) decreto legislativo.

Da mesma forma, desconhece-se processo administrativo que tenha mecanismos claros e abertos para julgamentos

---

29. Art. 519. A propositura, pelo sujeito passivo, de qualquer ação ou medida judicial relativa aos fatos ou aos atos administrativos de exigência do crédito tributário importa renúncia ao poder de recorrer na esfera administrativa e desistência do recurso acaso interposto (art. 35 da Lei n. 14.107, de 12/12/05).

(uniformizados) sob forma semelhante à repercussão geral ou aos recursos repetitivos permitindo, a exemplo, *amicus curiae* e uma correta seleção de precedentes.

Deixa-se claro que, apesar da existência de criação de súmulas e julgamentos de recursos em Câmaras Superiores nas citadas cortes administrativas, os legitimados para requerer os mesmos são extremamente restritos e seu procedimento não é tão sofisticado quando os citados acima.

Finalmente, como decorrência (lógica) da aplicação dos fundamentos teóricos estabelecidos nos itens anteriores, vários paradoxos e falsas constatações foram explorados, demonstrando o porquê das diferenças entre as dinâmicas judicial e administrativa no trato com a matéria tributária e que consequências/convergências podem ser criadas para aprimorar ambos estes processos.

Estas convergências devem ser (re)criadas, pois está em curso um processo de judicialização dos conflitos tributários, transformando, cada vez mais, a esfera administrativa em uma quase instância anterior ao processo judicial, algo que não deveria ocorrer dadas as peculiaridades e finalidades distintas dos mesmos.

Com esta mudança de posicionamento, permite-se que que as decisões de uma ou de outra sejam efetivamente implementadas e reciprocamente consideradas, aumentando a eficiência do sistema jurídico como um todo.

Logo, sinteticamente, deve ocorrer um aprendizado entre estas duas formas decisionais, para que os processos administrativos passem a melhor operar com regras procedimentais e principiológicas e, de outro lado, os processos judiciais adquiram maior tecnicidade em suas decisões, garantindo uma consistência e maior estabilidade do sistema jurídico.

5. CONCLUSÕES

1. Sistemas de referência distintos podem ser (re)coordenados para multifacetar um dado de mundo, sendo, neste sentido,

compatíveis o Constructivismo Lógico-Semântico, Teoria dos Sistemas e *Law and Economics*.

2. Sob o ponto de vista jurídico, tanto o processo administrativo como aquele judicial são legitimados pelo procedimento (materialmente) por conta do contraditório, ampla defesa e devido processo legal.

3. As cortes judiciais estão localizadas no centro do sistema jurídico e aquelas administrativas estão localizadas mais próximas à periferia, sendo aquelas, portanto, menos susceptíveis às irritações do ambiente que influenciam o ato de decidir.

4. O processo administrativo possui uma maior capacidade de resposta material aos problemas apresentados nesta instância por ser mais técnico e, ainda, permitir maior profundidade na análise das provas.

5. De outro lado, a procedimentalização e repertórios (jurídicos e principiológicos) judiciais são muito mais sofisticados e estas cortes possuem uma maior independência no ato de julgar.

6. Há a necessidade de convergência entre estes dois procedimentos, perfazendo um aprendizado recíproco do ponto de vista funcional e alinhamento entre suas decisões.

7. Com isto, maximiza-se a eficiência do sistema jurídico e permite-se uma (re)estabilização do mesmo de maneira mais célere, evitando o (re)surgimento de variabilidades indesejadas no sistema.

O PRINCÍPIO DA AMPLA DEFESA NA APRECIAÇÃO DO RECURSO DE OFÍCIO

LUIZ ROBERTO DOMINGO

Advogado, Parecerista, Especialista e Mestre em Direito Tributário pela PUC/SP, Prof. dos Cursos de Especialização em Direito Tributário da COGEAE/PUC-SP, USP, FAAP, IBET, APET, Faculdade São Bernardo do Campo, Vice-Presidente da 1ª Turma, 1ª Câmara, 3ª Seção do CARF.

Ainda que não caiba originariamente ao Poder Executivo a função de julgar, é inegável que a Constituição Federal, em especial no art. 5º, estabelece princípios e prerrogativas para os administrados referentes ao direito de petição, ao devido processo legal, à ampla defesa e ao contraditório, a partir do que, é possível inferir que administração está obrigada a criar estruturas para atender aos reclamos dos administrados, em face dos atos que lhes venham atingir direitos.

A atividade secundária judicante da administração instaura-se sob o pressuposto do sempre conveniente procedimento de revisão de seus próprios atos (controle), mas tem como mola propulsora a insurgência do administrado em face da atividade revelada pelo ato administrativo que constitui a relação jurídica entre a administração e o administrado.

O direito de petição consagrado na Constituição Federal é origem da necessária atividade de controle, enquanto instrumento de reclamo do administrado em face da administração, para que esta enfrente a tese apresentada, ponderando acerca da regularidade do ato, da adequada interpretação dos fatos e/ou adequada interpretação dos enunciados prescritivos aplicados.

Na perspectiva de que a Constituição impõe à administração pública a criação de estruturas para a aparente solução de controvérsias, verifica-se que, na verdade, trata-se de um procedimento de controle com características judicantes, o que não exclui a função originária do Poder Judiciário a quem se conferiu a universalidade da jurisdição conforme disposto na própria Constituição, art. 5º, XXXV: a lei não excluirá da apreciação do Poder Judiciário lesão ou ameaça a direito.

Assim, os processos administrativos são nominalmente reconhecidos pela Constituição como elementos que compõem o plexo de atividades do Poder Executivo – administração pública – e, necessariamente, devem garantir a consecução dos princípios constitucionais, tal qual ocorre nas lides submetidas ao Poder Judiciário.

É sempre bom lembrar que a finalidade do processo administrativo está atrelada à aplicação do princípio da informalidade ou princípio do informalismo, conforme ensina Hely Lopes Meirelles:

> *"O princípio do informalismo dispensa ritos sacramentados e formas rígidas para o processo administrativo, principalmente para os atos a cargo do particular. Bastam as formalidades estritamente necessárias à obtenção da certeza jurídica e à segurança procedimental. Garrido Lembra com oportunidade que este princípio é de ser aplicado com espírito de benignidade e sempre em benefício do administrado, para que, por defeito de forma, não se rejeitem atos de defesa e recursos mal qualificados. Realmente, o processo administrativo deve ser simples, despido de exigências formais excessivas, tanto mais que a defesa pode ficar a cargo do*

CONTENCIOSO ADMINISTRATIVO TRIBUTÁRIO

próprio administrado, nem sempre familiarizado com os meandros processuais."[1]

Dentre os diversos processos administrativos imprescindíveis à atuação do Poder Público, podemos identificar aqueles relativos à imposição de penalidades e aqueles relativos à exigência tributária, para os quais se requer o contraditório, a ampla defesa e a observância do devido processo legal, como nos ensina Hely Lopes Meirelles[2].

O Processo Administrativo Fiscal, disciplinado pelo Decreto 70.235/72, tem como objeto a revisão do ato administrativo de lançamento, por instâncias judicantes administrativas, monocráticas ou colegiadas, com o fim de verificar a correta aplicação da norma jurídica tributária ao fato jurídico devidamente descrito pela autoridade exatora. Deste modo, na conclusão do processo espera-se de haja adequada confirmação do ato ou revisão do lançamento prestigiando o princípio da estrita legalidade.

Inobstante o Decreto n. 70.235/72 incluir parte da fase inquisitória, pertinente ao ato administrativo de lançamento, como inerente ao processo, entendemos que a relação processual somente é estabelecida no exato instante que o contribuinte se insurge, formalmente, contra a exigência, ou seja, no momento definido pelo art. 14, que dispõe sobre os efeitos da impugnação: "a impugnação da exigência instaura a fase litigiosa do procedimento".

Tenho entendido que a impugnação é, em verdade, o início do processo, uma vez que, até então o ato administrativo de lançamento, constitui procedimento obrigatório e vinculado da autoridade administrativa, nos termos do art. 142 e seu parágrafo único do Código Tributário Nacional.

---

1. MEIRELLES, Hely Lopes. *Direito Administrativo Brasileiro*. 21ª edição. São Paulo, Malheiros, 2000.
2. MEIRELLES, Hely Lopes. Op. cit., p. 637.

É pela impugnação que se apresenta a manifestação de vontade – resistência à pretensão fiscal – que instaura para o Fisco o dever de responder, ou seja, instaura-se o conflito de interesses objeto da apreciação e decisão tendente à confirmação ou revisão do ato administrativo.

Delimita-se na impugnação o objeto do "processo" por meio das diversas alegações apresentadas pelo contribuinte, não havendo mais que falar-se em procedimento.

Aliás, Hely Lopes Meirelles, nos ensina importante lição sobre a distinção entre processo e procedimento ao definir que *"processo é o conjunto de atos coordenados para obtenção de decisão sobre uma controvérsia no âmbito judicial ou administrativo; procedimento é modo de realização do processo, ou seja, rito processual"*[3], conferindo, assim, ao processo, o conteúdo material e, ao procedimento, o conteúdo formal, de modo que não caberia no âmbito do processo, fatos e atos que antecedem à instauração do processo.

Ocorre que o ato administrativo de lançamento é o objeto da revisão, pela administração, provocada pelo administrado.

Assim o processo traz em si o conceito teleológico (revisão) e o procedimento um conceito formal, sendo que, referindo-se ao primeiro, verifica-se o conjunto de atos que tem por fim essencial chegar ao comando de um determinado ato de revisão (jurisdicional), e, referindo-se ao segundo, verifica-se que prescinde de um fim que a sequência de atos pode implicar, e se indica tão somente o aspecto externo de que existe uma série de ato que se desenvolvem progressivamente[4].

---

3. MEIRELLES, Hely Lopes. Op. cit., p. 614.
4. Outros autores abordaram de forma diferente os conceitos de processo e procedimento. Antonio da Silva Cabral abordou a matéria da seguinte forma: "Processo é, hoje, uma sucessão ordenada e cronológica de atos e fatos com o fim de se chegar à decisão final, para se ater ao aspecto essencial, que é a relação jurídica processual estabelecida entre as partes e o, julgador com a finalidade de se aplicar a lei a determinado caso concreto. Processo e procedimento.

Assim, inobstante à divisão teórica entre procedimento e processo, é certo que os procedimentos instaurados na fase inquisitória que antecederam ao lançamento e o próprio lançamento são elementos informadores da identificação e interpretação do fato que desencadeou a aplicação da norma jurídica pela autoridade lançadora. Revelam-se imprescindíveis para o pleno conhecimento dos elementos do ato administrativo.

Processo em sentido estrito difere de *procedimento*, já que este é apenas um método para que se alcance a finalidade, que é a obtenção da justiça. Procedimento, conforme o próprio nome indica, é a maneira de agir, a maneira pela qual se prossegue, a maneira de se atuar no processo. Procedimento é ainda a própria atuação, é a ação desenvolvida para a obtenção de uma finalidade, de acordo com uma sucessão de atos, no tempo, de forma preestabelecida. Enquanto o processo aponta, de forma prática, para uma série de atos a serem postos, no tem o forma sequencial, o procedimento é a própria ação, dinâmica desses atos, é a própria exteriorização dos atos e termos do processo. O processo supõe, repita-se, uma *ordem* no tempo e no espaço, enquanto o procedimento é *ação*, é essa própria ordem exercida num tempo e num espaço determinados."

Alberto Xavier, por sua vez, assim leciona:

"Processo administrativo não é, pois, logicamente concebível como um só ato, mas como uma verdadeira s são – uma sucessão de atos e fatos. A sucessão é precisamente a característica própria da conexão processual: os atos e fatos que se integram no processo são 'atos de seqüência, por contraposição aos 'atos de massa', no se do de serem condição da prática de futuros e consegue dos anteriores, de tal modo que fora da série processual têm significado jurídico. Este nexo de sucessão que prende os vários elementos do processo, é, de resto, claramente afirmado pelo artigo 248 do Código de Processo Civil, ao estabelecer que 'anulado o ato, reputam-se de nenhum efeito todos os subsequentes, que dele dependam'. Consideramos uma fase do processo o conjunto de formalidades que desempenham relativamente ao ato administrativo final uma função homogênea. Partindo desta noção podem descobrir-se no processo administrativo, idealmente cinco fases: uma fase inicial ou introdutiva, uma fase instrutória, a fase da decisão, uma fase complementar e uma fase de impugnação. Destas cinco fases, apenas a introdutiva e a da decisão são necessárias; as outras são de verificação puramente eventual, mesmo nos tipos processuais abstratamente considerados. *Na fase da decisão* enquadram-se as formalidades respeitantes ao funcionamento dos órgãos colegiais, como as que fixam a ordem a seguir na votação e as formalidades respeitantes à forma, ou seja, à expressão da vontade do órgão ou agente, como a redução a escrito, a transcrição na ata e outras. Com a decisão encerra-se normalmente o processo administrativo gracioso...".

Instaurado o processo com a apresentação da impugnação pelo contribuinte a administração assume, no âmbito da revisão, nítida função judicante. Ou seja, além da função administrativa propriamente dita, denominada por Rubens Gomes de Sousa como administração "ativa", apresenta-se outro tipo de atuação exercida pela Administração Pública, em contraste a esta, que o autor nomeia de administração "judicante".

> "A administração ativa tem por objeto a atuação concreta da vontade do Estado declarada abstratamente na lei.
>
> ...
>
> Não visa fazer justiça nem declarar direitos, senão apenas efetivar coativamente a realização de uma função administrativamente regrada ou discricionária.
>
> A administração judicante, ao contrário, tem por objeto solucionar, conforme o direito, as controvérsias surgidas com os administrados em consequência do funcionamento da administração ativa."[5].

Assim, percebe-se que há pontos fundamentais de divergência entre as funções: (i) a administração ativa age no âmbito da aplicação da lei vertendo a norma geral e abstrata em norma individual e concreta; (ii) a administração judicante age na solução de conflitos decorrentes do ato de aplicação da norma, ou seja, visa os interesses da ordem jurídica, estando, consequentemente, voltada para o restabelecimento da plenitude desta, mediante solução de controvérsias originadas da insurgência do administrado em face da aplicação do direito entendido pela administração ativa.

A função judicante caracteriza-se, primordialmente, pela necessidade de solucionar uma situação de conflito instaurada pelo particular, que, valendo-se da existência do procedimento

---

5. Revisão Judicial dos Atos Administrativos em Matéria Tributária por Iniciativa da própria Administração. *Revista de Direito Administrativo*, vol. 29, p. 441.

e do direito de petição frente à administração, opõe resistência à pretensão estatal, mediante o exercício de seu direito de defesa.

É de notar-se, que, ainda que se identifique o processo administrativo como um sistema de controle interno da atividade da própria administração tributaria, vale dizer, um controle da legalidade e legitimidade dos atos praticados na atividade-fim de fiscalização, a atividade judicante está inserida no primado do direito de petição, subsidiado pelos princípios da ampla defesa, do contraditório e do devido processo legal.

Ocorre que ao fazer a verificação ou revisão de seus próprios atos, "auxiliada" pela impugnação do contribuinte, a administração passa a exercer a função de dizer o direito, de avaliar o ato e declinar quanto a correta interpretação e aplicação da norma, resolvendo a situação de conflito entre os efeitos da expedição do ato administrativo e os interesses do contribuinte, constituindo definitivamente a norma individual e concreta.

A função judicante da administração pública, apesar das limitações inerentes à coincidência entre o polo ativo processual e órgão julgador, constitui função jurisdicional, para a própria administração, pois torna definitiva para sua atuação a decisão individual e concreta que profere.

Pois bem. Tendo por inexorável a atividade judicante pela administração pública e, em especial, pela administração tributária, é imprescindível que sejam atendidos os princípios constitucionais atinentes ao devido processo legal, ao contraditório e à ampla defesa, com os meios e recursos a ela inerentes.

Entendo que os princípios gerais de direito e constitucionais direcionam o espírito do intérprete ao traço finalístico das normas, sendo relevantes não só para garantir direitos essenciais à pessoa, mas, também, reafirmar a axiologia das normas segundo os padrões sociais vigentes a cada instante da evolução da própria sociedade. Muitas vezes, no entanto, o legislador opta por declará-los expressamente, com o fim de que não reste dúvida de sua existência, deixando ao intérprete a extensão do conteúdo e alcance de cada princípio. Isso ocorre com o princípio do devido processo legal expresso na constituição federal, art. 5º, inciso LIV, que dispõe:

> LIV – ninguém será privado da liberdade ou de seus bens sem o devido processo legal.

O princípio do devido processo legal, traz em si o princípio da estrita legalidade, seja em face da norma que viabilize a privação, seja o processo que vier a implementar. Para tanto as regras do "jogo" devem ser claras e objetivas, conferindo ao administrado o direito ao contraditório e à ampla defesa.

Requer-se do devido processo legal a coerência dos processos com os seus resultados e o atendimento de pressupostos necessários a garantir que o Estado de Direito se revele pelo processo e sua conclusão. Isso porque bens juridicamente tutelados como são a liberdade e o patrimônio, não podem ficar a mercê da subjetividade exclusiva daqueles que conduzem os processos e só podem ser afetados se e quando há harmonia entre a decisão e o sistema. Equívocos acontecem, inexoravelmente, mas quanto mais relevância for dada ao devido processo legal, através da garantia da ampla defesa, do contraditório, à prévia determinação da competência e ao direito a uma decisão fundamentada[6], maior será a eficácia do sistema e mais afastado estará o arbítrio.

Em matéria tributária o princípio do devido processo legal adquire contornos específicos, de relevante importância na relação fisco/contribuinte, considerando-se que o poder administrativo no exercício da atividade cria limitações patrimoniais, impondo-se a observância de suas fronteiras, a fim de ensejar ao administrado o respeito aos direitos constitucionais que lhe foram assegurados.

---

6. *Processo Administrativo Fiscal Federal Comentado.*

Inerente ao princípio do devido processo legal estão os princípios do contraditório e da ampla defesa trazidos pelo art. 5º, inciso LV:

> LV – *aos litigantes, em processo judicial ou administrativo, e aos acusados em geral são assegurados o contraditório e ampla defesa, com os meios e recursos a ela inerentes;*

O contraditório se concretiza pela possibilidade de insurgir-se contra o ato e de obter plena e motivada resposta do quê reclamado. É forma de assegurar a ampla defesa. O contraditório está atrelado inexoravelmente ao procedimento, à possibilidade de conhecer da acusação, seus fundamentos e motivações, bem como, à possibilidade de contra ela se insurgir. Pode-se dizer que o contraditório é veículo que ampara a ampla defesa. Tudo de relevante que é praticado no processo por uma das partes deve ser do conhecimento da parte contrária facilitando a manifestação; é dar a mesma oportunidade de manifestação às partes. Sobre as provas acarreadas ao processo por uma das partes a outra deve ser ouvida.

Isso porque a ampla defesa, por ser ampla não aceita restrições, facultando ao acusado o direito de, conhecendo da acusação e dos elementos de fato e de direito que a motivaram, rebatê-la, insurgindo-se contra todo e qualquer elemento constitutivo da acusação seja ele formal do ato ou material da acusação, contra argumentos, interpretações dos fatos ou do direito, provas e conclusões.

Mas curioso notar que o princípio da ampla defesa congrega o princípio do duplo grau de jurisdição, ou seja, o direito de o acusado ter o seu pleito seja apreciado em segunda instância de julgamento, ou seja, que a decisão que apreciou a impugnação possa ser objeto de nova apreciação.

A acepção do termo "recursos" no dispositivo constitucional indica o instrumento de acesso ao segundo grau de jurisdição. Recorrer é, essencialmente, pleitear em instância superior a reforma de decisão exarada pelo juízo *a quo* ou a manifestação sobre fato ou direito que a decisão deveria manifestar-se e omitiu-se. O termo "recurso" implica oferecer a oportunidade de nova apreciação de suas alegações para emendar ou modificar a decisão *a quo*.

Entendo não ser coerente a interpretação do vocábulo "recurso", contido no art. 5º, inciso LV, para restringir o âmbito de sua aplicação aos meros meios de consecução da ampla defesa, uma vez que para tais instrumentos (meios) a constituição foi expressa no mesmo dispositivo. Há de ser interpretado como instrumento devolutivo da apreciação da decisão, instrumento da ampla defesa (não meio).

Pois bem, o sistema estabelecido para o contencioso administrativo tributário federal estava alicerçado no Decreto n. 70.235/72, subsidiado pela Lei n. 9.784/99 e continha previsões expressas de garantia ao duplo grau de jurisdição conferido ao contribuinte que, insatisfeito com a decisão de primeiro grau, no âmbito federal exarada pelas Delegacias da Receita Federal do Brasil de Julgamento, tem a possibilidade de apresentar recurso voluntário ao então Conselho de Contribuintes do Ministério da Fazenda:

> *Decreto n. 70.235/72*
>
> *SEÇÃO VI*
>
> *Do Julgamento em Primeira Instância*
>
> *Art. 33. Da decisão caberá recurso voluntário, total ou parcial, com efeito suspensivo, dentro dos trinta dias seguintes à ciência da decisão.*
>
> *Art. 34. A autoridade de primeira instância recorrerá de ofício sempre que a decisão:*
>
> *I – exonerar o sujeito passivo do pagamento de tributo ou de multa de valor originário, não corrigido monetariamente, superior a vinte vezes o maior salário mínimo vigente no País;*
>
> *I – exonerar o sujeito passivo do pagamento de tributo e encargos de multa de valor total (lançamento principal e decorrentes) a ser fixado em ato do Ministro de Estado da Fazenda.*

> *II – deixar de aplicar pena de perda de mercadorias ou outros bens cominada à infração denunciada na formalização da exigência.*
>
> *§ 1º O recurso será interposto mediante declaração na própria decisão.*
>
> *§ 2º Não sendo interposto o recurso, o servidor que verificar o fato representará à autoridade julgadora, por intermédio de seu chefe imediato, no sentido de que seja observada aquela formalidade.*

De outro lado, caso a decisão de primeira instância fosse favorável ao contribuinte, exonerando-o do pagamento do crédito tributário constituído ou afastando a aplicação de pena de perdimento, a autoridade julgadora está obrigada a recorrer de ofício ao antigo Conselho de Contribuintes, ficando o prazo para interposição de recurso voluntário pelo contribuinte, em relação à parte favorável, prorrogado para momento posterior ao julgamento, pelo Conselho, do recurso de ofício, se e quando revertida a exoneração.

Esse procedimento confirma: (i) o princípio do duplo grau de jurisdição, uma vez que, nem sempre, a decisão que dá provimento à impugnação, precisa analisar todos os argumentos trazidos pelo contribuinte para afastar a tributação; (ii) o princípio do direito de ação correlacionado ao interesse de agir, isso porque, a parte vencedora no processo, a princípio não tem interesse de agir para ingresso de recurso para instância *ad quem*; e (iii) o sistema de revisão dos próprios atos da administração em relação ao ato administrativo de lançamento, ao ato administrativo judicante que exonerou o contribuinte e ao ato administrativo judicante que reverteu a exoneração.

Ocorre que com o advento da Lei n. 11.941/2009, decorrente conversão da Medida Provisória n. 449/2008, foi revogado o dispositivo que previa o Recurso Voluntário, à Câmara Superior de Recursos Fiscais, contra decisão do Conselho de Contribuintes que dá provimento ao recurso de ofício do órgão julgador de primeira instância.

O artigo 25 da Lei n. 11.941/2009, deu nova redação ao artigo 37 do Decreto n. 70.235/72, conforme segue:

> Art. 37. O julgamento no Conselho Administrativo de Recursos Fiscais far-se-á conforme dispuser o regimento interno.
>
> ....
>
> § 2º Caberá recurso especial à Câmara Superior de Recursos Fiscais, no prazo de 15 (quinze) dias da ciência do acórdão ao interessado:
>
> I – (VETADO)
>
> II – de decisão que der à lei tributária interpretação divergente da que lhe tenha dado outra Câmara, turma de Câmara, turma especial ou a própria Câmara Superior de Recursos Fiscais.
>
> § 3º (VETADO)
>
> I – (revogado);
>
> II – (revogado). (NR)

É evidente que o recurso de ofício, por sua característica intrínseca, tal qual ocorre no processo judicial, devolve integralmente a matéria impugnada para o órgão judicante *ad quem*. Contudo no âmbito administrativo, onde as provas são elementos fundamentais para interpretação da incidência da norma tributária, muitas vezes, acabam não sendo submetidas ao duplo grau de jurisdição.

Nesse diapasão é que retomo a tônica que orienta o processo administrativo fiscal: a revisão, provocada pelo administrado, dos atos da própria administração.

Trago um exemplo para configurar a situação analisada. Imaginemos um auto de infração aduaneiro em que a fiscalização tributária configura situação de interposição fraudulenta em operações de importação, sendo que, para aplicação da multa decorrente da conversão de pena de perdimento[7],

---

7. Art. 23, do Decreto-lei n. 1.455 de 07/04/1976:

promove investigação probatória que resulta na alteração do valor aduaneiro praticado[8]. Na impugnação o contribuinte traz

---

Art 23. Consideram-se dano ao Erário as infrações relativas às mercadorias:
I – importadas, ao desamparo de guia de importação ou documento de efeito equivalente, quando a sua emissão estiver vedada ou suspensa na forma da legislação específica em vigor;
II – importadas e que forem consideradas abandonadas pelo decurso do prazo de permanência em recintos alfandegados nas seguintes condições:
a) 90 (noventa) dias após a descarga, sem que tenha sido iniciado o seu despacho; ou
b) 60 (sessenta) dias da data da interrupção do despacho por ação ou omissão do importador ou seu representante; ou
c) 60 (sessenta) dias da data da notificação a que se refere o artigo 56 do Decreto-lei n. 37, de 18 de novembro de 1966, nos casos previstos no artigo 55 do mesmo Decreto-lei; ou
d) 45 (quarenta e cinco) dias após esgotar-se o prazo fixado para permanência em entreposto aduaneiro ou recinto alfandegado situado na zona secundária.
III – trazidas do exterior como bagagem, acompanhada ou desacompanhada e que permanecerem nos recintos alfandegados por prazo superior a 45 (quarenta e cinco) dias, sem que o passageiro inicie a promoção, do seu desembaraço;
IV – enquadradas nas hipóteses previstas nas alíneas " a " e " b " do parágrafo único do artigo 104 e nos incisos I a XIX do artigo 105, do Decreto-lei n. 37, de 18 de novembro de 1966.
V – estrangeiras ou nacionais, na importação ou na exportação, na hipótese de ocultação do sujeito passivo, do real vendedor, comprador ou de responsável pela operação, mediante fraude ou simulação, inclusive a interposição fraudulenta de terceiros.
VI – (Vide Medida Provisória n: 320, 2006)
§ 1º O dano ao erário decorrente das infrações previstas no caput deste artigo será punido com a pena de perdimento das mercadorias.
§ 2º Presume-se interposição fraudulenta na operação de comércio exterior a não-comprovação da origem, disponibilidade e transferência dos recursos empregados.
§ 3º As infrações previstas no caput serão punidas com multa equivalente ao valor aduaneiro da mercadoria, na importação, ou ao preço constante da respectiva nota fiscal ou documento equivalente, na exportação, quando a mercadoria não for localizada, ou tiver sido consumida ou revendida, observados o rito e as competências estabelecidos no Decreto n: 70.235, de 6 de março de 1972.
§ 4º O disposto no § 3º não impede a apreensão da mercadoria nos casos previstos no inciso I ou quando for proibida sua importação, consumo ou circulação no território nacional.
8. Acordo Sobre a Implementação do Artigo VII do GATT (Acordo de Valoração Aduaneira ou, simplesmente, AVA-GATT), aprovado pelo Decreto Legislativo n: 30/94 e promulgado pelo Decreto Executivo n: 1.355/94.

sólidos argumentos contra a alegada interposição e contra a valoração aduaneira. Em decisão de primeira instância o órgão de julgamento entende que não houve a interposição, ficando prejudicada a aplicação da penalidade como um todo, sem necessidade de apreciar a valoração aduaneira, haja vista que o pressuposto do lançamento não foi acolhido. Submetido ao Conselho, o recurso de ofício é provido, sob entendimento de que houve a interposição. Em face do efeito devolutivo que abriga o recurso de ofício e o Conselho deverá apreciar os argumentos aduzidos e as provas colacionadas pelo contribuinte sobre a irregularidade da valoração aduaneira implementada pelo Fisco. Mesmo que ocorra essa apreciação, será certo que a matéria relativa ao tema da valoração não se submeterá ao duplo grau de jurisdição, pois ao julgar a impugnação o órgão de primeira instância limitou-se a apreciar matéria que antecede à avaliação da questão da valoração e não mais caberá apreciação pela Câmara Superior de Recursos Fiscais.

Creio haver evidente prejuízo ao administrado no que concerne à ampla defesa, ainda mais, por verificar que, atualmente, vigente a alteração do procedimento – com a extinção do recurso voluntário à Câmara Superior de Recursos Fiscais –, alguns conselheiros continuam julgando os recursos de ofício sem o necessário cuidado acerca do efeito devolutivo.

Ora, a matéria objeto do recurso de ofício não está limitada aos fundamentos e motivações explanadas na decisão recorrida como já ouvi de alguns, mas sim no objeto delimitado pela impugnação.

A competência da turma de julgamento do Conselho na apreciação do recurso de ofício deve transcender às questões ventiladas na decisão, estendendo-se para todos os pontos litigiosos trazidos na impugnação, sob pena de amesquinhar o princípio da ampla defesa, já mitigado em parte pela exclusão, em parte do duplo grau de jurisdição.

Outro ponto que entendo relevante para discussão cinge-se ao direito de petição, capacidade postulatória do contribuinte que, beneficiado pela decisão de primeira instância, em tese não teria um instrumento processual para manifestar-se na instância *ad quem*. O interesse de agir, que no procedimento vigente antes da edição da Lei n. 11.491/2009 encontrava-se postergado para depois da decisão do Conselho acerca do recurso de ofício, encontra-se agora presente no exato momento em que a decisão de primeira instância deixa de apreciar alguma matéria aduzida em face da prejudicialidade natural decorrente do provimento da insurgência.

Como haverá possibilidade de revisão na instância *ad quem*, o interesse de agir e o direito de petição permanecem presentes na remessa oficial. De modo que entendo, inclusive por conta do princípio da informalidade que rege o processo administrativo fiscal, que o contribuinte poderá apresentar petição, memoriais, fazer sustentação oral e manifestar-se plenamente, subsidiando a turma de julgamento na apreciação de toda matéria litigiosa e não apenas dos fundamentos da decisão recorrida.

No que pertine à prova, creio ser possível, em face do princípio da eventualidade que também está presente no processo administrativo, ratificar junto à turma de julgamento do Conselho Administrativo de Recursos Fiscais, que, caso seja provido o recurso de ofício, seja possibilitada a diligência requerida, elaboração de laudos, etc.

Portanto, ainda que não haja no procedimento previsão de instrumentos para atuação do contribuinte no âmbito do julgamento de recurso de ofício entendo que o princípio do informalismo garante o direito de petição pelo administrado, ratificando e complementando as razões de defesa que eventualmente não tenham sido objeto de apreciação pela decisão de primeira instância, inobstante tal julgamento tenha-lhe sido favorável.

É importante alertar que, com a alteração de procedimento, o âmbito da competência das turmas de julgamento do Conselho Administrativo de Recursos Fiscais, quando da apreciação de recursos de ofício, foi alterada, passando a contemplar toda a matéria objeto do litígio, muito além das razões e fundamentos da decisão recorrida.

A SIMULAÇÃO DO ESTABELECIMENTO PRESTADOR DO SERVIÇO

RAFAEL CORREIA FUSO
Advogado em São Paulo, Mestre em Direito Tributário pela PUC-SP, Conselheiro do Conselho Administrativo de Recursos Fiscais, Ex-Conselheiro do Conselho Municipal de Tributos do Município de São Paulo, Coordenador da Comissão de Contencioso Administrativo Tributário da OAB/SP e Professor de Cursos de Pós-Graduação em Direito Tributário da FAAP e ESA-OAB.

I. INTRODUÇÃO

O presente estudo objetiva analisar de forma pragmática a questão da constituição de estabelecimentos virtuais por contribuintes do Imposto sobre Serviços em Municípios onde oferecem benefícios fiscais, como a redução da base de cálculo, créditos presumidos, redução de alíquotas etc., que são meios atrativos de arrecadação, bem como a exigência do imposto sobre as operações de prestação de serviços realizadas por esses estabelecimentos pela municipalidade paulistana, com fundamento na simulação de estabelecimento.

Abordaremos a origem do problema, a constituição dos Autos de Infração, as provas analisadas pela fiscalização para a constituição do crédito tributário, as provas necessárias a serem trazidas no processo para afastar a acusação fiscal, as limitações para o julgamento dos recursos administrativos e o entendimento do Conselho Municipal de Tributos do Município de São Paulo sobre a matéria.

II. DA CONSTITUIÇÃO DE ESTABELECIMENTOS PRESTADORES DE SERVIÇOS EM MUNICÍPIOS QUE OFERECEM VANTAGENS FISCAIS

Alguns Municípios vêm ao longo dos anos oferecendo aos contribuintes do Imposto sobre Serviços benefícios fiscais, como a redução da base de cálculo do ISS, créditos presumidos, reduções de alíquotas etc., de forma que a carga tributária seja menor que em outros Municípios, formando-se uma verdadeira guerra fiscal entre esses entes políticos.

Sobre os incentivos fiscais, cumpre trazer as transcrições de Geraldo Ataliba e José Artur Lima Gonçalves[1]:

> "Os incentivos fiscais manifestam-se, assim, sob várias formas jurídicas, desde a forma imunitória até a de investimentos privilegiados, passando pelas isenções, alíquotas reduzidas, suspensão de impostos, manutenção de créditos, bonificações, créditos especiais – dentre eles os chamados creditos-prêmio – e outros tantos mecanismos, cujo fim último é, sempre, o de impulsionar ou atrair, os particulares para a prática das atividades que o Estado elege como prioritárias, tornando, por assim dizer, os particulares em participantes e colaboradores da concretização das metas postas como desejáveis ao desenvolvimento econômico e social por meio da adoção do comportamento ao qual são condicionados."

A preocupação desses Municípios que outorgam benefícios fiscais é apenas a arrecadação de tributos, sendo que na maioria

---

1. ATALIBA, Geraldo e GONÇALVES, José Artur Lima. Crédito-prêmio de IPI – Direito Adquirido – Recebimento em Dinheiro. *Revista de Direito Tributário vol. 55*, p. 167.

dos casos basta possuir o cadastro de contribuinte e apontar um endereço nas circunscrições do Município que se obtém autorização para recolher o ISS onde está o suposto estabelecimento prestador, não se exigindo qualquer estrutura física compatível ou apta à prestação do serviço.

Com esse atrativo, milhares de empresas estabelecidas no Município de São Paulo abriram suas filiais ou migraram para locais onde se concedem incentivos fiscais, objetivando a redução significativa da carga tributária nas prestações de serviços, passando de 2% a 5% para 0,25% a 1%.

Nesse estudo não se discute a legalidade ou constitucionalidade da concessão de benefícios fiscais pelos Municípios, haja vista que tal matéria é vista sob o ponto jurídico como um problema reservado aos Municípios que se sentirem prejudicados em relação à queda de arrecadação, podendo questionar se o benefício concedido encontra-se amparado na Lei Complementar n. 116/2003 e no disposto no artigo 88, incisos I e II, do Ato das Disposições Constitucionais Transitórias.

O ponto de investigação nesse trabalho é a origem da criação de estabelecimentos em outros Municípios, que oferecem vantagens fiscais, buscando reduzir a carga tributária a um mínimo que permite de certa forma a arrecadação do tributo e de outro lado sirva de atrativo para as empresas ali se instalarem.

É fato que milhares de empresas migraram suas estruturas físicas e funcionários para estabelecimentos constituídos em Municípios vizinhos à Capital de São Paulo, buscando a economia fiscal.

Nesses casos não vislumbramos nenhuma irregularidade jurídica quanto à referida migração, pelo contrário, se o estabelecimento prestador do serviço for constituído de fato e de direito nos Municípios com incentivos fiscais, utilizando-se de comprovada estrutura física e jurídica para tanto, consideramos válida essa disputa entre entes políticos que gozam de autonomia política e fiscal.

Nesse sentido, é o entendimento do Prof. José Eduardo Soares de Melo[2]:

> "A elasticidade na concessão de quaisquer incentivos fiscais não implica desrespeito, menoscabo, ou desprezo ao consagrado postulado da legalidade, significando peculiarmente que os princípios, critérios, e procedimentos norteadores desses benefícios (natureza financeira), não se revestem da mesma flexibilidade das normas fiscais (natureza tributária)."

O que não é válida é a criação de legislações locais que violam a Lei Complementar n. 116/2003 e a Carta Magna de 1988, bem como a constituição de estabelecimentos virtuais pelos contribuintes, onde buscam apenas realizar o faturamento e a emissão de notas fiscais de serviços prestados, enquanto sua estrutura de fato, a prestação do serviço encontra-se em outro Município.

Esses estabelecimentos denominados de "simulados" possuem, na maioria das vezes, apenas uma caixa postal e um contrato de locação de baixo valor, sem espaço físico compatível com a quantidade de funcionários para a realização da prestação de serviços, deixando, muitas vezes, de possuir e contabilizar despesas básicas de qualquer pessoa jurídica, como despesas com energia elétrica, telefone, água, provedor de internet etc.

De forma ainda mais amadora, essas empresas que simulam estabelecimentos acabam declarando na Relação Anual de Informações Sociais – RAIS nenhum ou muitos funcionários sem ter pelo menos espaço físico compatível para tanto.

Nesses casos, por razões lógicas, a fiscalização do Município vizinho que se sente prejudicado com a simulação do estabelecimento acaba considerando que as operações de prestação de serviços ocorreram em suas circunscrições, permitindo,

---

2. MELO, José Eduardo Soares de. *ISS – Aspectos Teóricos e Práticos*. 3ª Ed. São Paulo: Dialética, 2003, p. 185.

assim, com a reunião de outros indícios e provas da existência da prestação de serviços, imputar a cobrança do ISS ao estabelecimento simulador, desde que este possua alguma estrutura física estabelecida nesse Município que impõe o questionamento.

Note-se, com isso, a necessidade da existência de um binômio para a imputação da simulação e a exigência do ISS pelo ente político prejudicado: (i) a existência de indícios de estabelecimento simulado em outro Município; (ii) a existência de indícios de que a prestação do serviço ocorreu de fato pelo estabelecimento do mesmo contribuinte localizado no Município prejudicado.

Com isso, passemos a análise do conceito de simulação de estabelecimento.

III. DO CONCEITO DE SIMULAÇÃO DE ESTABELECIMENTO

Numa linguagem objetiva pode-se afirmar que há simulação de estabelecimento na prestação de serviço quando o contribuinte possui um local onde são exercidas, de modo permanente ou temporário, as atividades econômicas ou profissionais, utilizando-se, para tanto, de estrutura física e jurídica simulada, com o intuito de sonegar ou reduzir o pagamento de tributos.

O conceito de simulação trazido na Lei Complementar n. 104/2001, que incluiu o parágrafo único no artigo 116 do Código Tributário Nacional[3], aponta para os atos e negócios jurídicos praticados com a finalidade de dissimular a ocorrência de fato

---

3. "Art. 116. Salvo disposição de lei em contrário, considera-se ocorrido o fato gerador e existentes os seus efeitos. (...)
Parágrafo único. A autoridade administrativa poderá desconsiderar atos ou negócios jurídicos praticados com a finalidade de dissimular a ocorrência do fato gerador do tributo ou a natureza dos elementos constitutivos da obrigação tributária, observados os procedimentos a serem estabelecidos em lei ordinária." (Incluído pela Lcp n. 104, de 10.1.2001).

gerador do tributo ou a natureza dos elementos constitutivos da obrigação tributária.

A palavra "dissimular" apontada no texto legal é vista no contexto da prestação de serviço como uma ação do contribuinte em declarar que praticou a prestação de serviço por um estabelecimento constituído com o intuito de sonegar ou pagar menos tributo, enquanto a prestação do serviço fora realizado por outro, omitindo-se, como consequência de tal ato, a realização da efetiva prestação do serviço pelo estabelecimento que de fato praticou a operação.

Dessa forma, dá-se a impressão para todos os fins de direito de que a prestação de serviço fora realizada por um estabelecimento, enquanto de fato fora realizada por outro.

Não estamos nos referindo aqui aos estabelecimentos virtuais que surgiram com a internet, considerando os meios de acessibilidade.

A referência da virtualidade do estabelecimento está voltada à sua inexistência no mundo real, fundado na ausência da posse de estrutura física para a prestação do serviço, ainda que esse serviço seja prestado pela internet.

Vejamos as provas colhidas pela fiscalização com o intuito de afirmar a existência de simulação de estabelecimento.

IV. DAS PROVAS COLHIDAS PELOS AUDITORES FISCAIS PARA SE CONCLUIR PELA SIMULAÇÃO DO ESTABELECIMENTO

Outro ponto polêmico que é questionado em defesas administrativas interpostas em face de Autos de Infração é a questão da incompetência dos auditores fiscais em se deslocarem a Municípios vizinhos para constatar a inexistência de estabelecimento do prestador do serviço ou a existência de estabelecimento incompatível com a prestação do serviço declarado pelo contribuinte.

Tal procedimento é a base probatória da fiscalização para constatar a simulação de estabelecimento, permitindo, com isso, que o Município prejudicado avoque para si o ISS sobre a prestação de serviço.

Ao se fazer uma interpretação sistemática de regras, princípios, competência tributária, critérios espacial e pessoal da regra-matriz de incidência, que percorre os enunciados do *caput* do artigo 195[4] e artigo 102[5], ambos do Código Tributário Nacional, passando pela competência tributária dos Municípios nos termos do artigo 156 da Constituição Federal de 1988, para ao final atender o princípio da verdade material, contata-se que a limitação do direito do fisco examinar documentos fiscais, papéis, arquivos, ou mesmo se dirigir a Municípios vizinhos para certificar informações da existência ou não de estabelecimento simulador de prestação de serviços tem como elemento de conexão a prejudicialidade causada por um contribuinte que possui de fato um estabelecimento em um Município, porém um estabelecimento de direito simulador em outro Município.

Observe que se não houver esse elemento de conexão, a fiscalização não poderá realizar tamanha diligência, pois seria desprovida de sentido e repercussão jurídica em relação ao fato investigado.

Essa matéria inclusive foi analisada muitas vezes pelo Conselho Municipal de Tributos do Município de São Paulo. *In verbis:*

---

[4]. "Art. 195. Para os efeitos da legislação tributária, não têm aplicação quaisquer disposições legais excludentes ou limitativas do direito de examinar mercadorias, livros, arquivos, documentos, papéis e efeitos comerciais ou fiscais, dos comerciantes industriais ou produtores, ou da obrigação destes de exibi-los."

[5]. "Art. 102. A legislação tributária dos Estados, do Distrito Federal e dos Municípios vigora, no País, fora dos respectivos territórios, nos limites em que lhe reconheçam extraterritorialidade os convênios de que participem, ou do que disponham esta ou outras leis de normas gerais expedidas pela União."

"Afirma a Recorrente, em primeiro plano, que a diligência realizada em Poá é nula de pleno direito, pois não pode o Fisco paulistano sequer fazer intimações a estabelecimentos situados em outros Municípios.

O poder de fiscalização do Fisco paulistano, como o do Fisco de qualquer outro ente político municipal, vai até os limites de apuração de fatos (de prestação de serviços) que tenham conexão com o território paulistano.

Uma empresa pode exercer suas atividades em diversos Municípios, e até

mesmo em diversos países. Mas se essa empresa possui estabelecimento em São Paulo, apresenta forte elemento de conexão aqui, e, portanto, nada mais natural que a atividade fiscalizadora do Município de São Paulo atue nessa empresa como um todo, solicitando-lhe informações, ou mesmo visitando-a em outro Município, a fim de verificar se os serviços que ela presta e alega serem realizados todos a partir de um estabelecimento fora de São Paulo, de fato o são, ainda mais quando é incomparavelmente superior a estrutura do estabelecimento de São Paulo em relação àquele localizado em Poá.

O próprio Código Tributário Nacional prevê tal possibilidade de fiscalização, a partir do que dispõem seus artigos 102 e 195:

(...)

Aliás, seria muito ingênuo se admitir que uma empresa, possuindo estabelecimento num Município, negasse-se a apresentar ao Fisco documentos deste estabelecimento, com a simples alegação de que os serviços são prestados todos por outro estabelecimento, localizado noutro Município, sem apresentar provas a respeito.

Assim, basta, como já dito, que haja elemento de conexão que possibilite essa fiscalização." [6]

Nesse ínterim, as provas colacionadas pela fiscalização para constatar a simulação guarda critérios de legalidade, na

---

6. Acórdão proferido pelo Conselho Municipal de Tributos de São Paulo, nos autos do Processo Administrativo n. 2009-0.355.547-2, 3ª Câmara Julgadora, Relator Conselheiro José Alberto Oliveira Macedo, Julgado em 19/10/2010.

medida em que se constate efetivo prejuízo (elemento de conexão), sendo perfeitamente plausível para a constituição do crédito tributário a produção de provas, como a oitiva de pessoas devidamente identificadas que constatem a informação relacionada à simulação do estabelecimento, o registro em imagens do local simulado etc.

V. DA LAVRATURA DE AUTOS DE INFRAÇÃO, FUNDAMENTO DE VALIDADE E OS INDÍCIOS DE SIMULAÇÃO DE ESTABELECIMENTO

O fundamento da descaracterização do estabelecimento prestador de serviço em razão da simulação das atividades está contemplado no § único do artigo 116 do CTN.

A Lei Complementar n. 104/2001, que introduziu a redação dada ao parágrafo único do artigo 116 do CTN, apenas permite a desconsideração de atos ou negócios jurídicos com a finalidade de dissimular a ocorrência do fato gerador do tributo ou a natureza dos elementos constitutivos da obrigação tributária.

É fato que o legislador deixou de explicitar o que deve se entendido por dissimulação, deixando a tarefa aos intérpretes do direito, o que promove certa insegurança jurídica aos contribuintes.

Contudo, a regra que permite desconsiderar atos ou negócios jurídicos praticados com a finalidade de dissimular a ocorrência do fato gerador é válida, vigente, guarda características comuns com a regra do artigo 149, inciso VII[7], do CTN, sendo aplicada pela fiscalização com o intuito de desconsiderar operações com simulação de estabelecimentos prestadores de serviços.

---

7. "Art. 149. O lançamento é efetuado e revisto de ofício pela autoridade administrativa nos seguintes casos:
(...)
VII – quando se comprove que o sujeito passivo, ou terceiro em benefício daquele, agiu com dolo, fraude ou simulação;"

Já em relação ao fundamento de validade para a lavratura do Auto de Infração, o artigo 3º, *caput,* e artigo 4º, ambos da Lei Complementar n. 116/2003, bem como a Lei n. 13.701/2003 são as normas gerais e abstratas a serem utilizadas na imputação da exigência do ISS em razão do fato praticado pelo contribuinte quando da prestação de um serviço em um Município, utilizando-se de estabelecimento simulado em outro Município.

Quanto à multa a ser aplicada, essa no patamar de 100% sobre tais fatos, é fundamentada no artigo 13, inciso II, da Lei n.. 13.476/2002[8].

VI. DAS PROVAS NECESSÁRIAS PARA AFASTAR A ACUSAÇÃO FISCAL A SEREM JUNTADAS NA DEFESA

Diante da lavratura de auto de infração, os contribuintes possuem o direito de impugnar os lançamentos fiscais, objetivando o seu cancelamento, nos termos do artigo 11, inciso VI, da Lei n.. 14.107/2005[9].

Para tanto, deverá demonstrar através de seu petitório que possuía estabelecimento de fato e de direito em outro Município,

---

8. "Art. 13. Independentemente das medidas administrativas e judiciais cabíveis, iniciado o procedimento fiscal, a falta de recolhimento ou o recolhimento a menor do Imposto Sobre Serviços de Qualquer Natureza – ISS, pelo prestador do serviço ou responsável, nos prazos previstos em lei ou regulamento, implicará a aplicação, de ofício, das seguintes multas:
(...)
II – de 100% (cem por cento) do valor do Imposto devido e não pago, ou pago a menor, nos prazos previstos em lei ou regulamento, pelo prestador do serviço que:
a) simular que os serviços prestados por estabelecimento localizado no Município de São Paulo, inscrito ou não em cadastro fiscal de tributos mobiliários, tenha sido realizado por estabelecimento de outro município; (...)."
9. "Art. 11. O auto de infração será lavrado por Inspetor Fiscal e deverá conter:
VI – a determinação da exigência e intimação ao autuado para cumpri-la ou impugná-la, no prazo de 30 (trinta) dias;"

e que a prestação de serviço, nos termos do *caput* do artigo 3º da Lei Complementar n. 116/2003 ocorreu através do mesmo.

Não basta o contribuinte apresentar cópia do contrato ou estatuto social informando a abertura do estabelecimento no Município vizinho, a sua inscrição municipal, visto que tais provas, a despeito de serem necessárias, apenas confirmam a existência jurídica do estabelecimento prestador do serviço.

O contribuinte deverá comprovar a existência de fato do estabelecimento prestador. Como exemplo, deverá demonstrar em seus livros Razão Analítico e Diário a contabilização em campos próprios das despesas do estabelecimento prestador, como energia elétrica, água, telefone, gás, internet, condomínio, aluguel, entre outras despesas.

Dessa forma, se o contribuinte contabilizar as despesas do estabelecimento prestador nos referidos Livros, fará prova relevante para refutar a acusação fiscal.

As próprias contas de energia elétrica, telefone, condomínio, água, internet, aluguel e fotos do estabelecimento já permitem atestar a existência e a operacionalização das atividades da prestação dos serviços no Município.

Deverá ainda exibir o contrato de locação do estabelecimento, o pagamento dos alugueres e o pagamento do condomínio, reforçando, com isso, a tese da existência do estabelecimento prestador.

Os contratos firmados com clientes também são provas importantes, haja vista que identificam o local, a atividade a ser prestada e as condições da prestação dos serviços.

Por fim, outro ponto a ser levantado pelos contribuintes é o tipo de atividade desenvolvida pelo prestador do serviço. Dependendo da atividade, haverá ou não a necessidade de possuir determinada estrutura física.

É sabido que há determinadas atividades de prestação de serviços que mantém funcionários e contratados fora do estabelecimento prestador do serviço, o que não justificaria a manutenção de grandes estruturas físicas na prestação dos serviços.

Contudo, há também outras atividades em que o esforço humano interno no estabelecimento prestador é essencial, como os serviços de telemarketing, serviços gráficos etc.

Nesse sentido, a compatibilidade de espaço ocupado pela empresa versus a quantidade de funcionários informados na Relação Anual de Informações Sociais – RAIS deve guardar relação, para evitar questionamentos como elemento de prova e argumentação a ser levada à defesa administrativa.

VII. DO JULGAMENTO DA MATÉRIA PELO CONSELHO MUNICIPAL DE TRIBUTOS E SUAS LIMITAÇÕES

Quanto ao julgamento de recursos pelo Conselho Municipal de Tributos de São Paulo, constata-se costumeiramente nas peças apresentadas pelos contribuintes a discussão da ilegalidade ou inconstitucionalidade da exigência do tributo e da multa.

Cumpre ressaltar que esse tipo de matéria não é analisado pelo Conselho Municipal, haja vista que está fora do seu campo de competência, conforme prescreve o artigo 53, parágrafo único, da Lei n. 14.107/2005:

> "Art. 53. Compete ao Conselho Municipal de Tributos:
>
> Parágrafo único. Não compete ao Conselho Municipal de Tributos afastar a aplicação da legislação tributária por inconstitucionalidade ou ilegalidade."

Portanto, as teses de ilegalidade ou inconstitucionalidade de leis municipais que serviram de fundamento de validade para a constituição do crédito tributário devem ser levadas ao Poder Judiciário, órgão responsável pelo controle de legalidade e constitucionalidade das regras jurídicas.

Note-se que a limitação atribuída aos conselheiros do Conselho Municipal de Tributos se dá justamente para evitar conflito de competência entre os órgãos do Poder Executivo (Tribunais Administrativos) e do Poder Judiciário, sendo que as decisões judiciais prevalecem sobre as decisões administrativas, nos termos do artigo 5º, inciso XXXV[10], da CF/88.

Tal fato se comprova quando o contribuinte busca ao mesmo tempo a discussão da matéria objeto do lançamento fiscal junto ao Poder Judiciário e perante a Municipalidade. Essa medida implica na renúncia ao poder de recorrer na esfera administrativa e na desistência da Impugnação ou Recurso acaso tenha sido interposto, nos termos do artigo 35 da Lei n. 14.107/2005[11].

Assim, ou se discute a matéria no âmbito administrativo, e caso não se obtenha êxito na discussão o contribuinte poderá discutir o lançamento fiscal junto ao Poder Judiciário, ou se parte de vez para o Judiciário, buscando cancelar ou anular o lançamento fiscal.

E mais, na hipótese do órgão julgador se deparar com jurisprudência consolidada nas Cortes Superiores quanto à matéria, há que aplicar a referida jurisprudência, como forma de atender o princípio da celeridade ou economia processual, evitando que a Administração movimente a máquina pública em vão para cobrar tributo cuja discussão esteja sacramentada

---

10. "Art. 5º (...)
XXXV – a lei não excluirá da apreciação do Poder Judiciário lesão ou ameaça a direito." O referido artigo prescreve sobre o princípio da inafastabilidade da jurisdição. As decisões judiciais sempre prevalecem sobre as decisões administrativas, ressaltando que na hipótese de existir decisão administrativa favorável aos contribuintes, irreformável por outra decisão administrativa, não poderá a Procuradoria ajuizar ação judicial, por falta de interesse de agir, nos termos do artigo 156, inciso IX, do Código Tributário Nacional."

11. "Art. 35. A propositura, pelo sujeito passivo, de qualquer ação ou medida judicial relativa aos fatos ou aos atos administrativos de exigência do crédito tributário importa renúncia ao poder de recorrer na esfera administrativa e desistência do recurso acaso interposto."

pelo Superior Tribunal de Justiça ou pelo Supremo Tribunal Federal, ainda mais quando se está diante de decisões em recursos repetitivos[12] ou em repercussão geral[13].

---

12. "Art. 543-C. Quando houver multiplicidade de recursos com fundamento em idêntica questão de direito, o recurso especial será processado nos termos deste artigo.

§ 1º Caberá ao presidente do tribunal de origem admitir um ou mais recursos representativos da controvérsia, os quais serão encaminhados ao Superior Tribunal de Justiça, ficando suspensos os demais recursos especiais até o pronunciamento definitivo do Superior Tribunal de Justiça.

§ 2º Não adotada a providência descrita no § 1º deste artigo, o relator no Superior Tribunal de Justiça, ao identificar que sobre a controvérsia já existe jurisprudência dominante ou que a matéria já está afeta ao colegiado, poderá determinar a suspensão, nos tribunais de segunda instância, dos recursos nos quais a controvérsia esteja estabelecida.

§ 3º O relator poderá solicitar informações, a serem prestadas no prazo de quinze dias, aos tribunais federais ou estaduais a respeito da controvérsia.

§ 4º O relator, conforme dispuser o regimento interno do Superior Tribunal de Justiça e considerando a relevância da matéria, poderá admitir manifestação de pessoas, órgãos ou entidades com interesse na controvérsia.

§ 5º Recebidas as informações e, se for o caso, após cumprido o disposto no § 4o deste artigo, terá vista o Ministério Público pelo prazo de quinze dias.

§ 6º Transcorrido o prazo para o Ministério Público e remetida cópia do relatório aos demais Ministros, o processo será incluído em pauta na seção ou na Corte Especial, devendo ser julgado com preferência sobre os demais feitos, ressalvados os que envolvam réu preso e os pedidos de habeas corpus.

§ 7º Publicado o acórdão do Superior Tribunal de Justiça, os recursos especiais sobrestados na origem: I – terão seguimento denegado na hipótese de o acórdão recorrido coincidir com a orientação do Superior Tribunal de Justiça; ou II – serão novamente examinados pelo tribunal de origem na hipótese de o acórdão recorrido divergir da orientação do Superior Tribunal de Justiça.

§ 8º Na hipótese prevista no inciso II do § 7º deste artigo, mantida a decisão divergente pelo tribunal de origem, far-se-á o exame de admissibilidade do recurso especial.

§ 9º O Superior Tribunal de Justiça e os tribunais de segunda instância regulamentarão, no âmbito de suas competências, os procedimentos relativos ao processamento e julgamento do recurso especial nos casos previstos neste artigo.

13. "Art. 543-B. Quando houver multiplicidade de recursos com fundamento em idêntica controvérsia, a análise da repercussão geral será processada nos termos do Regimento Interno do Supremo Tribunal Federal, observado o disposto neste artigo.

A aplicação da jurisprudência consolidada do Superior Tribunal de Justiça e do Supremo Tribunal Federal junto aos Tribunais Administrativos é indispensável para a segurança jurídica.

Nestes termos, cabe também aos Tribunais Administrativos aplicar os entendimentos consolidados pelas Cortes Superiores que tenham sido editadas nos termos dos artigos 543-B e 543-C do Código de Processo Civil, através da inserção de regras cogentes nos Regimentos Internos dos Tribunais Administrativos.[14]

VIII. DA JURISPRUDÊNCIA DO CONSELHO MUNICIPAL DE TRIBUTOS SOBRE A SIMULAÇÃO DE ESTABELECIMENTO

Como todo o processo administrativo possui suas peculiaridades e provas individualizadas, o velho jargão "cada caso é

---

§ 1º Caberá ao Tribunal de origem selecionar um ou mais recursos representativos da controvérsia e encaminhá-los ao Supremo Tribunal Federal, sobrestando os demais até o pronunciamento definitivo da Corte.

§ 2º Negada a existência de repercussão geral, os recursos sobrestados considerar-se-ão automaticamente não admitidos.

§ 3º Julgado o mérito do recurso extraordinário, os recursos sobrestados serão apreciados pelos Tribunais, Turmas de Uniformização ou Turmas Recursais, que poderão declará-los prejudicados ou retratar-se.

§ 4º Mantida a decisão e admitido o recurso, poderá o Supremo Tribunal Federal, nos termos do Regimento Interno, cassar ou reformar, liminarmente, o acórdão contrário à orientação firmada.

§ 5º O Regimento Interno do Supremo Tribunal Federal disporá sobre as atribuições dos Ministros, das Turmas e de outros órgãos, na análise da repercussão geral.

14. Como exemplo o disposto no artigo 62-A do Regimento Interno do Conselho Administrativo de Recursos Fiscais – CARF (Portaria 256/2009):

"Art. 62-A. As decisões definitivas de mérito, proferidas pelo Supremo Tribunal Federal e pelo Superior Tribunal de Justiça em matéria infraconstitucional, na sistemática prevista pelos artigos 543-B e 543-C da Lei n. 5.869, de 11 de janeiro de 1973, Código de Processo Civil, deverão ser reproduzidas pelos conselheiros no julgamento dos recursos no âmbito do CARF.

§ 1º Ficarão sobrestados os julgamentos dos recursos sempre que o STF também sobrestar o julgamento dos recursos extraordinários da mesma matéria, até que seja proferida decisão nos termos do art. 543-B.

§ 2º O sobrestamento de que trata o § 1º será feito de ofício pelo relator ou por provocação das partes.

um caso" é perfeitamente aplicável nos casos julgados pelo E. Conselho Municipal de Tributos.

A maioria dos casos julgados pelo E. Tribunal Administrativo de São Paulo é no sentido da manutenção dos lançamentos fiscais diante da ausência de contraprova trazida pelos contribuintes para afastar a acusação fiscal quanto à simulação do estabelecimento.

Seguem alguns exemplos de casos onde os contribuintes não trouxeram aos autos documentos e informações para afastar a acusação fiscal.

> "EMENTA: Obrigações acessórias relativas ao ISS – provas constantes do processo administrativo de ocorrência de simulação de estabelecimento – ausência de contraprova pela recorrente – manutenção dos autos de infração – decadência afastada em razão da aplicação do art. 173, do CTN – negado provimento."[15]

> "EMENTA: ISS. Constatação de inexistência de estabelecimento prestador no endereço declarado pelo contribuinte. Documentos colacionados na operação fiscal que denotam a prestação por estabelecimento sediado no Município de São Paulo. Ausência de apresentação por parte do contribuinte de documentação hábil a comprovar efetivo estabelecimento no endereço declarado."[16]

Não obstante, aponta-se também decisão favorável ao contribuinte, afastando a acusação fiscal de simulação de estabelecimentos com base nas provas apresentadas nos autos:

> "EMENTA: ISS – serviços de comércio eletrônico – internet – informação de terceiro não identificado nos autos: fato isolado insuficiente para caracterizar simulação de estabelecimento;

---

15. RO 1001869, 1ª Câmara Julgadora Efetiva do Conselho Municipal de Tributos de São Paulo, Relatora Aline Zuccheto.
16. RO 1002496, 2ª Câmara Julgadora Efetiva do Conselho Municipal de Tributos de São Paulo, Relatora Luciana Xerfan Maranhão Mello.

necessidade de verificação de outros elementos no caso concreto – CCM: comunicação tempestiva da alteração cadastral e pagamento não detectado na fiscalização – presunção de legitimidade do auto de infração afastada – serviço prestado mediante site inteligente: o estabelecimento deve se caracterizar como o local físico no qual encontra-se pessoal, material, máquinas, instrumentos e equipamentos necessários à manutenção do site, inciso I do § 2º do art. 50 da Lei 6989/66, com a redação alterada pelas Leis 9664/83 e 13252/01. Recurso que se dá provimento."[17]

Portanto, o entendimento do Conselho Municipal de Tributos sobre a matéria depende das provas trazidas pela fiscalização e das contraprovas trazidas pelo contribuinte nos autos do processo administrativo, existindo posicionamento predominante dessa Corte no sentido de manter os lançamentos fiscais nos casos de simulação de estabelecimentos.

E mais, note-se que em quase a totalidade das decisões administrativas do Conselho Municipal de Tributos de São Paulo não há discussões e enfrentamento de teses jurídicas.

O que é relevante para o processo administrativo fiscal são as provas trazidas nos autos, como forma de atender a verdade material traduzida em linguagem competente através do conteúdo dos documentos fiscais e contábeis, que demonstram a efetiva realização das operações de prestação de serviços no Município onde está de fato e de direito o estabelecimento do prestador do serviço, com as ressalvas das hipóteses legais quanto à exceção da competência do local da prestação do serviço, que dependerá das provas relativas ao local da prestação do serviço.

IX. CONCLUSÕES

A constituição de estabelecimentos simulados em Municípios que oferecem incentivos fiscais tem um único objetivo, a economia fiscal em detrimento da lei.

---

17. RO 1000968, 2ª Câmara Julgadora Efetiva do Conselho Municipal de Tributos, Relator Moisés Mario Chehter.

A imputação da simulação e a exigência do ISS pela fiscalização paulistana dependem de dois elementos necessários: (i) indícios de estabelecimento simulador que prestou o serviço; (ii) indícios da prestação do serviço ter sido realizada por estabelecimento do mesmo contribuinte localizado em São Paulo.

Simulação de estabelecimento ocorre quando o contribuinte possui um local onde são exercidas as atividades econômicas ou profissionais, utilizando-se, para tanto, de estrutura física e jurídica simulada, dando a impressão para todos os fins de direito de que a prestação de serviço fora realizada por um estabelecimento, enquanto de fato fora realizada por outro, com o intuito de sonegar ou reduzir o pagamento de tributos.

As provas coletadas pela fiscalização para o lançamento fiscal estão limitadas à exigência de entrega de documentos fiscais da sua jurisdição, aos documentos contábeis da empresa, às diligências para confirmar a simulação do estabelecimento e aos ofícios aos órgãos de outros entes políticos, como a Receita Federal, por exemplo.

O fundamento de validade para a fiscalização paulistana exigir o ISS da prestação de serviços ocorrida através de estabelecimento simulado está no artigo 3º, *caput,* e artigo 4º, ambos da Lei Complementar n. 116/2003, bem como na Lei n. 13.701/2003, devendo ainda ser imposto no lançamento fiscal multa de 100%, nos termos do artigo 13, inciso II, da Lei n.. 13.476/2002, além dos juros moratórios.

Os autuados poderão impugnar e recorrer o Auto de Infração nos termos da Lei n. 14.107/2005, devendo apresentar provas importantes para afastar a acusação fiscal, como cópia do contrato social e suas alterações, cópia da inscrição do estabelecimento no Município vizinho, livros Razão Analítico ou Diário escriturados, contas de energia elétrica, contas de telefone, contas de água, internet, condomínio, aluguel, cópia do contrato de locação, contratos firmados com clientes, fotos do estabelecimento, entre outros.

Nas defesas e recursos interpostos pelos contribuintes não devem ser levantadas teses de ilegalidade ou inconstitucionalidade, haja vista a impossibilidade do Conselho Municipal de Tributos enfrentar tais questões, conforme dispõe o artigo 53, parágrafo único, da Lei n. 14.107/2005, devendo tais questões ser reservadas para o Poder Judiciário.

O entendimento do Conselho Municipal de Tributos quanto à simulação de estabelecimento, em linhas gerais, é desfavorável aos contribuintes, porém é possível a reversão desse quadro negativo, sendo imprescindível, para tanto, das contraprovas produzidas nos autos do processo administrativo.

O DEVER DE RETENÇÃO DO INSS E A PRESTAÇÃO DE SERVIÇO DE MONITORAMENTO ELETRÔNICO RESIDENCIAL

RODRIGO ANTONIO DA ROCHA FROTA
Mestre e Doutorando em Direito Tributário pela PUC-SP; Advogado e Professor de Direito Tributário do IBET, da EPD, da FAAP, da Drummond, da Torricelli/Anhanguera, entre outras; Professor e Coordenador dos Cursos de Direito Tributário da LEXMagister; Conselheiro Titular do CTM de São Bernardo do Campo – SP; e integrante da Comissão de Contencioso Administrativo Tributário da OAB/SP.

Há algum tempo fomos consultados por uma empresa de monitoramento eletrônico residencial (segurança eletrônica) acerca da obrigatoriedade de retenção na fonte da contribuição previdenciária ao INSS, sobre o que passamos a tratar a seguir.

O presente estudo, assim, tem como objeto o direito positivo brasileiro, em especial o sistema tributário no que se refere à obrigatoriedade de retenção na fonte da contribuição previdenciária ao INSS.

Para tal estudo é necessário definir algumas premissas essenciais para a melhor exposição do tema em análise. Assim, parte-se do conceito de norma jurídica, passando pelos conceitos de sistema jurídico e de sistema ou subsistema jurídico tributário para analisar a obrigatoriedade de retenção na fonte da contribuição previdenciária ao INSS de acordo com os parâmetros constitucionais e legais.

Hans Kelsen baseia seu conceito de norma na causalidade, não da causalidade natural, mas da implicação, pois a sanção ou consequência são atribuídos por atos jurídicos, os quais assim se classificam pois eleitos por normas jurídicas como tal. Neste sentido, norma jurídica teria como sinônimo a sanção. Está no sentido de consequência. Assim, já em Kelsen[1] consegue-se depreender a estrutura da norma: H→C.

Para o Professor Tercio Sampaio Ferraz Jr., norma jurídica é a *"expectativa contrafática, que se expressa por meio de proposições de dever-ser, estabelecendo-se entre comunicadores sociais relações complementares institucionalizadas em alto grau, cujos conteúdos tem um sentido generalizável conforme núcleos significativos mais ou menos abstratos"*[2].

Temos assim, que a norma jurídica não é, nem pode ser o simples enunciado normativo, pois este é apenas o conjunto dos signos relacionados à norma. Esta é, em verdade, construída pelo intérprete do direito ao extrair do enunciado, proposições.

Paulo de Barros Carvalho[3] entende norma jurídica como a proposição[4], no sentido de juízo, implicacional, conseguida através da interpretação dos textos jurídicos, seu suporte físico.

Seu conteúdo normativo será constituído por uma estrutura lógica implicacional de maneira a conter no antecedente

---

1. Hans Kelsen, *Teoria Pura do Direito*. São Paulo, Martins Fontes, 5ª ed., 1996, p. 4.
2. Tércio Sampaio Ferraz Jr. *Introdução ao Estudo do Direito*. São Paulo, Atlas, 2ª ed., 1996, p. 115.
3. Paulo de Barros Carvalho. *Curso de Direito Tributário*. São Paulo, Saraiva, 13ª ed., 2000, p. 8-13.
4. Aqui entendida como significação do enunciado, o texto.

uma descrição de ações, aplicando-lhe uma consequência artificial unidas pelo conectivo "dever ser".

O direito como sistema de linguagem, é formulado segundo um raciocínio que a Lógica entende por deôntico. Isto quer dizer que a Lógica, como ciência que tem por objeto o estudo do modo de compreender o mundo pelo ser humano através da linguagem, ao estudar as proposições jurídicas prescritivas conseguiu depreender-lhe sua fórmula básica, qual seja, o dever ser, transcrito em linguagem formalizada: $D[F{\rightarrow}C(S',S'')]$. O quê em palavras significa: "se se dá um fato F qualquer, então o sujeito S' deve fazer ou deve omitir ou pode fazer ou omitir conduta C ante outro sujeito S" – assim deve ser"[5]

O "dever ser", objeto de estudo da Lógica Deôntica, não apresenta valoração específica, sendo esta extraída do conteúdo normativo, segundo os functores textuais de permissão, obrigatoriedade ou proibição, conforme as lições de Lourival Vilanova[6].

Uma relação jurídica tributária qualquer nasce da versão em linguagem do evento descrito no antecedente normativo e deve, necessariamente ser estipulada pelo consequente obrigando o sujeito passivo a recolher o tributo aos cofres públicos.

A hipótese é construção valorativamente tecida com dados de fatos, incidente na realidade, mas não coincidente com a realidade, na qual pode ser eleito fato natural, fato social, ou fato já qualificado juridicamente para que a hipótese componha o fato jurídico. Faltando-lhe status semântico de enunciado veritativo. As hipóteses, assim como a totalidade das normas não são nem verdadeiras, nem falsas, mas sim: valem ou não valem.

Ao formalizar a estrutura da relação jurídica contida na tese da norma teremos: um sujeito qualquer S' mantém uma

---

5. Lourival Vilanova, *As estruturas lógicas e o sistema do direito positivo*. São Paulo, Max Limonad, 1ª ed., 1997, p. 95. Ver também *Causalidade e Relação no Direito*. São Paulo, Editora Revista dos Tribunais, 4ª ed.,2000.
6. Idem.

relação qualquer R em face de outro sujeito qualquer S"; de forma que: S'R S" ou R(S'S").

No que tange aos sistemas, onde houver um conjunto de elementos relacionados entre si e aglutinados perante uma referência determinada, haverá um sistema. É a partir desta noção que buscaremos outros desdobramentos com as operações lógicas de dividir, classificar e definir.

Os sistemas sociais, e aí se insere o sistema jurídico, têm como unidade, como elemento, a comunicação. No caso do sistema jurídico esta comunicação se caracteriza por sua prescritividade, ou seja, sua fórmula lógica de implicação.

Tárek Moysés Moussallem[7] entende que apenas as condutas humanas devidamente regradas para tal são capazes de produzir normas. De maneira que a norma disciplina a produção de outra norma, mas não a produz. Assim, a produção normativa seria o ato de enunciação das normas, que estará vertido em linguagem adequada para sua posterior verificação, da mesma forma que ao comermos um bolo, conseguimos depreender se foi ou não utilizado fermento em seu preparo.

Assim, seguindo os passos ditados pela norma que disciplina a elaboração de outras normas, o legislador tem a liberdade de escolher, dentro do limite constitucional, quaisquer fatos para sobre eles incidir as hipóteses. Tem ainda o poder de atribuir estes ou aqueles conteúdos sociais e valorativos. Pode, ainda, vincular, em função de contextos sociais, de valorações positivas e de valores ideais, quaisquer consequências às hipóteses delineadas. No entanto, é-lhe impossível fugir da estrutura normativa com antecedente e consequente, ou hipótese e tese, tampouco conseguiria construir a hipótese sem a estrutura sintática e sem a função que lhe pertence por ser estrutura de uma hipótese.

---

7. Tárek Moysés Moussallem. *Fontes do Direito Tributário*. São Paulo, Max Limonad, 1ª ed., 2001, p. 149.

As normas jurídicas formam um sistema, na medida em que se relacionam de várias maneiras, segundo um princípio unificador. O direito posto aparece no mundo integrado numa camada de linguagem prescritiva, como produto humano para disciplinar a convivência social, pertencendo à região do conhecimento dos objetos culturais, visando à conduta humana.

A validade não deve ser tida como propriedade ou como atributo que qualifica a norma jurídica. É, antes, o vínculo entre a proposição normativa, considerada na sua inteireza lógico-sintática, e o sistema do direito positivo. Ser norma é pertencer ao sistema[8].

No modelo kelseniano[9], é considerada norma válida aquela produzida por órgão credenciado pelo sistema e na conformidade com o procedimento também previsto pela ordenação total. Ao lado de um critério de dedutibilidade lógica da norma no sistema. É esse o modelo adotado pelo sistema normativo brasileiro, conjugando como vértice a Constituição.

O texto constitucional é, por excelência, a exposição das linhas gerais que informam e organizam o Estado, limitando a designar as características dominantes das várias instituições que a legislação comum desenvolverá posteriormente. Os quatro plexos normativos estão nela consignados: o sistema nacional, o sistema federal, o sistema estadual e o sistema municipal; através do modelo federativo.

Dessa forma, a norma tributária deve, para ser válida, atender não apenas os requisitos formais (dinâmica[10]) e materiais (estática[11]) da elaboração normativa, apresentados por conceitos de competência e procedimento, mas também toda a sistemática constitucional.

---

8. Louvival Vilanova, Op. Cit.
9. Hans Kelsen. Op. Cit., p. 215-308.
10. Hans Kelsen. Op. Cit., p. 121.
11. Idem, p. 215.

Nesse sentido é que se torna necessário fincar um conceito para competência[12], como aquela aptidão de produzir certos atos, enquanto procedimento e forma como devem ser produzidos. Assim é necessário um exame de constitucionalidade/legalidade para analisar se o órgão tem poder para elaborar o ato e se cumpriu os requisitos para tanto.

Mas antes desta análise é preciso fincar o contexto da mesma. Cabe, portanto, esclarecer o objeto social da empresa: a prestação de serviços eletrônicos de monitoramento para segurança de prédios residenciais, comerciais e industriais; bem como a obra realizada no local para instalação do equipamento necessário ao monitoramento, objeto-fim desta.

Por ser empregadora a empresa figura como sujeito passivo da obrigação de pagar a contribuição ao INSS sobre sua folha de salário, como estabelece o regramento constitucional ao estabelecer competência à União para legislar a respeito do assunto contribuições em seus artigos 149 e 195.

As contribuições são um tipo tributário *sui generis*, pois a Carta Constitucional, ao invés de esclarecer quais seriam as condutas que ensejariam sua incidência como fez com impostos, taxas e contribuições de melhoria, preferiu atentar-se à destinação do produto arrecadado. Assim estabelece nos artigos referidos os fins a serem atingidos.

No caso das contribuições previdenciárias, a Constituição em seu artigo 195, estabelece que cabe a toda a sociedade o sustento do sistema previdenciário, podendo ser criadas contribuições, no caso do empregador, da empresa e da entidade a ela equiparada na forma da lei, sobre: a) a folha de salários e demais rendimentos do trabalho pagos ou creditados, a qualquer título, à pessoa física que lhe preste serviço, mesmo sem vínculo empregatício; b) a receita ou o faturamento; e o lucro.

---

12. Roque Antonio Carrazza. Curso de Direito Constitucional Tributário. São Paulo, Editora Malheiros, 19ª ed., 2003, p. 437.

E assim procedeu a União ao instituir o financiamento do Instituto Nacional de Seguridade Social por toda a sociedade e, no caso em estudo, pelas empresas em especial sobre a folha de salário, conforme alínea "a" do parágrafo único do artigo 11 da Lei n. 8.212/91.

A partir disto cabe salientar quem pode ser determinado como responsável para retenção e recolhimento do tributo no lugar do contribuinte.

O Código Tributário Nacional, Lei n. 5.172/66, recepcionado pela Constituição de 1988 como lei complementar em sentido material, em seu artigo 128, no âmbito de sua competência determinada pelo art. 146 da Carta Magna, estabelece que a lei pode atribuir de modo expresso a responsabilidade pelo crédito tributário à terceira pessoa, vinculada ao fato gerador da respectiva obrigação, excluindo a responsabilidade do contribuinte ou atribuindo-a a este em caráter supletivo do cumprimento total ou parcial da referida obrigação.

A lei referida pelo dispositivo do CTN é lei em sentido amplo, pois não está abarcada pelo princípio da estrita legalidade tributária exposto no inciso I do art. 150 da Constituição, pois não constitui elemento essencial ao tributo.

Neste sentido a Instrução Normativa SRP n. 3, de 14 de julho de 2005, em seu art. 140 determina que as empresas, e apenas as empresas, que contratem serviços prestados mediante cessão de mão-de-obra ou empreitada, inclusive em regime de trabalho temporário, a partir da competência fevereiro de 1999, deverão fazer a retenção da contribuição sobre o valor bruto da nota fiscal, da fatura ou do recibo de prestação de serviços e recolher à Previdência Social a importância retida.

Isto porque a prestação de serviços mediante cessão de mão de obra configuraria uma forma de desvio de contratação direta pela terceirização. Não é o caso em estudo. Esta prestação de serviços de monitoramento eletrônico não envolve qualquer alocação necessária de pessoal, mas somente de equipamento, fazendo-o à distância.

Há, contudo que se ater às diferenças entre os serviços em estudo, que podem envolver num primeiro momento uma obra, em que a empresa necessita instalar o sistema eletrônico de monitoramento e num segundo momento onde faz o monitoramento eletrônico.

Esta necessidade se justifica pela redação do artigo 145 do mesmo diploma legal, que estabelece:

> *"Art. 145. Estarão sujeitos à retenção, se contratados mediante cessão de mão-de-obra ou empreitada, observado o disposto no art. 176, os serviços de:*
>
> *I – limpeza, conservação ou zeladoria, que se constituam em varrição, lavagem, enceramento ou em outros serviços destinados a manter a higiene, o asseio ou a conservação de praias, jardins, rodovias, monumentos, edificações, instalações, dependências, logradouros, vias públicas, pátios ou de áreas de uso comum;*
>
> *II – vigilância ou segurança, que tenham por finalidade a garantia da integridade física de pessoas ou a preservação de bens patrimoniais;*
>
> *III – construção civil, que envolvam a construção, a demolição, a reforma ou o acréscimo de edificações ou de qualquer benfeitoria agregada ao solo ou ao subsolo ou obras complementares que se integrem a esse conjunto, tais como a reparação de jardins ou passeios, a colocação de grades ou de instrumentos de recreação, de urbanização ou de sinalização de rodovias ou de vias públicas;"*

Ora, embora o monitoramento tenha o intuito de segurança, este não é feito no local, mas através de equipamento eletrônico à distância, na sede da prestadora. Não se podendo falar em cessão de mão de obra.

A dúvida maior surgiria com relação à instalação do equipamento, que exige alocação de pessoal, porém da mesma maneira não há cessão de mão de obra, pois a obra tem por escopo o monitoramento. Apesar de feita no local do prédio, não tem o dono do prédio como beneficiário direto, mas indireto. Sendo o beneficiário direto a própria prestadora ao possibilitar a prestação de serviço de monitoramento.

Ademais há que se atentar que tanto o artigo 140 quanto o artigo 145 falam em empresa tomadora de serviço, conceito que não abrange o condomínio residencial. Conquanto se poderia falar em equiparação do condomínio com pessoa jurídica, este conceito não se confunde com o de empresa, delineado no Código Civil, Lei n. 10.406/2002, como: aquela pessoa jurídica, sociedade, que viabiliza o exercício profissional de atividade econômica organizada para a produção ou a circulação de bens ou de serviços.

Por fim cabe salientar que o supramencionado artigo 140 se refere às empresas tomadoras de serviço e não é apenas uma interpretação gramatical, mas antes de se entender que a pessoa colocada na posição de responsável deve ter como se responsabilizar. Uma pessoa física (quanto à sua residência) e um condomínio residencial não comportariam as exigências de obrigações acessórias decorrentes das relações empresariais, configurando maior plausibilidade na manutenção apenas da prestadora no polo passivo, como contribuinte da contribuição patronal ao INSS.

Assim, por todo o exposto, entendo ser indevida a retenção nos dois casos quando o tomador de serviços não for uma empresa, mesmo que informal, mas principalmente pelos objetos dos serviços prestados pela consulente não configurarem cessão de mão de obra. De maneira que não se coadunam com o antecedente da norma de responsabilidade da qual sobreviria a necessária relação entre a prestadora de serviço de se submeter à retenção em tela pela empresa tomadora do serviço de monitoramento eletrônico. Não se pode dizer o mesmo da prestadora no tocante à norma tributária.

O CONTROLE DE LEGALIDADE DOS LANÇAMENTOS QUE REQUALIFICAM FATOS

KAREM JUREIDINI DIAS
Doutora em Direito pela PUC-SP. Professora do IBET.
Conselheira do CARF e Membro da CSRF/ MF. Advogada.

1. INTRODUÇÃO

O lançamento de ofício é decorrente da competência jurídica na tradução dos suportes fáticos. A competência jurídica delimita a cognição e determina os elementos que devem ser considerados para a aferição do fato jurídico tributário em ato de revisão. O que impera para a autoridade administrativa e para o administrado são os critérios de aplicação de normas – hierarquia, cronologia e especialidade. Para a autoridade administrativa, o critério de hierarquia pressupõe antes a vinculação desta aos comandos do Poder Executivo.

A hipótese de incidência é a descrição hipotética da norma abstrata, ao passo que o fato jurídico corresponde à versão jurídica da ocorrência concreta. No âmbito tributário, a hipótese de incidência corresponde à condição para incidência tributária, prevista na norma geral e abstrata. É o fato descrito na lei de forma hipotética e abstrata capaz de gerar obrigação tributária após a positivação. Já o fato jurídico tributário é concreto, porquanto corresponde à ocorrência no mundo fenomênico, e se apresenta na norma individual e concreta, como pressuposto necessário e suficiente à exigência da prestação pecuniária individualizada. A eficácia jurídica provém da juridicização dos fatos, compondo fato e norma a mesma estrutura jurídica.

Enquanto o fato atômico é representado por suporte fático singular, o fato molecular possui uma pluralidade de suportes fáticos, cujo encadeamento necessário de enunciados denota o fato imponível. Rigorosamente, vale o resultado da ocorrência dos múltiplos fatos e atos que se combinam e convergem na demonstração do enunciado suficiente à subsunção do evento ao fato imponível.

A tarefa da Administração Pública ou do administrado na constituição do fato jurídico tributário é vinculada, devendo promover a subsunção do fato ao conceito da norma imediatamente vinculante. Dizemos norma imediatamente vinculante porque é aquela extraída a partir da interpretação envolvendo as normas gerais e abstratas existentes no curso do processo de positivação que, em relação de includência, estipulam todos os elementos necessários à identificação não só dos signos da materialidade (pura) do fato jurídico tributário, mas de suas coordenadas de espaço e tempo, bem como dos elementos que impactam nos aspectos da obrigação tributária, aí se incluindo a base de cálculo, a alíquota e os sujeitos envolvidos na relação.

Imaginemos que existe a regra-matriz de incidência do Imposto sobre a Circulação de Mercadoria, que se coordena com uma regra de substituição tributária e ainda uma outra que prevê o direito ao crédito do imposto na sistemática não cumulativa, sendo que é a convergência dessas regras no processo de positivação que vincula o administrado e a Administração Pública. Ilustramos:

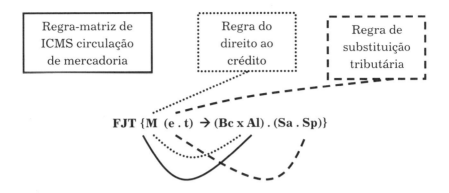

O suporte fático do fato jurídico pode já ocupar a posição de fato jurídico ou de relação jurídica em outra norma que lhe reteve e a ele vinculou efeitos. No próprio exemplo que demos, o fato jurídico tomou, dentre os seus suportes fáticos, o fato jurídico da substituição tributária, cuja relação jurídica entre substituto e substituído afeta não só a sujeição passiva do fato jurídico tributário, mas também o tempo *no* fato. Nada impede, portanto, que o fato jurídico morfologicamente tenha por suporte fático um fato (dado fático jurídico), um ato jurídico, uma relação jurídica ou mesmo uma norma. Apenas a completude de suportes fáticos é que possibilitam a formação bastante complexa (não complexiva) do fato suficiente a apontar todas as diretrizes para a apuração da base de cálculo e para a definição de alíquota e sujeitos envolvidos na respectiva relação.

O mesmo se passa com qualquer incidência tributária, como continuamos a exemplificar relativamente ao Imposto sobre a Renda. O fato jurídico tributário não é simplesmente auferir renda, já que auferir renda presumida é diverso de auferir renda real ou arbitrada, como é diverso do auferimento da renda por ganho de capital. O fato jurídico tributário precisa ser completo e específico, na medida dos suportes fáticos necessários a que lhe seja atribuído, por causalidade, a eficácia jurídica, consubstanciada na identificação exata da relação jurídica obrigacional.

Não bastasse a complexidade inerente ao fato jurídico tributário, concretamente identificado, maior complexidade reside nesse fato jurídico em ato de revisão. A validade do fato jurídico produto de revisão pode ser averiguada a partir de quatro relações, quais sejam: (i) em relação aos vínculos de coordenação e subordinação para introdução de norma nova; (ii) em relação à subsunção da norma individual e concreta na norma geral e abstrata que possibilita a incidência tributária; (iii) em relação à tradução dos suportes fáticos; e (iv) em relação intranormativa interproposicional – entre fato e obrigação.

Neste trabalho nos limitamos, contudo, na demonstração da necessidade de coerência entre os suportes fáticos, porquanto o fato jurídico tributário em ato de revisão é produto de relação dialógica de provas. Queremos demonstrar, também, a relação de implicação e decorrência lógica do fato (produto do conjunto de suportes fáticos) na obrigação dele decorrente.

2. REVISÃO DA NORMA INDIVIDUAL E CONCRETA: O LANÇAMENTO DE OFÍCIO

No âmbito do Direito Tributário, as espécies de lançamento previstas no Código Tributário Nacional é que determinam quando um fato jurídico é originariamente constituído ou quando ele é fruto de revisão. A distinção fica bastante clara nas hipóteses previstas para o lançamento de ofício, no artigo 149 daquele diploma legal. No inciso I do referido artigo, a Lei Complementar prevê a hipótese de constituição de fato jurídico originariamente de ofício, portanto, sempre pela Administração Pública, ao enunciar que o lançamento deve ser efetuado de ofício *quando a lei assim o determine* (*i.e.* IPTU).

Desprezando-se o inciso VI do artigo 149 do Código Tributário Nacional, que dispõe exclusivamente sobre motivo para imputação de penalidade, os incisos II, III, IV, V e VII do mesmo artigo tratam de hipóteses que podem ensejar lançamento de ofício por ato de revisão da norma posta pelo particular, além de imputação de penalidade, ao passo que os incisos VIII e IX tratam de revisão do próprio lançamento de ofício, o que não é nosso objeto.

Temos uma preocupação inicial. Considerando que o conhecimento para ser jurídico é filtrado a partir de um programa determinado pelo sistema, sendo certo que esse programa é condicional (se, então), conforme estrutura da norma jurídica, e é regido pelos códigos lícito/ilícito, como compatibilizar o motivo do lançamento, enquanto ato administrativo, o qual na revisão corresponde a um ilícito que lhe desencadeia – a exemplo da omissão de receita, da despesa indevidamente deduzida, do crédito indevido, dentre outros – com o disposto nos artigos 3º, 97 e 114 do Código Tributário Nacional? O Código Tributário Nacional claramente assevera que o tributo não é devido em razão de ato ilícito, mas de materialidade prevista em lei como necessária e suficiente à ocorrência do fato imponível.

Encontramos resposta no artigo 142 do mesmo *codex*, que muito bem interpretado por Eurico Marcos Diniz de Santi[1], segrega o ato de lançamento, cujo motivo, descrito na motivação[2], a partir da observância do pressuposto causal entre motivo, motivação e conteúdo, não se confunde com lançamento enquanto norma individual e concreta, introduzida no ordenamento.

---

1. *Lançamento Tributário*, São Paulo, Max Limonad, 1996, *passim*.
2. Fabiana Del Padre Tomé (*A prova no Direito Tributário*, São Paulo, Noeses, 2005, p. 283) defende que o ato administrativo tem como elementos a forma, a motivação e o conteúdo. Para nosso objeto importa defender que na motivação há que se encontrar a descrição dos motivos de fato (ilícito), que ensejaram a produção do ato e a descrição da causa, enquanto conexão entre o motivo, a motivação e o conteúdo, que pode corresponder a uma norma individual e concreta introduzida na ordem jurídica para cobrar tributo para alterar as feições da obrigação tributária ou para impor penalidade.

Paulo de Barros Carvalho[3] lembra que o auto de infração apresenta atos administrativos introdutores de uma ou várias normas individuais e concretas. Se o antecedente dessa norma é um ilícito, o seu consequente corresponde à aplicação de penalidade. Noutro giro, se o antecedente é uma materialidade lícita, então o lançamento produzirá regra cujo consequente é uma relação jurídica tributária.

Muito bem, se o lançamento, enquanto ato de revisão, reporta-se à norma expedida pelo particular, e se a norma expedida pelo particular apresenta, ao menos até a conclusão da revisão, uma relação suficiente de includência de suportes fáticos que denotam o fato jurídico tributário apto a desencadear uma apuração de crédito e uma identificação de sujeitos, então, o produto dessa revisão, se pretender cobrar tributo, deverá expedir uma norma individual e concreta, nos moldes daquela revisada, em integral substituição àquela ou aperfeiçoando-a, pela repetição com a inclusão dos dados necessários ao seu aperfeiçoamento.

Não há obrigação tributária sem fato jurídico tributário. Se do ato de revisão decorre obrigação tributária é porque há fato jurídico tributário. Não há fato jurídico tributário de omissão de receita, glosa de despesa, crédito indevido, dentre tantos outros motivos para a revisão de lançamento. O motivo da revisão é fato jurídico que não se confunde com o fato jurídico tributário, porquanto o motivo da revisão não é, por si só, denotativo de hipótese de incidência.

O ato de revisão visa alterar situação jurídica. Nessa medida, é uma questão de prova, que desde logo pressupõe relação harmônica dos enunciados dos suportes fáticos que compõem o fato jurídico tributário. Assim, concebemos a morfologia do fato a partir da modalidade de revisão que o constitui. Considerando que fato e norma integram a mesma estrutura jurídica, para efeito do nosso objeto, classificamos a revisão em função do tratamento conferido à norma revisada.

---

3. *Curso de Direito Tributário*, 18ª ed., São Paulo, Saraiva, 2000, pp. 429 e ss.

3. MODALIDADE DE REVISÃO CONFORME O TRATAMENTO CONFERIDO À NORMA REVISADA

Conforme já nos posicionamos[4], uma vez delimitado nosso objeto às revisões que têm por finalidade criar obrigação tributária, pragmaticamente identificamos que o sistema só permite duas modalidades de revisão para constituição de obrigação tributária, em função do tratamento conferido à norma revisada, quais sejam: (i) modalidade de revisão que não nega os efeitos da norma revisada, pelo que busca convalidá-la, não pela eliminação de elemento invalidante, mas pela inclusão de suporte fático para o fim de aperfeiçoar a incidência tributária, o que denominamos didaticamente *revisão para complementação*; ou (ii) modalidade de revisão que nega o fato revisado, a fim de constituir fato jurídico tributário inteiramente novo em sua materialidade, o que denominamos *revisão com negação*.

Assim, o enunciado do fato jurídico tributário em ato de revisão deve ser suficiente a demonstrar a contradição deste em relação ao fato anteriormente apresentado ou a natureza de aperfeiçoamento (complementar) da revisão. É necessária a unidade aferida pela articulação dos suportes fáticos que apresentam de forma suficiente a diferença entre o fato jurídico na forma anteriormente apresentada e a sua complementação ou a sua nova configuração.

A composição do fato jurídico tributário, fruto de revisão, considera sempre o fato jurídico anterior e, por consequência, a respectiva relação jurídica obrigacional até então válida e vigente. A norma revisada é tomada em consideração, seja pela necessidade de negá-la, seja pela necessidade de complementá-la. O ato que constitui o fato jurídico tributário deve denunciar: (i) a tradução dos suportes fáticos do fato jurídico tributário; e (ii) a

---

4. Conforme JUREIDINI DIAS, Karem. *Fato Jurídico Tributário em Atos de Revisão*. Tese de Doutorado. São Paulo: Pontifícia Universidade Católica, 2011.

suficiência do conjunto de elementos que compõe o enunciado subsumível à hipótese de incidência.

A revisão do fato jurídico tributário depende de prova. Quando a autoridade administrativa revisita o fato que foi originariamente denunciado pelo administrado, ela deve, desde logo, juntar todas as provas necessárias e suficientes a comprovar o fato sobre o qual recai a exação e a demonstrar a tradução dos suportes fáticos. A completude dos fatos deve ser analisada em face do tratamento conferido à norma revisada.

Na revisão para complementação – sem negação dos efeitos da norma revisada – para que o fato jurídico tributário corresponda a uma projeção factual da hipótese tributária prevista na norma geral e abstrata, é necessário que o fato jurídico revisto com a nova constatação se conjugue, compondo, juntamente com os efeitos não desconsiderados (relação jurídica), um mesmo todo.

Mais complexa é a situação em que há uma negação da norma revisada, ao menos para os fins da revisão. Vale dizer, na revisão para constituição de fato jurídico tributário inteiramente novo, que pressupõe a negação do fato revisado, de duas, uma: (i) a negação surte efeito de comando jurídico para desjuridicização dos efeitos da norma revisada, daí advindo todas as consequências de imputação, o que deve ser feito sempre que não houver limite no exercício de competência; ou (ii) a negação da norma revisada presta-se apenas como elemento necessário à relação dialógica das provas que compõem o novo fato jurídico tributário.

4. O CONTROLE DE LEGALIDADE EM FACE DOS SUPORTES FÁTICOS

Para o reconhecimento jurídico dos eventos ocorridos no mundo, o operador do direito deve partir dos elementos que compõem o fato em sentido lato e verificar se o conjunto desses elementos se subsume a um determinado conceito, sendo certo que esse conceito pode estar veiculado em qualquer texto. Daí porque fundamental assumir a intertextualidade como pressuposto de juízo válido do conceito do fato imponível, bem como do conceito da materialidade em concreto (fato jurídico tributário). Oportuno aqui transcrever conclusão de Tácio Lacerda Gama[5]:

> "Isto porque o próprio sentido de um texto só é elaborado em face do sentido de outros textos que com ele se vinculam, de forma ostensiva ou velada. E mais, é com a intertextualidade ostensiva, confeccionada a partir de citações e referências, que se legitimam interpretações, sendo essa, inegavelmente, a finalidade primeira de toda dogmática jurídica".

A tradução dos suportes fáticos não raramente depende da compreensão de institutos de Direito Positivo metodologicamente separados do campo do Direito Tributário que lhes aproveita. É por essa razão que o ordenamento jurídico, caracterizado como sistema pela Ciência do Direito, pressupõe a intertextualidade. Nos dizeres de Paulo de Barros Carvalho[6]:

> "[...] a intertextualidade é formada pelo intenso diálogo que os textos mantêm entre si, sejam eles passados, presentes ou futuros, pouco importando as relações de dependência que houver entre eles. Assim que inseridos no sistema, iniciam a conversação com outros conteúdos, intra-sistêmicos e extra-sistêmicos, num denso intercâmbio de comunicações".

Os suportes fáticos têm sempre a natureza de fato ou ato jurídico porque a norma jurídica lhe atribuiu efeito jurídico.

---

5. *Competência tributária – fundamentos para uma teoria da nulidade*, São Paulo, Noeses, 2009, p. 299.
6. *Direito Tributário, linguagem e método*, 2ª ed., São Paulo, Noeses, 2008, p. 193.

Mesmo quando o Direito colhe elementos regidos por outras ciências, o produto é introduzido pelas provas no âmbito deôntico, com os efeitos juridicamente determinados.

Sob a perspectiva da relação entre os enunciados que compõem o fato jurídico tributário, o operador do direito deve observar a validade dos enunciados dos suportes fáticos tomados por necessários. A partir daí, a validade do enunciado, analisada em face da relação entre seus suportes fáticos, depende da convergência dos respectivos enunciados para a mesma finalidade e da suficiência desse conjunto que, em relação dialógica de provas, apresenta um produto subsumível à hipótese de incidência tributária.

No que tange a validade dos enunciados dos suportes fáticos, na ideia de que o Direito pressupõe a intertextualidade intrassistêmica e intersistêmica, insistimos que cada suporte fático deve ser traduzido para o fato jurídico tributário a partir da subsunção do conjunto de seus elementos ao conjunto dos elementos que denotam o respectivo conceito normativo. Tanto os elementos quanto o conceito normativo devem ser extraídos das regras próprias do sistema (inclusive quando oriundo de outras Ciências) ou subsistema (quando pertencente a outros ramos jurídicos) que originariamente normatiza o fato, tomado por suporte fático.

Nessa medida, se for juridicizado produto cujos elementos pertencem a outro sistema, a exemplo das ciências ideais ou ônticas, deve-se observar as normas do sistema a que os fatos pertencem, tomando-se aquela linguagem para a caracterização do produto. Uma vez caracterizado o produto, ele é recebido para os efeitos e conforme os efeitos determinados pelo sistema jurídico.

Já quando a norma tributária toma por materialidade situação jurídica já definida por outro ramo do Direito, de se averiguar se a norma tributária alterou os efeitos desse fato jurídico *lato sensu* para fins fiscais.

A prova consistente é aquela pautada na linguagem própria do fato colhido como suporte fático. Somente a partir dessa caracterização conforme o sistema ou o subsistema próprio é que se lhe atribui efeitos eventualmente divergentes, caso o Direito Tributário expressamente tenha assim determinado.

É o regime jurídico próprio do fato examinado que atribui validade à prova e ao enunciado do fato tomado por suporte fático. Se é sempre assim, como então poderia o Direito Tributário falar sobre um ato jurídico qualquer, um negócio jurídico? Ora, o Direito Tributário não deve falar sobre o negócio, enquanto fato jurídico comprovado, devendo tomar-lhe para os efeitos e com os efeitos determinado pelo Direito Tributário, na medida da importância que esse negócio tem na relação com os demais suportes fáticos.

O que se deve lembrar, contudo, é que ao se colher por suporte fático um fato jurídico, há que se verificar se o que prevalece como prova de sua linguagem é a forma ou a causa exteriorizada. Quando a causa é elemento determinante do negócio jurídico, ele equivale ao que empiricamente se realizou, pressupondo que devem ser suportadas as consequências jurídicas do ato.

A alegação de inoponibilidade ao fisco de um determinado ato jurídico, porque em tese possui vício que ensejaria a sua nulidade ou anulabilidade é, *per si*, um sem sentido deôntico. Os vícios enquanto vícios nada representam para o fato jurídico tributário, ao qual o sistema só lhe imputa, por causalidade jurídica, uma obrigação *ex lege*, quando apresentados os signos dos fatos hipoteticamente colhidos para a materialidade de incidência fiscal. Um ato jurídico, ainda que viciado, existe e é válido até que o órgão competente, Poder Judiciário, declare a sua ineficácia *ex tunc* ou *ex nunc*. E mesmo assim, o fenômeno da nulidade fica comprometido pela possibilidade inegável que tem o ato nulo de surtir efeitos eventualmente codificados pelo Direito Tributário como signo de materialidade imponível.

A questão então não é alegar que um ato é inoponível ao fisco, mas de demonstrar a inoponibilidade da prova do ato, pela apresentação de contraprova, apontando a inexistência de ato ou a existência de ato diverso daquele de que se valeu o administrado para oponibilidade à constituição do crédito tributário. A contraprova deve ser direcionada aos elementos essenciais e às consequências naturais que caracterizam um ato jurídico enquanto tal. É no cânone hermenêutico[7] do sistema jurídico que se verifica a suficiência da prova, dependendo se o que prevalece, como dissemos, é a forma em que se apresenta o ato (negócios jurídicos abstratos) ou a causa (negócios jurídicos causais).

Como ensina Pontes de Miranda[8], o "acordo sobre a causa não basta a que a causa se estabeleça, se não há o elemento objetivo da adequação à causa". É na experiência, no dado concreto, na prova da existência do negócio jurídico que se lhe tomará o negócio formalmente apresentado como suporte fático, positivo ou negativo para a constituição do fato jurídico tributário.

5. O CONTROLE DE LEGALIDADE EM FACE DO CONSEQUENTE DA NORMA INDIVIDUAL E CONCRETA

A construção do fato jurídico tributário em ato de revisão se dá pela linguagem das provas, que sucede o recorte do universo social a partir de juízos valorativos. Eurico Marcos Diniz de Santi[9], em perspicaz trabalho, ao tratar da incidência das normas jurídicas, conclui que a subsunção ocorre pela coincidência do conceito da hipótese normativa com o conceito do

---

7. BECKER, Alfredo Augusto. *Teoria Geral de Direito* Tributário, 4ª ed., São Paulo, Noeses, 2007, p. 129.

8. *Tratado de Direito Privado, Tomo III*, 2ª ed., Rio de Janeiro, Borsói, 1954, p. 94.

9. *Lançamento Tributário*, São Paulo, Max Limonad, 1996, p. 56.

fato (enunciação dos suportes fáticos), tratando-se de operação lógica entre conceitos demarcados pelo operador do direito. O professor atribui ao fato juridicizado e à respectiva norma jurídica eficácia jurídica e efetividade, se o fato jurídico produzir o efeito de prescrição de relação jurídica e dessa prescrição normativa decorrer coincidência no universo do comportamento social.

Bastante oportuno, sob o enfoque ora adotado, o conceito de verdade na acepção de coerência, já que preserva a ausência de contradição entre as proposições. Independentemente da aproximação entre a ocorrência fenomênica e o enunciado do fato jurídico tributário, como bem lembra Fabiana Del Padre Tomé[10], a verdade depende da coerência das proposições que, em seu conjunto, descrevem sem contradição a realidade, deduzindo-se as proposições umas das outras.

Ressaltamos a importância da convergência (não contradição) entre os enunciados dos suportes fáticos do fato jurídico tributário. A proposição antecedente da norma individual e concreta deve apresentar completude de suportes fáticos, cujo conjunto é suficiente somente se possibilitar a subsunção de todos os aspectos da norma aos aspectos de incidência tributária. A completude depende da consistência, enquanto ausência de contradição entre os enunciados dos suportes fáticos. É por isso que quando um fato jurídico é colhido para compor a posição sintática de suporte fático do fato jurídico tributário, a sua prova condiciona o agente competente a atribuir-lhe uniformidade de tratamento. Ilustramos:

---

10. *A Prova no Direito Tributário*, São Paulo, Noeses, 2005, p. 13.

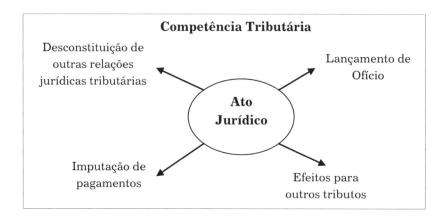

Vale dizer, aquele fato jurídico irradia todos os efeitos enquanto tal para fins fiscais, limitado apenas em face da competência tributária. Não há que se caracterizar um mesmo fato, uma mesma linguagem, como se fosse "A" para um fim fiscal e "B" para outro fim fiscal, dentro do mesmo âmbito de competência jurídica para fiscalização e constituição de obrigação tributária. Se houver contradição, a prova não pode ser válida e não terá eficácia de prevalecer sobre a linguagem adotada pelo sujeito passivo na expedição da norma revisada. Essa é a coerência necessária à relação dialógica das provas no plano intranormativo intraproposicional.

A relação de coerência também é necessária no plano intranormativo interproposicional, já que o fato tem justamente o efeito de gerar obrigação tributária, ambos subsumíveis ao mesmo comando geral e abstrato de incidência. Por exemplo, se o fato apresenta suporte fático relativo à relação jurídica entre substituto e substituído, este enunciado, por coerência lógica, impacta ao menos na identificação do sujeito passivo, podendo impactar, a depender da disposição legal, em todos os aspectos da obrigação tributária. Por outro lado, não há como se alterar a sujeição passiva, se não devidamente identificados, dentre o conjunto de suportes fáticos do fato jurídico tributário, a relação jurídica não tributária entre substituto e substituído e a materialidade praticada pelo substituído.

Como acertadamente assevera Misabel Abreu Machado Derzi[11], uma lei tecnicamente correta representa o retorno ao fato descrito na hipótese. O fato medido na base de cálculo deverá ser o mesmo posto na hipótese. Partindo dessa premissa, passamos a discorrer brevemente sobre nossa defesa[12] acerca da implicação e equivalência lógica que o lançamento de ofício deve observar entre fato e obrigação tributária, a depender do tratamento conferido à norma revisada.

A implicação é critério lógico pela qual a verdade da premissa (proposição antecedente) permite concluir pela verdade da conclusão (proposição consequente). A equivalência lógica, por sua vez, é critério pelo qual o conteúdo de verdade da primeira proposição (antecedente) atua sobre o conteúdo de verdade da segunda proposição (consequente).

Nessa toada, se estivermos diante de modalidade de revisão para complementação, considerando que não há negação da norma revisada quanto à subsunção de todos os aspectos de incidência à norma geral e abstrata, porquanto a norma revisada com as novas constatações é que conforma o fato jurídico tributário, temos por implicação lógica, que o fato jurídico tributário da norma individual e concreta, assim como a obrigação dele decorrente – aí se incluindo o seu critério quantitativo e subjetivo – não sofre qualquer alteração em relação à subsunção. Fato e obrigação subsumem-se aos mesmos aspectos de incidência tributária da norma revisada. É por essa razão que a relação jurídica antes apresentada é totalmente considerada para efeito de quantificação positiva ou negativa do crédito tributário em ato de revisão.

---

11. Notas de atualização ao livro *Direito Tributário Brasileiro*, de Aliomar Baleeiro (Rio de Janeiro, Forense, 11ª. ed., 2002 p. 65).

12. Conforme JUREIDINI DIAS, Karem. *Fato Jurídico Tributário em Atos de Revisão*. Tese de Doutorado. São Paulo: Pontifícia Universidade Católica, 2011.

A equivalência se apresenta como decorrência lógica, porquanto a norma revisada, juntamente com a nova constatação, atua sobre a apuração da obrigação tributária decorrente do ato de revisão.

É por isso que o Tribunal Administrativo Federal, em novo ato de revisão, aperfeiçoa o crédito tributário pela integral consideração do prejuízo fiscal e da base de cálculo negativa da CSLL do ano-calendário referente ao fato revisto, além de compensar o prejuízo fiscal acumulado e a base de cálculo negativa acumulada da CSLL, respeitando-se as limitações legais e as compensações já efetuadas, na apuração considerada como suporte fático do novo fato jurídico tributário. A título elucidativo, vejamos as ementa abaixo transcritas[13]:

> "APURAÇÃO DE MATÉRIA TRIBUTÁVEL. RECOMPOSIÇÃO DO LUCRO REAL. No lançamento de ofício realizado em razão de infrações à legislação do IRPJ, deve ser recomposto o lucro real do período-base, levando em conta o prejuízo fiscal apresentado na declaração de rendimentos. O mesmo ocorre em relação à base de cálculo negativa da CSLL". (Acórdão n. 107-09.141)
>
> "IRPJ COMPENSAÇÃO DE OFÍCIO – REDUÇÃO DE PREJUÍZO FISCAL – Havendo prejuízo fiscal declarado, em montante superior ao do valor tributável apurado em ação fiscal, cabe, tão-somente, proceder à redução do referido prejuízo". (Acórdão 108-08.698)

Nessa mesma linha de raciocínio, discordamos da desconsideração, pelo lançamento de ofício, do saldo credor de tributo apurado pela sistemática da não cumulatividade, seja ele fulcrado ou não em crédito indevido. Nada obstante, devemos informar

---

13. Conselho Administrativo de Recursos Fiscais: Acórdão n. 107-09.141, sessão de 12 de setembro de 2007 e Acórdão n. 108-08.698, sessão de 26 de janeiro de 2006. As mesmas premissas não raro são adotadas no âmbito previdenciário, a exemplo do acórdão 206-00.610, de 13 de março de 2008 que determinou a consideração da apuração anterior e o limite do teto do salário de contribuição.

que não foi o posicionamento adotado em Câmaras Reunidas do Tribunal de Impostos e Taxas do Estado de São Paulo[14]:

> Ementa: ICMS. CREDITO INDEVIDO COM BASE EM DOCUMENTOS FISCAIS DECLARADOS INIDÔNEOS, CUJAS PRIMEIRAS VIAS NÃO FORAM APRESENTADAS AO FISCO. DECADENCIA – SALDO CREDOR. Inocorrente a decadência do item 1.2 do DDF. Inaplicabilidade da regra do § 4º do artigo 150 do CTN às infrações relativas a crédito indevido, uma vez que os pressupostos de sua aplicação não estão atendidos. Aplicabilidade, aos casos da espécie, da regra de decadência do artigo 173, inciso I do CTN. O valor indevidamente creditado deve ser sempre reclamado em Auto de Infração, independentemente do saldo do ICMS apresentado pelo contribuinte em sua conta gráfica, porque a lei assim o exige. A existência de saldo credor não é excludente da prática infracional que, *in casu*, restou plenamente configurada e legalmente tipificada."

Vale notar que a ementa claramente dispõe que está se reclamando imposto sobre infração, mas como defendemos desde o início, o sistema não permite isso. O motivo do ato de lançamento não se confunde com o antecedente da norma individual e concreta, e jamais corresponderá ao enunciado suficiente a denotar a hipótese imponível, do que decorre que a obrigação constituída não corresponderá legalmente a uma obrigação tributária possível.

Passemos à relação entre fato e obrigação segundo os critérios de implicação e equivalência lógica, quando há negação da norma revisada, porquanto entende a fiscalização que houve um desajuste de subsunção na proposição antecedente, na proposição consequente, ou em ambas.

Quando há negação da norma revisada, como pressuposto dialógico da prova do novo fato jurídico tributário (novo

---

14. Câmaras Reunidas do Tribunal de Impostos de Taxas do Estado de São Paulo: acórdão proferido no processo DRTC-II-90963571001, AIIM 2015753-8, Relator Durval Barros, sessão de 21/05/2009, publicado em 30/05/2009.

critério de subsunção), temos que, por implicação lógica, toda a obrigação tributária sofrerá uma nova subsunção, adequando-se à incidência tributária que decorre daquele novo fato, podendo inclusive haver alteração de sujeitos – passivo, ativo, ou ambos. Também como critério de implicação lógica, como dissemos, a norma revisada é considerada negativamente para efeito de configuração do fato jurídico tributário em ato de revisão, ao passo que a nova constatação determina a consideração de todos os elementos necessários à subsunção da norma individual e concreta à norma geral e abstrata. Nessa nova subsunção, há que se tomar em conta todos os suportes fáticos necessário à identificação dos critérios básicos para a apuração de base de cálculo e a identificação de alíquota e de sujeitos. Substitui-se a Administração Pública inteiramente na função do particular, porquanto não constitui uma obrigação complementar, mas toda a relação jurídica obrigacional.

Nessa hipótese, a equivalência lógica decorre da eventual consequência da negação da norma revisada para implicar em direito de imputação ou de restituição em face da apuração do crédito tributário decorrente do ato de revisão. O direito de imputação ou de restituição deve ser analisado em face da alteração ou não de sujeitos envolvidos nas relações jurídicas, negada e constituída em ato de revisão. Isto porque, de um lado, a autoridade administrativa não pode tomar para si tributo a outrem recolhido ou desjuridicizar fato em face de outro constituído. Também não pode a autoridade administrativa imputar a um sujeito passivo pagamentos ou efeitos relativos a outro sujeito passivo, que se apresentou como tal na norma revisada.

Vejamos quadro explicativo dos efeitos de implicação e equivalência lógica da norma revisada, tomada por suporte fático do fato jurídico tributário, na obrigação decorrente de revisão:

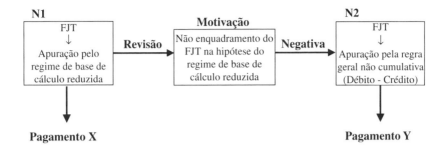

N1 = Norma individual e concreta, objeto de revisão
FJT = Fato Jurídico Tributário (ICMS)
N2 = Norma individual e concreta, produto do ato de revisão

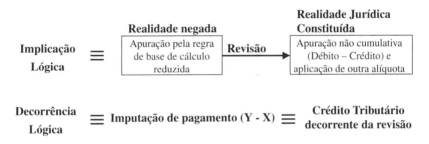

Válido ressaltar a possibilidade de imputação quando ocorre alteração de sujeição passiva, mas se trata de situação excepcional de confusão ou inexistência de fato do sujeito passivo envolvido na relação negada, desde que não haja alteração de sujeição ativa (autoridade competente para fiscalizar e arrecadar).

Quando do julgamento do Processo Administrativo n. 11020.003823/2003-26[15], justamente porque se desconsiderou a prestação de serviço pela pessoa jurídica, atribuindo-a à pessoa física – ou bem porque havia uma confusão entre a pessoa física e a jurídica, ou bem porque se entendeu por uma inexistência de fato da pessoa jurídica –, os tributos por ela pagos foram

---

15. Conselho Administrativo de Recursos Fiscais: Processo Administrativo n. 11020.003823/2003-26, Acórdão n. 106-14.244, sessão de 20/10/2004.

imputados, para efeito de apuração do crédito tributário decorrente do novo fato jurídico.

A despeito de nossa discordância no que tange à desconsideração da prestação de serviços pela pessoa jurídica, logicamente irreparável a imputação dos valores recolhidos pela pessoa jurídica (realidade jurídica negada), aos valores devidos pela pessoa física, a quem foram atribuídos os rendimentos.

6. CONCLUSÕES

O fato jurídico tributário é molecular, correspondendo ao conjunto convergente de enunciados de suportes fáticos que, em relação de includência, apresentam a materialidade suficiente a denotar os critérios de apuração da obrigação e de identificação dos sujeitos envolvidos na relação.

Quando o fato jurídico tributário é constituído em ato de revisão, seja para complementação ou com negação da norma revisada, as ocorrências passadas (objeto de revisão) integram a relação dialógica das provas dos suportes fáticos necessários e suficientes a denotar o fato imponível. Essas ocorrências compõem a própria materialidade do fato jurídico tributário constituído em ato de revisão, estabelecendo vínculo de implicação e decorrência lógica da norma revisada na obrigação produto da revisão.

Impressão e Acabamento
Bartira
Gráfica
(011) 4393-2911